闘う商人　中内㓛

闘う商人 中内㓛

ダイエーは何を目指したのか

小榑雅章
Masaaki Kogure

岩波書店

目次

プロローグ　辞表

その時、中内CEO[*1]はすっと立ち上がると、私をにらみつけて怒鳴った。

「おれを誰だと思っているんだ。おれは中内㓛だ。この国のスーパーはおれがつくったんだ。君ごときに意見される筋合いはないっ」。そう言って、私を突き飛ばした。

私も負けずに中内さんにむしゃぶりついた。

「そんなことを言ってる状態ではないんです。銀行はこのままではダイエーはあぶない。ヨーカドーと合併させるか、ジャスコ[*2]の方がいいかという話まで出てるんですよ」

「なにを言うか。ダイエーとIY[*3]は違うんだ。全く違うんだ。会社というのはみんなそれぞれ社風や風土が違う。三井と住友は違う。三菱はまた違う。いっしょになんかなるはずがない。君は、銀行にダイエーとIYは全く違う、合併なんてありえないと言わなかったのかっ」

「そういうことではないんです。企業風土よりなにより、このままでは、ダイエーはダメになるということです。CEOの晩節を汚したくない。中内㓛の名を汚したくない。だから一日も早く副社長の潤さん[*4]に譲って、神戸へ戻りましょう」

「うるさい、もう、何も言うなっ」

「出過ぎたことを申し上げました。責任を取ります。辞表を持ってきました」

私は辞表を置いて、頭を下げ、退出した。

東京の芝公園、ダイエー本社HOC[*5]一四階の社長室、一九九六年(平成八年)四月一一日の夕方のことである。やっぱり、だめだった。しかたがないな。……私は、神戸に戻った。

翌一二日朝に、東京の秘書室の後輩から、「中内社長が、すぐに東京へ戻れと伝えろと怒鳴ってます。どうしたんですか。何があったんですか。とにかく神戸の仕事は全部やめさせて東京へ戻せ、ということです。伝えましたからね」

この時、私はダイエーの取締役のまま、債務超過に陥った神戸の放送局、兵庫エフエムラジオ放送株式会社（Ｋｉｓｓ-ＦＭ ＫＯＢＥ）の再建のために送りこまれ、必死に立て直しに奮闘している最中だった。この人事は、貝原俊民兵庫県知事から、中内さんが直接立て直しを頼まれて、私が放送局の代表取締役社長になっていた。さらに私は、デイリースポーツ取締役、流通科学大学常務理事、中内学園常務理事、中内育英会常務理事、そのほかにもまだいくつか神戸での役員を兼務していた。と同時に、神戸での中内の秘書役として、兵庫県知事や神戸市長、神戸経済界のお歴々との連絡役を担っていた。

諫言するからには、辞めるのは覚悟の上のことだったが、即日辞めて東京へ戻れと中内さんに言われました、と知事や市長に告げろというのか。放送局のＫｉｓｓ-ＦＭはダイエーの会社ではない。兵庫県全域だけでなく、大阪、和歌山、徳島まで電波が届く聴取可能一五〇〇万人のＦＭラジオ放送局である。

主な株主は兵庫県、神戸市、姫路市、尼崎市などの自治体、それに神戸新聞、朝日、毎日、読売、日経、産経、共同通信などのマスコミが横並びで株主だし、取締役には県の副知事、神戸市の助役も名を連ねている。ある意味で公共事業だから、公的手続きで選出された代表取締役を、病気でもないのに、自己都合で辞めるわけにはいかない。事実、誰からもどこからも、「どうしたんですか、なぜそんなに急に」と聞かれたが、中内に諫言して逆鱗に触れたので社長を辞めます、と言うわけにはいかない。必ず、諫言、逆鱗の内容を求められるだろうが、そんなことは言えるはずがない。結局、平身低頭して回り、六月の株主総会で交代をした。そして、私は東京に戻った。

この前年の一九九五年(平成七年)一月一七日、阪神淡路大震災が起こった。神戸に本拠を置くダイエーは、被災地に多くの店舗があり、四〇〇億円を超える甚大な被害を出した。一九九〇年(平成二年)の春から始まったバブル崩壊以前から、実質的に業績が低迷していたダイエーは、この大地震で、取り繕えないほどの業績になっていた。

原因はいくつもある。どうにかしなければならないと誰しも思っている。でも、いくつもの問題をとやかく言う前に、今すぐ、今日ただいまなんとかしなければならない問題が、そこにあるのだ。CEOの誤りを認めさせ、それを自分で直してもらわなければ、会社が動かない。事態は混迷するばかりだ。しかし誰も動かない。誰も怖くて何も言わない。大体、COO[*6]の潤さんが、どうにかしてくれと私に頼んでくるのだから、他の誰がCEOにわからせるというのだ。みんな怖くて、誰も言えない。結局、私が言うしかない。仕方がない。逆鱗に触れて、馘《くび》になっても私が言うしかない。

そして諫言した。そして、即日馘になった。

1 ジャングル、飢餓・闇市

なぜダイエーに入社したのか

私がダイエーに入社したのは、一九八四年(昭和五九年)五月一日、四六歳の時である。それまで、花森安治さんが創刊した家庭雑誌『暮しの手帖』の編集部で働いていた。一九六〇年(昭和三五年)に編集部員になり、花森編集長の下で一八年間、薫陶を受けた。毎日叱られながら、走り回った。一九七八年(昭和五三年)に花森さんが亡くなった後も、六年間、『暮しの手帖』を作り続けた。必死だった。

世の中では、「暮しの手帖は花森さんでもっている。花森さんが亡くなったら、暮しの手帖はすぐにつぶれるだろう」と噂していた。噂だけでなく、公然と話しに来る方もいた。編集部員は、負けるものかとみんながんばった。すぐにつぶれないまでも、発行部数は減って当然、と言われていたが、実際は花森さん時代よりも部数は逆に伸びた。直後は、同情して買ってくださるんだと思ったが、年月がたってもまだ伸びた。『暮しの手帖』の最高の発行部数は、花森さんの亡くなられた三年後のことだ。

そんなある日、新聞の小さな記事に惹きつけられた。一九八〇年(昭和五五年)二月六日、七日に京都で行なわれた関西経済セミナーで、日向《ひゅうが》方齊[*1]関経連[*2]会長が「日本はもっと軍備を増強し、徴兵制[*3]も考えるべきだ」と演説したのに対し、フロアからダイエーの中内㓛社長が「異議あり」と声を上げた。「戦争になればあなたの会社はもうかるかもしれないが、あなたの息子さんが、戦争に行って生命を落としてもいいのですか。戦争は絶対にやってはいけない」と反論した、という記事である。

関経連という大企業経営者の集まりで、よくもまあ大御所に、堂々と戦争反対の意見を言えるな、この中内というダイエーの社長はすごい、面白い、花森さんと同じだと思った。そういえば、以前、花森さんが呟いていたのを思い出した。神戸の三宮にダイエーの大型店ができて、それがものすごい勢いでお客を集めているときに、花森さんは早速見に行ってきて、こう話していた。

「ダイエーの中内というのは、神戸三中[*4]の後輩でね。フィリピンで死ぬほどの飢餓体験をして、すき焼きを食べることばかり話していたそうだ。そして、もし今度、生きて日本にもどれたら、すき焼きを腹いっぱい食える世の中にしたい、そうなれば戦争なんかしない国になるとそう思ってダイエーをつくったんだそうな。宮崎市長[*5]が言っていたよ。なかなかの男だ」

そうか、中内さんは、宮崎さんや花森さんと同じ神戸生まれで、同じ神戸三中出身なので、花森さんもなんとなく、親近感を持っているのだな、と感じたことがあった。

花森さんは、神戸が好きだった。神戸の話をするときは、うれしそうだったし、自慢げでもあった。『暮しの手帖』が日本紀行という連載を始めたときに、その第一回目に取り上げたのも〈神戸〉だった。その記事に、花森さんはこう書いた。

「明るくて、あきらめが早くて、ねばりっけがなくて、あたらしもの好き、これが、神戸の町の気風である。……日本で、いちばん大きいスーパーマーケットと、いちばん大きい生活協同組合が、この町にある。／……新しいもの珍しいものは、たいていこの町からはじまるらしく、……スーパーや生協が育ったのは、おなじ品なら一円でも安い店へ、という、よくいえば合理的、わるくいえば薄情なところが、町のひとにあるからだろう。／ながいあいだ買いなれた店への義理人情なんて、気にしないのである。もっとも商店のほうもおなじで、買ってくれているあいだだけがお客で、買ってくれなければ、しらん顔である。／この町で、ものを買えばすぐわかるのだが、べたべたしたサービスのないこと、買うほうが拍子ぬけするみたいなものである。……」（『暮しの手帖』一世紀七一号、一九六三年）

しかし、東京での花森さんの贔屓《ひいき》は三越だった。何かというと三越へ買い物に行っていた。『暮しの手帖』の展覧会も何度も三越で行なっていた。

一九七二年（昭和四七年）に、その三越の売上げをスーパーのダイエーが抜いて日本一になったというニュースが流れた。これはすごいことだった。三〇〇年の歴史がある小売業界の王様の三越を、創業わずか一五年のダイエーが追い越したのだから、大ニュースになった。ダイエーの店舗は関西が中心だったが、関西だけでなく、東京にも赤羽、町田、北千住などに数年前からいくつも店舗がオープンしていた。

一九七五年（昭和五〇年）に、ダイエー碑文谷店が出来て評判になったとき、花森さんから、見に行ってこい、と言われて見に行った。暮しの手帖編集部では価格調査などで、商店街や食品中心のスーパーへはよく出かけていたが、碑文谷店は全く違っていてデパートのようだった。同じダイエーでも、赤羽店とも町田店とも違う。帰って報告すると「ふ〜ん、そうか」と言った。花森さんは、気になるものは、必ず自分で確かめる。その後、必ず見に行くなと思ったら、一月ほどたった時、「やっぱり、流行るだけのことはあるな。中内という男は、神戸だからな。近藤英也校長だよ」と言った。

近藤英也校長とは、神戸三中の初代校長で、「神撫教育」という「個性を伸ばし、自主自律の態度と自己教育力を育成する教育」を提唱して有名だ。花森さんも中内さんも近藤校長を尊敬しており、この「神撫教育」を徹底的に受けたので、中内さんが「人まねではなく、自由気ままな個性で活躍」を実践しているな、と言いたかったのだろう。

晩年、花森さんは、神戸三中後継の長田高校に招かれて講演したり、同窓会誌の座談会に出ていた。そして、近藤英也校長のことを語っていたが、碑文谷店ができて二年ほどの後に、花森さんは亡くなってしまった。花森さんと中内さんとは、お互いに意識しながら、直接会って話したことはなかった。

関経連の記事を見た後、私は中内さんに手紙を書いた。『暮しの手帖』に、「戦争はだめだ、絶対に戦争はやってはいけない」という原稿を書いてほしい、というお願いの手紙である。しばらくして、「いまは書けない、しばらく猶予を下さい」という返事が来た。

中内さんに初めて会ったのは、東京の芝公園にある芝パークビル一階の狗不理《こうぶり》という中華料理店だった。一九八四年(昭和五九年)正月三日のことである。中内さんが、ぼそぼそと話し始めた。花森さんの『一戔五厘の旗』[*6]を読んだ。花森さんも一銭五厘[*7]でたいへんな苦労をした。自分も現役入隊[*8]だったが、一銭五厘だった。おなじ一兵卒のつらさを味わった。戦争の理不尽さをとことん骨の髄まで知らされた。もう二度と戦争などしてはいかん。一銭五厘などつくってはいかん。

兵隊と将校[*9]というのは同じ人間ではない。天と地ほどちがう。満州の大地を、何十キロも行軍するときに、兵は重さ五〇キロもある完全軍装で黙々と歩かされるが、そのわきを将校はオートバイのサイドカー[*10]にふんぞり返って走り過ぎていく。軍馬[*11]に乗っているのも将校だ。

軍馬調達には金がかかるが、兵隊は赤紙[*12]一枚、一銭五厘のハガキ一枚でいくらでも召集できる、お前が死んでも代わりはいくらでもいるんだ、とビンタがとんでくる。殴られたら、「ありがとうございました」と礼を言う。万一言い忘れると、「貴様、上官の言うことが聞けんのかっ」と、またビンタだ。

一銭五厘は、みんな庶民だ。ふつうの庶民こそ、大切に扱われるべきなのだ。誰もが、すき焼きを腹いっぱい食べられる生活でなければならない。自分は、フィリピンのジャングルの中で、食うものが全くない毎日を這いずり回って、食えるものは何でも食った。ヒルも草の根も食べた。ゴキブリも食ったがあれは食えない。腹が減ってどうしようもないとき、兵は食い物の話をした。すき焼きと白いどんぶり飯を腹いっぱい食う話をした。話をすると、ちょっとだけ食ったような気になった。

万一、日本に戻れたら、なによりもすき焼きを食べようと思った。そのためには、庶民が、一銭五厘の庶民が、将校や特権階級や金持ではない、ふつうの庶民が、おいしい牛肉を、野菜を、たらふく食べられるような世の中にしなければならないのだ。そのためには、少しでも安い牛肉や野菜を庶民に提供しなければならない。自分は、そのためにダイエーをつくった。庶民のためにダイエーをつくった。……

ぼつぼつした話し方だったが、胸にこたえる話だった。そして、花森さんは神戸三中の先輩であり、近藤英也校長の個性あふれる人間像について、花森さんと同じように薫陶を受けたと語った。この花森先輩を誇りにし、とても好意を持っているように感じた。そして、言った。どうだろう、自分に協力してくれんかな。

入社前、河島さんと面談

つぎに会ったのは、一月三〇日である。この時は、ダイエー本社の応接室で、河島博[*13]副社長と松岡康雄多角化事業本部長が同席していた。そこでダイエーに対しての助言を求められた。

それまで、暮しの手帖はスーパーについて何回も取り上げ、価格はどうか、小売店やデパートと比べてどうか、プライベートブランド[*14]（PB）の衣類や台所用品についての調査や商品テストを行ない、誌上で発表してきた。驚いたことに、そのほとんどに中内社長は目を通していた。

ダイエーブランドの商品についての暮しの手帖の指摘は、そのつど改善するように指示したと言い、そのうえで、庶民の暮らしが大事や。すこしでもよい暮らしをするためには、安くてよい品を提供しなければいかん。だんだん豊かになって来たというがまだまだや。花森さんは、これからの世の中はどうなると思っておったのですかな。

私は、こんなことを答えた。正直、花森さんだったら、どうなると考えるかは、よくわからない。だが私でも、時代は大きく変わりつつあることはわかる。暮しの手帖は、商品テスト[*15]が特色の一つだが、電気洗濯機や冷蔵庫、掃除機などの家電製品の普及率は一九八〇年にはどれも九〇％以上になっている。商品テストの報告結果をみてから、どの銘柄のものを買おうかと考える読者はもう少なくなった。つまり物のない時代から物があふれる時代になりつつある。当然編集方針も変わってきている。花森さんは常に時代を見つめ時代に先駆けて時代の問題点を見出していた。いま、もし花森さんだったら、モノよりコトだと思うのではないか。だから暮しの手帖もそういう方向で作っている。

問われたので、自分の考えを述べたが、中内さんは、ふんという顔で、「そんなことは、いろんな人が言ってくる。だから多角化事業本部をつくったのだ。問題は、儲かる商売の仕組みをつくれるか、標準化、チェーン化できるのか、ということだ。それが出来なければ、ダイエーはやらない」というようなことを言った。河島さんも松岡さんも、そうだというふうに頷いている。えっ、チェーン化とか標準化とはなんだ？　正直、私はその時、意味がわからなかった。汗をかきながら、まだ話し続けた。

コトもいろいろあるが、私はこれからの世の中で大切なのは、健康と教育、この二つのコトともう一つ、イメージが商売のモトになると思っている。東京ではダイエーのイメージは野暮ったいというかシャレていないというか、とにかくあまりよくない。西武や西友のイメージの方が上だ。花森さんは、合理的な人で、無駄な装飾などは嫌いだが、イメージは非常に大切にする。書き文字やカット、活字の使い方などに細心の注意を払う。写真の撮り方、アングル、レイアウト、一ミリの違いもおろそかにしない。それは、人間というのは何によって心を動かすかよくわかっていたからだ。人は1＋1＝2というような合理性だけでは動かない。どんなに安くても、その銘柄がキライだったら消費者は買わない。それはなぜか。東京人は実利より見栄っ張りのところがあるから、ダイエーの袋は持って歩きたくないと思っているのですよ。……

私がここまで話したとき、中内さんは不機嫌な顔になって黙ってしまった。そして、ふわっと立ち上がって、「この二人にもっと具体的なモノとコトについて話してください」と言って出て行ってしまった。河島さんと松岡さんは苦笑いをしていたが、かまわずに私はアメリカの健康産業がすごい勢いで伸びているという話をした。具体的にはフィットネス・センター展開の話だ。アメリカは太っている人が多い。体重増加は健康の敵だ。だから、健康管理をするジムが流行っている。これは日本でも必ず流行する。……

河島さんは、そうだそうだというような顔で聞いてくれていたが、「それではまた」と言われて、終わった。

そのあと、また中内さんから連絡が来て、四月一〇日に築地の料亭田村に招かれて、ご馳走になった。

ダイエーに入社

結局、暮しの手帖社を一九八四年(昭和五九年)三月三一日に辞めた。花森さんの下で一八年間、亡くなられたそのあと六年間、計二四年間お世話になった。一か月後の五月一日、ダイエー本社に入社し、東京港区の芝パークビルのダイエー多角化事業本部に八時半に出社した。四六歳、まったくの畑違いへの転職である。松岡本部長などにあいさつし、みんなにも紹介され、与えられた席に座って、これから全く新しい人生が始まる。

「ちょっと社長に入社のあいさつをしてきます」と言って、社長室のある一四階へ上がった。一四階は、下の階とは違って人気がない。シーンとしている。前にも呼ばれて来たことがあったが、その時は開かれて迎えられた鉄の大きな扉が、ピッタリ閉じられている。

恐る恐る重い扉を引いてのぞくと、正面のカウンターに女性が何人か座っていて、さっと出てきて「どなたですか」と誰何《すいか》された。「あの多角化事業本部の小榑《こぐれ》ですが」「何か御用事ですか?」「はい、今日から入社したので社長にごあいさつに……」「はあっ？」

もっとえらい人ならいざ知らず、下っ端の新入社員が、直接社長のところに入社のあいさつに来るなどというのは、秘書室のスタッフもはじめての経験のようだった。幸い、以前に顔を見知っていた秘書が出てきて、スケジュール表をチェックして「一一時半に来てください」となった。

その時間に行って、ちょっと待たされた後、社長室に呼びこまれた。「今日から出勤しました。よろしくお願いいたします」。これまで招かれて会っていた中内社長とは違う。重くどっしりとした雰囲気でデスクに向かって書類を見ていたが、顔を上げると、事務的に「そうだったな。しっかりやってください」と言って、すぐまた書類に目を落とした。「ハイ」と答えて下がろうとすると、「ちょっと待て。今日な、夕方に大阪に行く。一緒に行ってくれ」

ええっ、なんだって。今日は、初出勤で、家では赤飯かなにかご馳走作って待っているだろう。出張するなんて考えもしないから、洗面用具とか着替えとか、そんな用意も全くない。そう心の中をよぎったが、社長はもう顔を下げて、こちらを見ようともしない。「ハイ」と答えて引き下がった。

秘書室に戻って、「大阪へ同行することになりました」と告げると、今度は秘書たちが慌てだし、「飛行機の手配をしなきゃ」。……結局、何がなんだかわからないうちに、入社当日の夜、一八時羽田発JAL一二三便で、大阪に同行することになった。

トホホホ……という出社第一日目だったが、じつはこの大阪行きには大きな意味があった。翌五月二日は、大阪千林《せんばやし》のダイエーがトポス[*16]に改装され、開店のセレモニーが行なわれることになっていたのだ。正直言って、ダイエーのことは、一兆円も売り上げのある日本一のスーパーだということ以外、あまり知らない。しかし、そんな唐変木でも、ダイエーの発祥の地が、大阪の千林だというぐらいのことは知っていた。

一九五七年(昭和三二年)九月二三日、京阪電車沿線の千林駅前に、「主婦の店ダイエー薬局」が開店したのだった。その重要な千林に、どういうつもりか、入社当日に、帰宅もさせず、私を連れて行ったのだ。それは、私にとって強烈な体験になった。

翌朝五月二日水曜日、午前九時から、トポス千林店のオープン式が行なわれた。千林商店街のお歴々も大勢参列し、中内社長が挨拶して「ダイエートポス千林オープン」と拡声器から流れた。ダイエーの社員もたくさんいたようだが、知った顔は中内さん以外全然わからない。ただただオロオロウロウロしているだけだった。その後、どこかの二階の座敷に連れていかれた。そこには千林商店街の主だった店主の人が七、八人もいただろうか。中内さんとあいさつしていたが、中内さんは、私を前に押し出し、「何にも知らんからダイエーの創業の頃のことを教えてやって下さい」とみんなに紹介して、そのまま出て行ってしまった。

予想だにしない展開に、何がなんだかわからない。古株らしいお年寄りが、「ここは昔、映画館やったんや。主婦の店ダイエー第一号店が開店したときに、ただで映画のキップをくれてね。えらい盛況やったよ」。えっ、映画館。「そうそう、高峰秀子やったな。佐田啓二と」「ダイエーの安売り店は、いつつぶれるかと思たけど、えらい繁盛や」「いまはもう日本一やで。それでも千林を忘れずに、こうして中内さんは来てくれはる。千林も鼻が高いわ」

帰京してから、ダイエー創業の聖地、千林店についていろいろ調べた。

大阪淀屋橋と京都の出町柳間を淀川に沿って走る京阪電車の大阪寄りに、千林という駅がある。この沿線や大阪市街地の多くが戦災で焼失したが、この千林地区は、戦災を免れていた。だからこの地域は闇市から始まって大商店街に発展していた。この時、中内さんは三五歳。それまで薬の卸をしていたが、これからは一般の人を相手に薬を中心とした物販の自前の店を持ちたいと考えていて、いろいろ場所を探していたが、たまたま目にして借りたこの千林の駅前に、最初の店を開店したのだ。一九五七年(昭和三二年)九月二三日のことである。この日が、ダイエーの創業記念日になった。

当時の写真を見ると、看板には、「ダイエー薬局主婦の店」とある。中内さんに聞いてみると、ダイエーの一号店ではあるが、最初はスーパーは考えていなかった。あくまで薬を主体にし、化粧品や日用雑貨を中心に販売するディスカウントドラッグストアの出店だった。

創業の頃は、映画が全盛の時代で、千林にも「千林松竹」という映画館があった。ここで木下恵介監督の「喜びも悲しみも幾歳月」という映画が上映されることになっていたのを知り、中内さんは、創業開店の宣伝と景気づけに、その招待券を配ったのだ。これが大当たりし、千林店の繁盛につながったというのが伝説になっている。

縁はまだつながっていて、この映画館を一九六一年(昭和三六年)に買収し、ここにダイエー千林二号店をオープンしていて、千林には駅前店と旧映画館店の二店があった。その旧映画館店が、ディスカウントストアのトポスに業態変更して、一九八四年(昭和五九年)五月二日、つまり私が入社した翌日にトポスとして再開店したのだった。創業の駅前店は、じつは一〇年前の一九七四年に閉店していたので、旧映画館の千林店は、創業の聖地としてダイエーにとっては大切な店舗だった。そこへ中内社長は、私を連れて行き、商店街の人々に会わせてくれたのである。

後で中内さんが話してくれたのだが、今でも明確に憶えていることがある。商売に素人だった自分が、その商売で成功できたのは、この千林の体験だ。それは、お客様の欲しがるものを売れば確実に売れる。お客様が何を欲しがっているかは、お客様が教えてくれる。それを素直に聞くか、聞かないかが肝要だ。千林では、薬や日用品を売っていたが、おばちゃんに「お菓子は売らんのか」と聞かれた。薬も日用品もたまに必要になるが、毎日は必要ない。でもお菓子は毎日食べる。「子供がおるから、安かったら毎日でも買いに来るで」と言われたんや。それで菓子を売りだしたら、売れること売れること。「商売はお客様に聞け」というわけや。

「商売はお客様に聞け」「お客様の欲しいものは売れる」、だから「お客様の欲しいものを売る」。中内㓛の終生の要諦[*17]になる。これが商売の基本だ。しっかり憶えろ。ダイエー入社のその日から、千林に連れてこられて、中内さんに教えられた。

入社して一か月間は、研修期間だった。ダイエーのスーパーマーケットとしての教科書的な知識は学んだが、いまの当面の仕事は多角化事業本部で健康産業の取り組みについて、事業計画を作らなければならない。すでに、この仕事のために部署もできて、担当者も私以外に二名張り付けられた。その二人は、肉の仕入れ販売のプロと店舗運営のベテランだそうだが、健康産業なんて全く興味もないし、知識も経験もない。だから、小榑さん、何をしたらいいですか、何をするか指示してください、と待っている。えらいこっちゃ、とにかく、仕事を作らなければならない。勉強もしなければならないし、いろいろのところに取材にも行きたい。ということで忙しく明け暮れて、二か月ほどたった時、突如、電話がかかってきた。

「な、中内ですがね、いま車だが、すぐ帰るから秘書室で待っていてくれますか」、がちゃん。急になんだ、こっちは忙しいのに、困ったな、と思ったが、とにかくすぐ行け、社長の命令だと周りが急き立てる。

秘書室で待っていると、ほどなく帰ってきて、こちらを見るや、「すまんがな、秘書室へ移って来てくれや、今日からすぐだ」、でも、健康産業が……「いいんだ、それは誰かに任せて、秘書室だ」と言って、来客の待っている応接室に行ってしまった。

秘書室の連中もあっけにとられていたが、「大変だ、机を用意しなきゃ……」

かくして、その日から、私は秘書室の一員になった。健康産業は、結局、雲散霧消した。

臨時教育審議会の委員になる

当時、社長室には、秘書室と調査室があった。秘書室はスケジュール管理やアテンド、来客の接待など日常的なお世話が主だが、調査室は、中内社長のためだけの調査や作業に当たっていた。これを調べろ、これはどういうこっちゃ、これを聞いてこい、翻訳してくれ、手紙を書けという下命に応じる役割だ。社長が知っておいたほうがいいという情報も自主的に作って提出することも重要だ。私は、この調査室に来いということだった。ここには、すでに三人常駐している。英語の達人や流通のことも熟知している東大出の学者社員、社内の実務経験もある経済学の習得者。

そこへ、なぜ急に私が招集されたのか。理由があった。

中内さんからの電話は、首相官邸からの帰りの車からだった。この日は、一九八四年（昭和五九年）九月五日、臨時教育審議会の辞令授与式が総理官邸で行なわれて、選ばれた二五名が中曽根首相から審議会委員に委嘱されたのだった。これまでも、教育については中央教育審議会（中教審）というのがあったが、中教審は文部省の審議会で、とかく教育専門の文部省の意向が反映されていると批判もあった。それに対し、この臨教審はもっと国民的見地から討議が必要というので、内閣総理大臣の直属の諮問機関として設置された。かねてより教育改革に熱心な中曽根首相の肝いりでつくられ、国会で承認された重要な人事であり、中曽根さんも気合が入っていた。戦後の一大教育改革を目指すというので、マスコミも大きく取り上げていた。

臨教審には、四つの部会があり、中内さんは第一部会に属していた。委員は全部で二五人いる。その顔ぶれを見て、おやっと思ったのは、教育の専門家が少ないことと、経済人が非常に少なく、現役の企業人は中内さんだけだ。それもあってか、中内さんは注目される目玉人事の一人だった。早速、新聞記者に取り囲まれて、教育改革への所見を聞かれることになった。

経済や流通のことなら、どのようにでも答えられるが、臨教審の委員になったからには、これからの日本の教育の方向にかかわることを、無責任に発言することは許されない。では、なにをどう答えるのか。それよりなにより、これから臨教審で、自分の立ち位置はどうあるべきで、どんな役割が求められているのかを見極めなければならない……と、中内さんは思ったのだろう。その結果、私は調査室へ移り、健康産業はおじゃんになった。

一銭五厘、そしてジャングル、飢餓・負傷

私は秘書室へ移って、臨教審の活動をサポートすることになったが、仕事はそれだけにとどまらなかった。臨教審とは関係なく、外部からの中内さんへの依頼原稿も、私が書く羽目になった。それまでは調査室や広報が書いたり外部にたのんだりしていたが、これからは私が書けという。もっと大変

だったのは、講演原稿だ。臨教審委員になったために、教育関係の講演が来るようになった。断っても義理が絡んで断れないものは引き受けることになる。インタビューなら手元資料を見つつ、考えながら語れば済むが、講演だとちょっと待ってください、資料見ますからというわけにいかない。とにかくわかっているような顔をして、一時間は話さなければならない。今なら、パワーポイントがあるから、忘れても画面を見ながら話せるが、当時はそんな便利なものはない。手元に小さな紙芝居のようなものをつくって、それを垣間見ながら講演してもらった。当然、そういう講演には事前に相手と打ち合わせをし、当日は同伴して準備をしたりする。

そのうち、社内の会議にも出席し、それを中内さんに報告する役目も回ってきた。社長室のすぐ隣にいるのだから、何かといえば呼び出され、来客に同席したり、下問に応じたりした。打ち合わせや同伴し、中内さんと話をする機会は、どんどん増えていった。

そして、いつの間にか、調査室長になっていた。

中内さんから重用され、寝る間もない目の回るような忙しい毎日だったが、正直とても困っていた。ダイエーの社員になりながら、ダイエーのことも流通のことも、あまりに知らなさ過ぎた。そもそもスーパーマーケットとは何なのか、チェーンストアとは？　ローコスト・マス・マーチャンダイジング[*18]とはなんなのだ？　それよりなにより、中内㓛という人間を、お前はわかっているのか。

ダイエーや中内㓛に関する出版物は山ほどある。いくつも読んでもみた。研修も受け、ダイエーの教科書的な知識も学んだ。知識は得たが、どうも、ストンと来ない。もともと私は雑誌の編集者でジャーナリストのはしくれだ。自分で取材し、納得しないことには気が済まない。

結局、中内さん自身に聞くしかない。中内さんに成り代わって、スピーチ原稿や依頼原稿を書くのだから、ことあるごとに中内さんから聞き出した。それだけではない。さらに秘書室長になり、調査室長も兼務して、中内社長にアテンドし、一緒に出張し、風呂に入って背中を流し、要人と交渉し、宴席に陪席し、長い時間を共有し、内密な交渉も任せられることになる。当然、問わず語りに、本音も愚痴も聞くことになる。

話は、やはり一銭五厘だ。ある時、中内さんに「君は軍人勅諭[19]を言えるか」と聞かれた。

当てずっぽうに「朕惟ふに、我が皇祖皇宗国を肇むること宏遠に徳を樹つること深厚なり……」と言ったら、「それは教育勅語[20]だ。軍人勅諭はな」と言って、早口で唱え出した。

「一つ、軍人は忠節を尽すを本分とすべし。凡生を我国に稟くるもの、誰かは国に報ゆるの心なかるべき。況《ま》して軍人たらん者は、此心の固からでは物の用に立ち得べしとも思はれず。軍人にして報国の心堅固ならざるは、如何程技芸に熟し学術に長ずるも、猶偶人にひとしかるべし……義は山嶽よりも重く、死は鴻毛[21]よりも軽しと覚悟せよ。其操を破りて不覚を取り、汚名を受くるなかれ……」と一気に唱えてから、「軍人の命など、鴻毛よりも軽し、なんだよ」と言って、黙った。「鴻毛よりも軽し」、それを、中内さんは身をもって、実際に体験したのだ。

一九四三年（昭和一八年）一月、現役兵[22]として広島に集合、関東軍[23]独立重砲兵[24]第四大隊に入隊し、厳寒の満州綏芬河《すいふんが》[25]の綏南で、二等兵[26]として対ソ連軍の守備についた。新兵として、徹底的に鍛えられて、一年半後の一九四四年（昭和一九年）九月、フィリピンに転進。ルソン島リンガエン湾の防衛というのが任務だった。一九四五年（昭和二〇年）一月六日、突如リンガエン湾が米軍大艦隊で埋まり、陸海空軍の圧倒的兵力で、我が守備隊は壊滅。後方の山岳地帯に潜み、ゲリラ的に夜襲を仕掛けていた。

六月六日に夜襲をしかけたとき、敵の手榴弾[27]が身近で破裂し、大腿部と二の腕に裂傷を負った。出血し、急にだるくなって気が遠くなってきた。その時、浮かんだ光景が、明るい電球の明かりの下で、家族みんなですき焼き鍋を囲んで食べている。ああ、すき焼きを食いたい、と思った。そのまま、気を失い失血していたら死んでいた。が、幸い、衛生兵[*28]が近くにいて止血の応急処置をしてくれたので、一命をとりとめた。

負傷しても、治療などという状況ではない。野戦病院[*29]も、遠く後方に撤退している。六月の雨季で暑いし湿っているので、裂けて垂れ下がった傷口にウジがわいてくる。衛生兵に、垂れ下がった部分をハサミで切り落としてもらい、そこへヨードチンキをぶっかけてもらったら、痛くて気を失った。ほら、これがその時の傷跡だ、と一緒に風呂に入ったときに見せてくれた。腕から胸にかけて、えぐれた大きな傷跡がある。病院の手術でもたいへんな傷跡なのに、ジャングルでヨードチンキだけで生き伸びたというのは、奇跡だ。それほどの重傷を負いながら、誰も助けてはくれない。自分だけが頼りだ。

ジャングルを這い回る。一番の問題は、食うものがないということだ。戦争で最も重要なのは兵站《へいたん》だと言われている。つまり補給だ。戦いが一日で決着するのなら、補給もいらないが、何か月も何年も続くのだから、食糧も弾薬も、医薬品も、絶えず補給しなければ、戦争はできない。しかし、フィリピンの日本軍の前線への補給は全くない。各自勝手に、何かを食って戦え、という無茶苦茶な軍隊だ。食えるものは、シダの芽やイモの根と葉っぱ、ミミズ、アブラムシ、山ヒル、なんでも食えそうなものは食べた。ただ、ゴキブリは食えない。

腹へった、といくら言っても、腹は満たされない。こんな時、兵たちは、「ああ、すき焼きで腹いっぱい白い飯が食いたいなあ」と話し合って、また黙った。

ぱたっと、銃声が聞こえなくなった。米軍が何も攻めてこなくなった。戦争が終わったらしい、というのが、噂で伝わってくる。戦争が終わったのだ。皇軍[*30]、聖戦[*31]、報国[*32]、忠節…この戦争って、何だったのだろう。何のために、誰のために行なったのか。「死は鴻毛よりも軽しと覚悟せよ」兵隊の命など、鴻《おおとり》の羽毛より軽いというが、これほどの死や苦しみを、国民に与えて、「死は鴻毛よりも軽し」とうそぶくような国はおかしい。もし内地に戻れたら、本当にすき焼きを食おう、みんなが、腹いっぱいすき焼きを食えるような、戦争のない世の中にならなければならない。もう戦争はいやだ。二度と再び、戦争などしてはならない。

自らに強く言い聞かせるように話す中内さんに、私は言った。「私の父も、レイテ[*33]で戦死しました」「そうか、レイテか」とだけつぶやいて立ち上がり、私の肩をそっとたたいて、出て行った。

ルソン島　参加兵力二八万七千人　戦死二一万七千人　戦死七六%
レイテ島　参加兵力八万四千人　戦死七万九千人　戦死九四%

終戦、引き揚げ、闇市

一九四五年(昭和二〇年)一一月はじめに、鹿児島の加治木港に第一回の復員船で帰国した。やっと生きて日本に戻ってこられたのだ。港近くの小学校に臨時の復員受け入れ窓口[*34]があり、牛肉の缶詰二個と全国無賃乗車券、それに六〇円を渡された。無蓋貨車でもなんでもいいから勝手に乗って、故郷へ帰れという。兵隊に行くときの初任給が四〇円ほどだったので、六〇円あれば一か月は遊んで暮らせると思ったが、門司の闇市で、豆腐を買おうとしたら、一丁が五円だという。お国のために、重傷を負いながら何ら治療を受けることもできず、ジャングルを這いずり回り、三年近くも死ぬ思いで戦った対価が、たった豆腐一二丁か、と思うと情けなくなった。国というのは、勝手で無責任なものだな。

列車が姫路を過ぎるとき、焼け野原で、神戸も焼夷弾でみな焼けたと聞いていたが、川崎造船所[*35]の近くの実家は、焼け残っていた。内地に戻ったら、白い飯に牛肉のすき焼きを、思いっきり食いたいと夢見ていたが、日本は焦土と化し、敗戦国だった。貧しく、職もなく、食うものも乏しかった。とにかく、食うことが重要だ。米がない。牛肉も醤油も砂糖も酒も、手に入らない。

戦時中の一九四二年（昭和一七年）にできた食糧管理法[*36]という法律があり、ほとんどすべての食料を政府の統制物資とした食管制度のもとでは、配給以外に食料を入手することは違法行為だったのである。食糧管理法は、国が責任をもって十分に配給することを前提にしている法律である。

しかし、じっさいには米も麦も醤油も満足に配給されず、遅配、欠配が続き、どの家もこのままでは餓死するというので、農村へと買出しに出かけて、米やサツマイモなどの食料品を分けてもらった。私の母親も、リュックに大切にしていた晴れ着や着物や帯をつめて、田舎の遠い親戚を訪ね、三拝九拝して米や麦を分けてもらい、必死の思いでぎゅうぎゅう詰めの満員電車で帰ってきていた。しかし、これは違法なのだ。警官に見つかると、必死に運んできたリュックサックの食料は没収される。国など助けてくれないどころか、国民を苦しめるだけだ。配給してくれるはずなのに、米穀通帳[*37]をもって米屋に行っても、米はない。醤油もない。味噌もない。

しかし、庶民は生きなければならない。生きるためには、したたかになる。食料が手に入るのは、闇市だ。そこには、ないはずの米も売っている。生きるためには、自然発生的な互助会ができてくる。

ボランティア活動ではない。利益を求めて発生する経済活動だ。市《いち》だ。国とは無関係に発生するから非合法の市だ。だから闇市。日本中に、自然発生的につぎつぎと闇市ができたが、神戸三宮の闇市は、日本中でも大きい市だった。

中内さんも、この三宮の闇市で商売を始めた。扱ったのは、主に薬だ。もともと稼業がサカエ薬局という薬屋だから、薬は手に入るし父の薬剤師の免許もある。東出町のサカエ薬局ではほとんど売れない薬も、闇市ではどんどん売れた。

中内さんから、この闇市の話を聞いたとき、私にはすぐわかった。私の育ったのは東京の新橋である。日本一の闇市だった。新橋駅前の一帯は焼け野原で、その焼け跡に八月一五日の終戦からほどなく闇市ができた。そこは私の通った小学校の校門のすぐ前だったから、放課後には闇市をうろつき歩くのが日課だった。

そこへ行けば、何でもあった。金さえ出せば、米も酒もタバコも、何でも手に入った。

酒屋があるのではない。米屋もない。お菓子屋もタバコ屋も本屋も、ない。地面に茣蓙《ござ》を敷いたり、ミカン箱の上に戸板を載せて、その上に品物を並べると、欲しい人が来て、いくらだ、それなら買おう、の相対取引の自由市場だ。税金もかからない。こわいお兄さんが来て場所代は取られるが、誰でも商売はできる。品物が売りきれたら、それで店じまい。もっとほしいと二時間後に行ったら、もう別の店が出ている。

しかし、闇は非合法である。違反者は牢屋に入れなければならない。だから、たまに経済警察[*38]が取り締まりに入る。だが、かたちだけだ。

後年、中内さんがダイエーを創業し、大企業になり、経団連の役員になったときに、社長秘書の私は経済界のお偉方からこう言われた。「中内君は、もともとは闇屋だったそうだね」「闇屋」。嫌味たっぷりで、自分たちとは違う人種だ、と貶める言い方だった。自分は清廉潔白、合法的に生きてきたまっとうな経済人だよ、と言いたげだ。しかし、中内さんは、闇市で商売したことを、全く隠していない。堂々と公表している。それはなぜか。それが、人間のまっとうな生き方であり、当然な経済活動だとわかっているからである。

恥ずべきは、国なのだ。国がバカな戦争をし、国民を塗炭の苦しみに突き落とし、何の償いもしないどころか、生きるに足る食料さえ与えてくれない。国こそが無責任なのだ。国民はどんなことをしても生きなければならない。

当時、農家などは別にして、都会に暮らすふつうの日本人で、正規の食料だけで生きてこられた人はいない。非合法な買出しや闇市が、日本人の命を救ったのだ。山口裁判官の話は有名だが、今の人はほとんど知らないのであえて記したい。

一九四七年(昭和二二年)一〇月、東京地方裁判所の山口良忠判事(三三歳)が、栄養失調のために死亡した。山口判事は、闇市で食料を売ったり買ったりするのは食糧管理法違反であり、法律を守る立場から、法律違反の闇の食料に手を出すわけにはいかないと考えたのだ。この山口裁判官のように、闇で食料を入手せず厳格に法律を守り、正式な配給の食料だけで生きようとしたら、当時の日本人はみな栄養失調で餓死していたということである。

私に、闇市で商売していた中内をさげすんだその経済人も、いま生きているということは、間違いなく闇で食料を手に入れていたということなのに、それは都合よく知らん顔なのだろう。繰り返すが、中内さんは、闇市を悪いことだとは思っていない。戦後の混乱の中に生まれるべくした経済活動だと思っている。

お国が管理する食糧管理法が全く機能せず、国民を苦しめる法律になっている。経済にお国が嘴を挟むと国民のためにならない、経済も流通も、もっと自由に闇市のように動かすべきなのではないか。中内さんは自ら進んで闇市という渦に身を投じて、人間の営みをじっと見つめ、庶民の心情や欲望を観察し、流通というものの価値、重要性を学んだのだった。

人々の暮らしを支えるのは、生産よりも流通だ、欲しい人のところへ欲しいものを届ける、その仕組みをよりよくすることこそ、これからの社会に最も重要なのだ、と強く思い定めたのである。お国のためではない、庶民のための流通が必要なのだ。

この思いは、フィリピンのジャングルの中でも感じたことだ。つまり、兵站の重要性だ。前にも書いたが、日本軍は戦さとは武士のやるもの、つまり戦うことが目的だ。荷物の運搬など荷物持ちのやることで、武士のやることではない。関ヶ原の戦いも、半日の勝負だった。補給など考えない。大和魂[*39]で突撃、断固撃破だ。もし失敗したらどうするなどとは考えない。しかし、実際の戦いは半日では終わらない。持久戦になる。兵站が重要なのだ。補給がなければ戦さにならない。銃弾は撃ち尽くしたらおしまい、ではどうにもならない。銃は弾がなければただの鉄の筒だ。食い物は全部現地調達しろ。補給など女々しいことは考えるな、こういう精神論では戦さはできない。

『広辞苑』(第七版)によると、兵站とは、「前線の部隊のために、後方にあって連絡・交通を確保し、車両・軍需品の輸送・補給・修理などにあたる機関・任務」とある。米軍は、前線の戦闘能力と同時に、この兵站を最も重要視していた。

これも中内さんから聞いた話だが、米軍の酒保《しゅほ》(軍隊の営内にあるコンビニ)を垣間見たら、アイスクリーム製造機があって、兵隊たちがアイスクリームを食べていた。これは勝てないはずだ。こっちは草の根やヒルやミミズを食ってやっと生きていたというのに、米軍の兵士はアイスクリームだよ。戦前の日本ではアイスクリームなんて、誕生日か何かでなければ食べさせてもらえなかった大ご馳走だ。そのアイスクリームを、遠いフィリピンの山の中まで製造機を運んできて、兵士にサービスしている軍隊に、補給なしの大和魂で勝てるはずがない。

戦争というのは、ドンパチで決まるのではなく、兵站、ロジスティクス、つまり流通が重要なのだ。戦争も経済も暮らしも、流通だよ。これからの日本に必要なのは、本当に庶民のための流通の構築だ。もう戦争なんてまっぴらだ。本当に庶民の暮らしを豊かにするための流通を作らなければ。

2 日本型スーパーマーケット創業

現金問屋、中間排除

闇市の後、中内さんはもう一つ挑戦をした。

一九五一年(昭和二六年)に大阪の平野町で、「サカエ薬品」という薬の現金問屋[*1]を始めたのだ。父親が神戸の東出町でやっているのは「サカエ薬局」で、一般客相手だが、新しく始めた「サカエ薬品」は、商売人相手の現金問屋だ。

普通の商売は、商品を仕入れて客に売る。しかし現金問屋はその逆で、売ってから仕入れる。売ってから仕入れるとは、ありえない。一体、どういうことか。たしかにそんなことは、普通はできない。これができるのは、大阪の島之内(大阪市中央区の一地区)だからだ。道修町《どしょうまち》や金物町や松屋町《まっちゃまち》など問屋街[*2]では、朝仕入れたものは、夕方までに決済すればいいというしきたりがあった。だから現金問屋が成り立つ。

たとえば、四国の薬問屋が大阪に薬品や化粧品を仕入れに来る。現金問屋は、そこからまず注文を取る。たとえば一箱一〇〇円でビタミン剤を千箱、計一〇万円という注文を受ける。それから急いで仕入れに行く。いろいろ卸を当たって、例えば一箱九〇円の約束で仕入れてきて、現品千箱を四国の問屋に渡し、代金一〇万円を受け取る。五時までに卸に九万円を払う。差額一万円の利益、という商いだ。

地方から買い付けに来る卸業者は、いろいろな薬品や化粧品や小物類を仕入れたいので、あちこちの問屋や卸を回りたいが、時間の余裕がないから、サカエ薬品のような便利な現金問屋が利用されるわけだ。と同時に、このような値引きが成り立つには、薬品業界の特殊な事情があった。特にビタミン剤や栄養剤が登場し、テレビなどで宣伝されるようになると、たくさん売る業者には割り増しをつける。金額で引かなくても一〇〇個の注文に一〇個余分につけて一一〇個渡す。化粧品なども同じだ。薬品の種類にもよるが、メーカーから消費者の手に渡るまでに、何段階もの大卸、仲卸、地方卸などの中間業者があり、それぞれマージンを取って成り立っているので、薬の原価は思った以上に安価だ。だから途中の段階を飛ばし、現金で決済するなら、かなり安く仕入れられるのである。

サカエ薬品は安いという評判がたつと、地方の問屋などの業者だけでなく、一般の客や製薬会社の社員までもが買いに来るようになった。当然、中間業者から苦情が出る。本来なら自分のところへ来るはずの業者が、来なくなるから、サカエ薬品には薬を卸さないでくれとか、現金問屋なのに小売りの安売りもしている、定価が崩されているという苦情がメーカーに行くようになる。メーカーは、けしからん、サカエはどこから仕入れているのか、サカエには卸さないように、という統制が厳しくなる。

サカエ薬品は、お客が問屋なのか小売りなのか区別できない。きちんと伝票を切り、現金決済、キャッシュアンドキャリーの商売だ、と言い張り頑張ってきたが、商売はだんだんやりづらくなった。

この時、中内さんはずっと考えていたことがある。それは、商品の価格とはいったい何なのか、ということだ。お客さんは欲しい商品だから、買う。高いのか安いのかわからないが、自分の懐と相談して買うかあきらめるか、決める。でも、お客としては少しでも安いほうがいいに決まっている。その商品の値段は、材料費や加工賃、人件費や運賃などの諸経費に、いくばくかの利益を上乗せして決まるのだろう。しかし、薬品の値段はどうなっているのだ。サカエ薬局の時もある程度はわかっていたつもりだが、現金問屋をやって、これほど原価が安く、しかも不透明で、中間業者が多くて、それぞれ利益を取っていくと、最終のお客は、ずいぶん高いものを買わされていることになる。商品はお客様のためにあるのではないのか。中間搾取のためにあるのか、そこまでとは言わないが、もっと中間が少なければ、お客様の元へもっと安く届けられるのではないか。

千林創業、そして二号店三宮

一九五七年(昭和三二年)九月二三日、中内さんは「主婦の店ダイエー薬局」を大阪、京阪電車の千林駅前に開店した。かねて念願だった小売商売、ドラッグストアの開業だ。このときの社員は全部で一三人。店の広さは三〇坪(約百平方メートル)。初日売上げ二八万円。損益分岐点[*3]が六万円だから、大成功だ。

　ダイエーの創業である。登記名は「主婦の店ダイエー本店大阪」。平野町の現金問屋サカエ薬品の際に、大阪の栄(祖父の名サカエ)という意味で、大栄薬品工業という会社をつくり登記していたが、その大栄を音読みのカタカナにしてダイエーとし、それに主婦が本当に買いたい商品を売る、という意味で、主婦の店と名づけた。

サカエ薬品は、現金問屋として業者相手の商売だったが、薬の中間流通にはいろいろ矛盾を感じていた。本当に大切なのは、薬を必要としているお客様、庶民、主婦たちなのではないか。その人たちに、商品をもっと安く提供し、人々に少しでも豊かな暮らしをもたらすには、やはり一般の庶民相手、特に主婦のための商売をしたいと思っていた。千林の「主婦の店ダイエー薬局」はその願いの実現である。

薬局と名づけたように、商品は薬が主だったが、繁盛したのは初めの三日程で、そのあと売上げはあっという間に落ちて、毎日、二万円程度の売上げになった。考えたら、薬は毎日必要になるわけではない。熱が出た、お腹が痛い、怪我をした……というときになってはじめて買いに来る。そんな時、(前にダイエーに入社の項でもふれたが)「おっちゃん、菓子はないの、子供が何人もおるから、菓子なら毎日でも買いに来るで」とお客さんに言われた。なるほど、それだ。お客さんに教えられて、菓子を置いた。仕入れは、大阪・島之内のことだから問屋街のことはよくわかる。化粧品も家庭用品も置いた。

よく売れたのは、菓子やインスタントラーメンなどの食品である。午後三時過ぎになると、次から

千林駅前に開店した「主婦の店ダイエー薬局」

次と休む暇もない。菓子は、お客さんにこれが欲しいと言われてからハカリで量って紙袋に詰める。手間も時間もかかる。お客さんを待たせば叱られるし、こちらは腰が痛くなり、もうどうしようもない。どうにかしなければ。混むのは夕方だが、午前中はお客は少ない。この時間に事前に袋に詰めて置いたら楽だな、ということで、透明なビニール袋を求めてきて袋詰めして売ることにした。ものによって、一〇〇グラムとか二〇〇グラムとか売れ筋が決まっているので、それを用意して積んでおく。目の前の量り売りは、お互いに確認できるが、はじめから袋詰めにされていると、少ないのではないかと思われる恐れがあった。だから透明の袋にし、目方も必ず多めに、二〇〇グラム袋には二〇五グラムは詰めた。だからお客さんも納得して買ってくれた。

信頼してくれれば、商売はできる。お客様はついてきてくれる。信頼こそが基本だ、と改めて感じた。腰痛解消のための窮余の一策が、事前小分け包装(プリパッケージ)につながり、セルフサービスへ発展する第一歩になった。これは、アメリカから学んだスーパーマーケットのセルフサービスではない。腰痛防止とお客様を待たせない、という実利から学んだ和製の知恵の産物だ。

駅前のこともあり、お客さんは夜遅くまで途切れなかった。だが、雨の日などは早いうちから客足は途絶える。夜八時を過ぎると、周りの店はどんどん店じまいをするのだが、中内さんは許さない。当時の創業メンバーの一人、松本文夫さんはこう話していた。「うちの店も閉めたらええのに、と思っていたら、社長が言うんです。一〇時まではどうしても開けておかんといかん。薬を置いているんやから、急病人があったとき、あそこなら一〇時まで必ず開いていると安心してもらえる。それが大切なことなんや。一人でもこの店を必要とする人がいれば、むやみに閉店時間を変えたらいかん。それが信頼につながるんや」

初めての年末最後の三日間は、身動きできないほどの混雑だった。同じく創業メンバーの末角要次郎さんは「今日は売上げが一〇〇万円を超さんと店は閉めない、と社長は言うし、みんなでがんばった。大みそかは、京阪電車が初詣客のために終夜運転をやっていたので、ダイエーもそれに歩調を合わせた格好で、がんばった。やっと午前二時に一〇〇万円を突破し、社長もやっと、ぼつぼつ閉めよかと。棚はがらがらで、ほとんど売り切れていた」と話している。

こういう中内社長やメンバーの姿勢が、地域に評価されて、半年後には平日の一日の売り上げが一〇〇万円に届くようになった。創業一号店の千林店は成功裡に船出をした。

「しかし、本当の船出は、三宮だった、二店目の三宮店が勝負だったんだ。千林の時は、薬局と名付けたように、ドラッグストアを考えたが、まだどんな店がいいのかよくわからなかった。お客さんに聞きながら、店を作ってきた」と、中内さんは私には話した。「千林の経験から、百貨店でもない、普通の小売店でもない、本当に庶民の主婦のための店を作りたいと思って、二号店の三宮の店を作った」「もっと牛肉を子供たちに食べさせてあげたい、もう一本バナナを子供に食べさせてやりたい、という主婦の気持ちを生かす店を作らんといかん」。フィリピンのジャングルで夢見た「牛肉のすき焼きを、どこの家にも」ということを実現するのには、目指すべきはドラッグストアではない、食品も雑貨も売れる店を作らないかん。

二号店の神戸三宮店は、翌年の一九五八年(昭和三三年)一二月二日にオープンした。店は、三宮センター街の東端から西へ約二〇〇メートル。そこからちょっと北に入ったところだが、当時は、このあたりはジャンジャン市場と言われ、屋台やホルモン焼きの一杯飲み屋が並ぶ盛り場で、女性が近づくような場所でなかった。しかし、ダイエーは安いという噂が流れ、主婦たちが次々とダイエーに詰めかけたのである。店内は連日「戦場のような賑わい」だった。お客は神戸市街だけでなく、阪神間からも、郊外の西の舞子や明石、北の三木や三田からもやってきた。

とにかく店員は、昼飯も食べられず、レジ打ちはずっと立ちっぱなしだった。その一人は、一日一二〇〇人の買い物のレジを打ったという。一二〇〇人を八時間で割ると一時間で一五〇人、六〇分で割ると一人のお客さんが二四秒になる。今のようにPOSレジ[*4]を通せば記入も価格計算もしてくれるから可能だが、当時は一品ずつカゴから取り出して係が読み上げるのを、レジが打つ。その読み上げ係が、社長の中内さんや弟で専務の中内力さん、末角さんたちだった。だから誰も休むことも、食事することもできないような忙しさだったということだ。

これは無理だ、早く何とかしなければ、と急遽、西に一〇〇メートルのところに一七〇坪を買い取り、木造二階建て三宮の二号店を翌一九五九年(昭和三四年)四月二五日に開店させた(三宮一号店は閉鎖)。こちらは前の店の倍以上の広さがあり、初めからスーパーマーケットを意図して、陳列棚もセルフサービスに向く配置で、広々とした店舗になった。商品も、肉やハム・ソーセージ、野菜などの生鮮食品に、電気製品も、お中元や歳暮贈答品のコーナーも作った。

中内さんが、本当のダイエーの船出は千林ではなく、この三宮二号店だったよ、というのは、チェーン展開のスーパーマーケットとしての第一号店は、の意味だった。

そのチェーン展開するための布石として、売場の整備だけでなく、販売と仕入れの業務を分離し、粗利益予算制度[*5]を採用。業務の役割分担も明確にして、それまでのドンブリ勘定経営[*6]から、多店舗経営ができる企業体制の整備を行なったのだ。

これぞ、近代経営の第一歩だが、現実の中内さんは、大きな鍵の束を持って、朝は一番早く来て店を開け、店の掃除をし、夜は一番遅くまで働いて店を閉めて帰るのが日課だった。

牛肉とウエテル

この三宮新店の開店二か月後の六月に、中内さんは、あのジャングルの中で思い定めた念願を実現させた。兵隊たちは腹が減ってどうしようもなかった。食うものは何もなかった。どうにもならないとき、牛肉のすき焼きの話をし合った。そんな時、なぜかすき焼きのあの湯気とにおいが漂ってくるような気がして、みんな顔が和やかになり、暫時、飢えをまぎらわせた。もし日本に帰れたら、「ほんとうに腹いっぱいすき焼きを食おう。でも、そのためには、庶民が誰でも安くてうまい牛肉を買える世の中にしなければ」、この思いを中内さんはずっと胸に抱えていた。

そしていま、このダイエー三宮店で実現させた。牛肉の安売りである。町の肉屋さんでは一〇〇グラム六〇円で売られている牛肉を、三九円で売り出したのだった。大安売りだ。三五%も安い。これなら、庶民でもすき焼きができる。三宮店の肉売場は、連日押すな押すなの大混雑。ついに店内だけではまかないきれず、隣接の空き地にテント張りの特設売場を作って対応したが、そこにも主婦たちがあふれた。

中内さんは、この光景を眺めて、胸に熱いものがあふれた。みんな、うまくて安い牛肉を食べたい、そして今こうして、ダイエーで買って帰れる。今夜は、家族そろっておいしいすき焼きが食べられるのだ。その光景が目に浮かぶ。うれしい。思わず、涙が出た、このダイエーを作ってよかった。と思いながら、中内さんは考えた。一〇〇グラム三九円の牛肉というのは、三宮店開店の目玉だ。三九円で売るというのは、利益がないどころか赤字なのだから、まさに今回限りの特売だ。しかし、三九円なら売れる、お客様の求める価格が三九円、この三九円なら、買うという価格、ということだ。今回限りの特売で終わらせてはだめなんだ。安い牛肉を求めて、ここに並んでいる人々の暮らしは、これからもずっと続くのだぞ。みんな、これからも、すき焼きを食べたいのだ。子供たちが、すき焼きを食べたいと求めるのだ。そのためには、三九円で売れるように牛肉を調達しなければならない。ダイエーは、それに応えなくていいのか。それがダイエーの使命ではないのか。おれが、フィリピンから生きて帰れたのは、それをやるためにではなかったのか。中内さんは決めた。えいっ、なんとかなるやろ、ダイエーはこれからも、ずっとこの値段で売る、三九円で売り続ける。

しかし、現実はきびしく、何ともならない。ダイエーの安売りは、周辺の精肉店にしてみたら大迷惑。特売期間だけの安売りかと思っていたら、一〇日も二〇日も過ぎてもまだ三九円だ。いつでもダイエーの肉が安いとなれば、自分のところのお得意さんもダイエーに買いに行く。当然、売上げが減る、というわけだ。ダイエーはけしからん、ダイエーに肉を卸すな、と仕入れ先の枝肉[*7]の卸商に苦情、圧力がかかるようになった。その結果、牛肉はもちろん、他のいろいろな肉も入手しづらくなってきた。

さまざまなところに当たったが、どうにも打開できない。社員たちは、値上げせざるを得ないのではないか、そうすれば、肉を卸してくれると言っているのだから、この際は値上げを、という。

何を言うか、おれがどういう思いで三九円の肉を売っていると思うのか、うちでもやっと牛肉のすき焼きを子供たちに食べさせてあげられます、ありがたいとお客さんがみんな喜んでいるのを、君たちもみんなわかっているだろう。これがダイエーなんだ、ダイエーはメーカーや卸のためにあるんじゃない。ダイエーはお客様のためにあるのだ。それがダイエーと庶民との絆なんだ。そんな簡単に値上げしますと言えるかっ！

中内さんは、自ら神戸屠場（現神戸食肉センター）に行き、一頭買いをして、解体料を払って枝肉を手に入れたりしたが、皮や内臓の処理ができない。経費も処理代もかかって、大赤字になる。他にもあちこちに足を運び、打開を図ったがうまくいかない。

ある日、知人を頼って枝肉商が集まる冷蔵会社に出かけて、たむろしている枝肉商に「ダイエーの中内やが、誰か枝肉を売ってくれんか」と声をかけた。誰も返事をしない、知らん顔をして一人抜け、二人抜け、その場から立ち去っていく。

最後に一人だけ残っていた男がいた。ねじり鉢巻き、ラクダの腹巻にステテコ姿の男が口を開いた。

「ワシが枝肉売ったろか」。上田照雄、通称ウエテル。この男が、中内さんの盟友になり、ダイエーの窮地を救うのだ。

この時、中内さんはウエテルに、枝肉を売ってくれということをそっちのけにして、自分は私利私欲のために安売りをしているのではない、すき焼きを食べたくても食べられない庶民のために、必死に努力しているのだ。流通というのは、食べる人たち、使う人たちのためにある、庶民のためにあるんだ、と流通にかける思いを熱く語った。

ウエテルは頷いた。わかった。おれもこの中内にかけよう。そして、七頭分の契約を結んだ。そのかわり、ウエテルは、これまでの得意先八軒全部を失った。おれは、ダイエー一本の枝肉商になる。それでいい。

薬局と薬の安売り

戦いの相手は、肉の業界だけではなかった。

もともと薬局から始まったダイエーだから、三宮店でも、薬や化粧品などの雑貨は、メインの商品である。薬の値段は高すぎる、という思いは、大阪平野町の現金問屋をやっているときに、とことん感じたことだ。原価は安いのだから、仕入れの工夫をし、中間業者を省けば、もっと安く庶民の手に届く。人々はどれほど助かるかしれない。まさに神戸高商時代に学んだ「中間商業排除の原則」だ。

この当時、昭和三〇年代は高度成長の真っ最中で、サラリーマンは朝早くから夜遅くまで働くのが当たり前の時代だった。だから、栄養剤、ビタミン剤が求められ、ましてダイエーは市価より三割も四割も安いと評判が立ち、飛ぶように売れた。洗剤や殺虫剤も新製品が次々に発売されていて、ダイエーは安いというので、大盛況だった。薬などの仕入れルートは、当然サカエ薬局経由なので、肉のように苦労はしない。その代わり、飛ぶように売れたので、見込みより早く在庫がなくなる。品切れは、せっかく来店して下さったお客様に申し訳ないので、絶対品切れを起こすな、と中内さんは厳しかった。だから、どうしても品切れになりそうなときは、近くの薬局へ走って、現金で購入し、赤字で安く販売していた。

ダイエーは安いと聞いて、町の薬屋も当然覗きに来る。「うちの仕入れ値よりも安いやないか。どうなっているんや」と、メーカーに苦情を言い立てるし、監督官庁の兵庫県薬務課へも抗議が来る。事態は三宮店だけでは済まない。ダイエーは、三宮店に続いて、チェーン展開を始めていた。翌年の一九六〇年（昭和三五年）には大阪三国店、その翌年の六一年には板宿店、千林店、西神戸店と立て続けに開店計画が進んでいた。それぞれの店は、店内に薬局を開設予定で、その申請を大阪市や神戸市に行なっていた。

薬局の開設は許可制ではなく、届出制だから、申請し条件さえ整っていれば出店できるのが原則である。しかし、薬局の薬業組合はダイエーの安売りは、近隣の薬局が売れなくなるから、届を受け付けるな、と強い圧力をかけてきた。薬のメーカーは、ダイエーが安売りをするなら出荷を停止する、と言ってきた。

当然、この争いは社会問題になってきた。このころ、生産者や卸業者、販売店に対して、お客さんとか顧客という言葉の代わりに、買う側、使う側、食べる側を総称して〈消費者〉という言葉が使われるようになってきていた。新聞などでも、メーカーや業者の利益か消費者の利益か、というとらえ方で報道され始めていた。つまり、消費者は安く買えるが、薬局は困るから、安く売るのはやめさせろ、ということになる。普通の消費者はないがしろにされてもいいのか。業者のほうが大切なのか。

一九六〇年（昭和三五年）当時、ダイエーにつぎつぎに抗議や苦情を言いにやってくるメーカーや問屋や業者の人たちに対し、中内さんは、三宮のダイエーの事務所の一角に、自筆の筆書きで、つぎのような張り紙を掲示した。

日用の生活必需品を最低の
値段で消費者に提供するために
商人が精魂を傾けて努力しその

努力の合理性が商品の売価を
最低にできたという事が何で
悪いのであらうか？

信念をもって、精魂を傾けて、消費者のために最低の価格を実現しているのだ。これはダイエーの信念である。誰が来ても、この信念は変わらない、という宣言だ。

肉の場合もそうだが、薬も同じで、安売りは業者やメーカーが困るからやめてくれ、止めさせるべきだ、という業者側と、ダイエーの安価販売は消費者の利益だ、消費者のために推進すべきなのだ、という対立である。事実、ダイエーには主婦連などの婦人団体や市民団体が応援団になってくれていた。特に、関西主婦連の比嘉正子さんなどが中心になって、ダイエーは安く売ってくれて消費者にとってはありがたい、なぜそれを許可しないのか、と強く応援してくれた。これはたいへん心強い味方だった。

調停は、神戸の場合、兵庫県薬務課に持ち込まれた。いろいろな圧力がかかったが、中内さんは一歩も引かなかった。結局、消費者団体の応援も、マスコミの声も後押しし、西神戸店も大阪の三国店も、店内の薬局を認めるというダイエーの勝利になった。

このダイエーの動きは全国に波及し、各地で、既存の薬局と紛争が起こった。困惑した厚生省は、一九六三年(昭和三八年)に薬事法を改正、薬局の出店を届出制から、都道府県知事の許可制にした。既存の薬局の既得権を守るために、新規出店の場合は、従来の薬局から一定距離(例えば一〇〇メートル以内)の出店はダメ、それ以遠なら許可する、という店舗の距離制限を実施した。

五〇年後の今では、ドラッグストアが街角のあちこちに営業しているのは当たり前の風景だ。しかし、こうなるまでは、限られた数の店舗しか薬局は建てられなかった。夜に子供が熱を出した、熱さましを買いに、薬局を探して必死に駆け巡った経験があるが、もっと近くに薬局があればずいぶん助かった。ところが、薬局が新しく増えると既存の薬屋が売上げが減って困るから、増やすのはまかりならん、ということが法律で決められていた。それはおかしいではないか、業者の保護よりも、消費者の利便性のほうが大切にされるべきだ、というのが中内さんの考えで、そのために中内さんは戦った。現在の状況からは想像もできないが、当時としては精いっぱいの戦いだった。

新規出店は、距離制限を前提にした先願制だから、先陣争いも過熱し、保健所の前に寝袋をもって前夜から泊まりこんだりして申請し、やっと県の許可がおりた。その後がまた大変で、ダイエーの社員が業者の集会に呼び出されてつるし上げられたり、中内さんの自宅にデモ隊が押しかけてビラを貼ったり気勢を上げたり、ダイエーの本社の周辺に来て拡声器で怒鳴ったり、爆竹を鳴らしたりした。ようやくこぎ着けた新店の地鎮祭に、千人以上の反対デモが押し寄せたこともあった。

本来ならダイエーの安価販売は、消費者のメリットなのにもかかわらず、既存業者保護の新規出店の距離制限という法律は、誰が見てもおかしい。しかし、この法律はその後一二年間も続き、一九七五年（昭和五〇年）に最高裁でやっと違憲が確定し、削除された。ダイエーの戦いは、既存流通システムに対してと同時に、薬務行政への戦いであった。それにしても、消費者無視の行政がいかにこの国にまかり通ってきたか。流通革命の開拓者の歩みは苦難の道であった。

アメリカで学んだこと――その1

ちょっと時代が下って一九八七年(昭和六二年)は、ダイエーの創立三〇周年に当たった。

この周年記念行事をどうするか、という話が持ち上がった時に、私は調査室長だったが、中内さんにこのようなことを言われた。

「最近、企業の寿命は三〇年、と言われているやないか。ダイエーもなんとか三〇年たったが、まだたった三〇年で、通過点だ。だから行事は身内だけの例年の創業行事でいい。社史を作るところもあるが、それはもっと経ってからで、いまは資料を集めてまとめて、社員教育の参考にしたい。昭和三二年に千林に店を出してから、どんなふうにダイエーが成長してきたか、その事実を資料化してまとめてほしい」。そして、付け足すように「自分としては、この三〇年で最も大きい影響を受けた重要な出来事は、なによりも昭和三七年のアメリカ視察だ。あの時の衝撃がなかったらいまのダイエーはなかったし、日本のスーパーマーケットもなかった」と語った。

中内さんからは、一九六二年(昭和三七年)五月五日から三一日まで、アメリカのシカゴで開催された全米スーパーマーケット協会二五周年記念式典に、日本の小売商代表として参加した時の話は何回も聞いていた。

その会場で読み上げられたケネディ大統領のメッセージ、「米国とソ連の差はスーパーマーケットがあるかないかであり、一時間の労働で買えるバスケットの中身の違いである」「スーパーマーケットによる Mass Merchandise Method こそが米国の豊かな消費生活を支えている。スーパーマーケットを通じて豊かさが実現されていく社会こそ全国民が願い求める社会である」。これを聞いて、カーッと熱くなった。自分の仕事がどういう意義があるかを、簡潔に見事に表現してくれた。自分はスーパーを始めてよかった、と思った。この時の感動は、一生忘れないと、何回も聞かされていた。

結局、三〇周年記念事業の一つとして、中内さんがこれまで対外的にも対内的にも発信した、ダイエーとスーパーマーケットへの思いと情報を集めて編集し、「よい品をどんどん安く」という小冊子を作って、全社員に配布した。その小冊子の最初に掲載したのが、「社長帰朝談　アメリカにおけるスーパーマーケットインダストリイの理念と実情について」だった。これは一九六二年（昭和三七年）七月に発行した『ダイエー社内報』第二号からの転載である。

この時代、ダイエーは千林駅前店、三宮店、三国店、千林店、板宿店、西神戸店の六店舗を展開していたが、まだチェーンストアとは何か、スーパーマーケットとは何か、店舗運営はどうすべきか、商品政策はどうなのか。自分は何もわかっていなかった。チェーンストアは店をたくさん作ればいいと思っていたんだよ。そんな単純なものではないということをアメリカに行って、はじめて教えられた、と中内さんは語っている。この帰朝報告は、中内社長の談話の形になっているが、その後のダイエーの方向を明確に指し示していて、非常に重要な資料である。主要な部分を転載する。

社長帰朝談

アメリカにおけるスーパーマーケットインダストリイの理念と実情について

この度日本スーパーマーケット協会の代表としてシカゴ、マコミックプレスでアメリカ、スーパーマーケット第二五回年次大会に参加し、尚そのあとの各国の同志とのディスカッションで得ました知識の中からこれについて述べたいと存じます。
その第一は商業はその本質においてその地域の社会の消費者の人々に奉仕をすることを理念としてもたねばならぬことです。そしてフェアな競争を通じてその企業を社会のために発展させるべきであります。

スーパーマーケットはあなたの生活を豊かにします

その企業の発展が真にその地域の人々の生活を豊かにすることに直結するということです。これこそ真の意味のP・Rであり、企業の社会的な生命であります。「事業の目的は顧客の創造である」という、かのドラッカー教授の言葉はもっともっと吾々も味わうべきことだと思います。ただ単に物と金とを引換えることが商業であるなら総て発達した自動販売機が解決してくれます。アメリカでは紙幣を硬貨に両替してくれる機械もあり、電子頭脳はお客の質問に対して即座に明解な説明をしてくれます。しかしそのような機械は生命をもっておりません。商業において私達は最も大切なこの生命の焔をもっと燃やさねばならぬと考えます。

スーパーマーケットは最も合理化された商法

第二に商業はあらゆる時代を通じて合理化の競争によって発達してきたこと、言葉をかえて申せばより安く売れる形態が常にその時代のチャンピオンになるということであります。商業の歴史を見ても例えば日本の江戸時代において既に「現金正札掛け値なし」[*8]という合理的な商法によって今日の百貨店の芽が生まれております。アメリカにおいてもチェーンストア、バラエティストア、ドラッグストア、スーパーマーケット、ディスカウントハウスはすべてより低いマージンで販売できるための努力から生まれたものでその時代の脚光を浴びることが出来ました。今日よりも明日によい品をどんどん安く売れる努力が商業を発展させる力となると考えられます。アメリカのスーパーマーケットの発展もこのような絶えざる努力の結果遂に全食料品販売総額の七〇〜七五％を占め確固たるその地位を保持するに至りました。

スーパーマーケット業界の努力が国民生活を高めている

第二五回総会に対するケネディ大統領のメッセージにおいても次のように述べております。

Your industry's effective use of Low Cost Mass Merchandising and Techniques has resulted in substantial savings in the marketing of food.

このようにこの努力はアメリカにおいても正当に高く評価されております。大統領はつづいてこの節約こそがアメリカ国民生活のより高い水準の維持を可能にさせるものであることを強調しております。

（中略）

多彩なアメリカ商業界

次にアメリカ商業界の見てきたままをお話し致しましょう。

アメリカの商業界はいま激動の時代です。ダウンタウンは商業の中心であるには違いないが、新しく郊外に続々と生まれつつあるショッピングセンターに対して漸次その地位をゆずりつつあります。広大な肥沃の土地と世界の経済を左右するその実力の豊かさは測り知れないものがあります。

ニューヨークのマンハッタン、バタリー公園の露店のコカコーラ売り、世界一のウオール街の大ビルの前でＢＧや若い会社員にアイスクリームを売っている露店などの極めて零細な小売業から、街々にある二四時間営業のグロッサリーよろず屋のパパママストアまで、あらゆる、街角を占有してその偉容を誇るドラッグストアの数々から近代的なショッピングセンターを形造るA&Pやセーフウェイなどの大スーパーマーケットチェーンに到るまでその各々の分野でその消費者に商業を通じて奉仕している姿は、今後の日本の小売商業界のあり方に参考とすべきであります。永い激しい自由競争の中からその最先端の代表としてスーパーマーケット、ディスカウントハウス、ショッピングセンターをあげることができます。

激動するアメリカ小売形態

そしてこの激しい渦の中に新しい方向を求めてスーパーマーケットはディスカウントハウスを研究しこれを研究的に開設しまたディスカウントハウスは客の要望からスーパーマーケットをもちその余力をかって更に自ら一つのショッピングセンターを形成するまでに発展しつつあります。ショッピングセンターはディスカウントハウスやスーパーマーケット、更に大ドラッグストアを主軸にしそれに小型専門店を巧みに配列してその総合力を更に倍加させようとしているし、あるショッピングセンターはメヂカルセンターを併設しその地域の凡ての中心として益々大型化しつつあります。

機会はいつでも、どこにでもある

第二五回総会のテーマにとりあげられている言葉。

Opportunity unlimited.

The past is prologue to the future.

機会は無限である!

過去は未来へのプロローグである……

これこそアメリカ商業界を貫く真理であり、日本の小売業の最前線にある吾々主婦の店ダイエーでこそこれを理解し実践でき得ると考えられます。吾々はアメリカにおける食料品の販売の七〇～七五％をスーパーマーケットが行なっている現実をみつめて、近い将来においてスーパーマーケットが日本の食料品の配給機能の中で占める役割の重大さをもっと認識しなければなりません。

よい品をどこよりも安く売るために

そして「よい品をどんどん安く売る」ダイエーのモットーこそが世界を貫く真理であり吾々の生甲斐であります。

アメリカの現実を見てもこの「よい品をどんどん安く売る」ことのために種々の販売形態が次々と時代の脚光を浴びてあらわれつつあります。スーパーマーケットしかり、ディスカウントハウスしかりです。

この激しい商業界の競争を裁くものは消費者の手であります。

Consumer is queen.

この言葉こそまた永遠に変わらぬ真理であり、商業界を過去より遠き未来に導くものでありましょう。

アメリカで学んだこと——その2

中内さんは、シカゴの大会では、スーパーマーケットの使命や意義について学んで、大いに意を強くしたが、それよりもこの大会の帰り道に、ハワイでもっと実質的な商売のことについて学んだことは、とても大きな収穫であった。大会で知り合いになったハワイの日系人でビッグウエイの経営者がいた。この人が、帰りにハワイによって、うちのハワイの店を見て帰れ、バックヤード[*9]もみんな見せてくれるように共同経営者のシンタクに連絡しておく、と言ってくれた。

アメリカのシカゴやロサンジェルスで、いろいろな商業施設は見て歩いたが、表だけは見られても、肝心の裏側はどこも見せてくれない。ところがハワイでは、シンタクさんが裏も仕組みも全部見せてくれて、いろいろ助言もしてくれた。チェーンストア経営とかマーチャンダイジング[*10]とか、スーパーマーケットとか、日本でいろいろな本で読んだり、学者の話を聞いてわかったつもりでいたが、実際に自分の目で見て、話を聞いて、はじめてなるほどと納得することばかりだった。

まず、お前のところのチェーンの店舗は何店だ、と聞かれた。六店だと答えると、本部はどこにある、その六店への商品の供給はどうなっている、売上データのフィードバックや集中管理はどうだ、とつぎつぎに問われるが、何も答えられない。大体、本部なんてない。三宮店に事務所があるから、そこが本部なのだろうが、他店への商品供給や、売上管理やデータ集計などなにもやっていない。昨年に商品部を作って商品の仕入れを担当させたが、その商品の仕入れも店の運用や販促などとの関連を意識して連動しているわけではない。各店は自律的に販促や値付けもしている。バラバラだ。

それじゃあ、チェーンでもないし、マーチャンダイジングもできてないしスーパーマーケットでもないですね。必要な商品が、同じように調達され、継続して供給される商品力がなければ、マーチャンダイジングとは言えない、スーパーマーケットの経営者とも言えない、と言われているわけで、冷や汗が出た。そうなんや、そういうことなんだ、知識としてわかっていたつもりだが、何にもわかっていなかった。

同じダイエーというスーパーマーケットを展開するからには、どこのダイエーに行っても、同じ商品が同じ値段で並んでいなければならない。そのためには中央本部があって、おなじ商品を必要量だけ仕入れて、各店に供給し、同じ価格で販売できるようにシステム化する必要がある。一店ごとの商品の販売量は少なくても一〇店舗あれば一〇倍になる。店舗数が多くなれば、単品を大量に売ることになり、大量販売大量仕入れが可能になって、メーカーに対し価格決定権を持つことができる、仕入れ価格も安くできる。安く売ることができれば、お客さんもよろこんでたくさん来る。店も繁盛する。というのが、チェーンストア経営の要諦だ。いまでは、当たり前のことも、一九六二年にはまだ霧の中だった。手さぐりで、つまずきながら、道に迷いながら、一歩一歩、中内さんたちが進んできた道なのだ。

このハワイでの経験と学習は、中内さんの進む道を明確に指示していた。その学習の結果、ダイエーがどういう意図でどんな店づくりをしたのか、具体的に、中内さんが書いた文章がある。アメリカへ行ってから一年後の一九六三年(昭和三八年)九月に『別冊中央公論　経営問題　秋季号』に寄稿した「体験的スーパー経営論」というタイトルの記事である。これも三〇周年記念冊子に掲載したのだが、この原稿を選んで掲載候補として中内さんに見せた時、もう一度手に取って読み始めて、「ええこと言っとるな、このときからなんにも変わってへんわ」と言って掲載をＯＫした。ハワイから帰った翌年のまだ黎明期だが、この時の中内さんのスーパー論を理解するために、要点をそのまま転載する。

スーパーマーケットは、大量生産された豊富な規格品を、消費者の立場で選択し、それを近代的な販売技術を用いて消費者に〝売る〟ことによって、大量販売から必然的に大量仕入を可能にし、仕入の合理化により仕入原価の引下げをはかり、さらにその近代的販売方法により販売コストの引下げを可能にする。そして価格をより安く下げることにより、潜在的な需要を発掘し、豊かな消費生活を消費者に提供することができる。

スーパー経営　四つのポイント

スーパーマーケットは、小売業の本来のあり方を徹底的に追求して、ドライにその本質的なもののみに徹しようとする。スーパーは消費者の小売業に対する要求を結局、次の四つとみなし、全力をあげてこの要求に答えようとする、そして生産性の低い従来の小売業との激しい競合の中から、革命的に新しい生産性の高い販売形態を創造することが、スーパーの課題となっている。

(1)商品の豊富さ
(2)自由に気軽に買物ができる
(3)商品の信用
(4)安さ

そのそれぞれについて次にのべてみよう。

(1)商品の豊富さ　まず必要なことは、その地域の消費者がいつも必要とするものは、何でも揃っているという感じを消費者に与えることである。

(2)自由に気軽に買物ができる　次に、スーパーマーケットの豊富な商品のジャングルのなかで、近代的な消費者が求めることは、自由に、気軽に、他人にわずらわされることなく買物ができることである。主婦は家庭から解放されて、近代人としての孤独の楽しみを味わうことができねばならない。セルフサービス方式は、しばしばノーサービスと誤って考えられているが、そうではなく、これこそもっとも現代に適合した販売方式なのだ。

消費者が必要とする商品を、すべて一つの屋根の下にあつめたとも思われるこのスーパーマーケットの売場は、ワンストップ・ショッピング[*11]を可能とする。夕方の楽しい食卓を想像しながら売場を廻れば、商品が消費者に話しかけてくれるはずである。そして一種の軽い催眠状態の中で、楽しい買物を満喫できる。

(3)商品の信用　スーパーマーケットは、その販売形態としてセルフサービス方式をとり、大量生産品を大量販売することをその特長としている。消費頻度の高い、消費量の大きい、そして販売に手数のかからぬ商品を、その商品構成の主軸としている。このためには商品の均質性が要求される。昨日の食卓で好評であった品を、今日再び買い求めたときに、その味が異なり、その量が増減していてはならない。商品の均質性への追求は、必然的に有名ナショナルブランド[*12]商品の取扱いとなる。ナショナルブランド商品が製造されていない場合は、スーパーマーケットの信用をかけて厳選された商品のみが取扱われる。

(4)安さ　同じ品なら必ず安い。この低価格政策は、スーパーマーケットのみが合理的に提供できるものである。「安かろう、悪かろう」ではスーパーマーケットの存在理由はない。「よいものが安い」ということが可能にならねばならぬ。スーパーマーケットの低価格政策を可能にする方法の一つは低経費であり、もう一つは高速商品回転率である。

セルフサービス方式を中心とするスーパーマーケットは、店舗設備などにたいする投資を節約し、また販売員の生産性の向上を可能にする作業の単純化・標準化に成功してきた。現在、百貨店企業が、荒利益二三％を最低必要とするのにくらべて、スーパーマーケットは、一〇％の荒利益で経営が可能になるまでに、経費の削減に努力を払っている。しかも、単品を大量に販売しようとするスーパーマーケットは、中間利潤を排除して、生産と消費とを直結しようとしている。消費者を求めてチェーン化計画を推進するスーパーマーケットは、その巨大な販売力を利用して、消費者の立場を生産者に認めさせることを可能にする。たんなる流通コストの引下げによる低価格から、生産段階における価格形成にたいしての発言権を確保しようとする。また消費者の欲望を、速やかに生産者に伝える情報のパイプとしてのスーパーマーケットは、生産者の無用のリスクを除くことによって、その生産の合理化を可能にし、より消費者に有利な仕入れを行なうことができる。より低い仕入価格は、低経費とともに低価格を可能にし、もう一つの高速商品回転率という歯車を動かす。スーパーマーケットの商品構成のもつ合理性は、低価格政策により、さらにより高速の商品回転率を可能にする。客数の増大は、売場面積の狭小を感じさせ、売場の合理化はさらに合理的な商品構成を要求して、在庫量の減少を計る。ここに商品回転率はますます高速化し、低利潤にしてしかも荒利益高総額の増大という好結果をもたらす。

ダイエー三宮第一ビル店ＳＳＤＤＳ——日本型ＧＭＳの始まり

一九六三年（昭和三八年）七月、ダイエーは三宮に日本初のショッピングセンターをつくった。六階建てのビルの看板には、大きくS. S. D. D. S. と書いてある。あの横文字はなんだ、と人々は首をかしげたが、セルフサービス・ディスカウント・デパートメントストアの頭文字をとったものだ。これは中内さんが発明した業態で、後に日本型GMSと言われるようになる。

中内さんは、アメリカに行き、スーパーマーケットを学んできたいと思っていたが、アメリカの小売業態がいろいろあることに驚いた。前掲の「アメリカで学んだこと――その1」の「激動するアメリカ小売形態」としてこう書いている。「ショッピングセンターはディスカウントハウスやスーパーマーケット、更に大ドラッグストアを主軸にしそれに小型専門店を巧みに配列してその総合力を更に倍加させようとしている」。中内さんは、この時に学んだことを、自分なりにアレンジして、この三宮で実現、展開した。日本初のショッピングセンターSSDDS三宮店である。

六階建てのビルの各階フロア

地下　肉、野菜、果物、調味料などの生鮮食料品
一階　菓子、乳製品、飲料、パン、コーヒーなど
二階　婦人既製服、婦人肌着、婦人洋品、婦人雑貨、婦人水着、和装小間物
三階　時計、カメラ、レコード、カバン、婦人靴、傘、小物、呉服、貴金属
四階　進物売場、文具、玩具、スポーツ用品
五階　催し場、婦人服地・生地
六階　事務室

これはまことに画期的なことであった。アメリカでも日本でも、スーパーマーケットといえば、紀ノ国屋を見ればわかるが、基本的に食料品中心のセルフサービスで、町中にあり、日常的に行くとこ

ろだ。一方、百貨店、デパートは三越や大丸のように、都心の繁華街にでんと構えていて、きらびやかな高級品を陳列している、ハレの場所だ。休日などに少しおしゃれして行くところである。

このスーパーとデパートは交わることのない、水と油みたいなものだと思っていたら、中内さんはこれを一つにしてしまった。地下の食料品売場で、今晩はすき焼きにしましょうと牛肉やネギや豆腐を買って、二階へ上がってちょっと婦人服の気に入ったのはないかしら、四階で、子供の学用品を買って帰りましょう、ということができる。

何だ、そんなのは当たり前だ、どこのスーパーも同じだよ、と言われるが、じつはそれが当たり前になったのは、この一九六三年に三宮で中内さんが始めた売り方を、日本中のスーパーが真似て売場づくりをしたからで、それ以後スーパーはこういうものだ、となったのである。アメリカのゼネラル・マーチャンダイジング・ストアは、食品は扱わないが、中内さんはそれに食品のスーパーマーケットを合体させ、一つにしたのだ。これが、日本型GMSである。

アメリカのように、自動車社会をベースにした、週に一度とか月に二度とかに来店して、大量に購入する購買行動ではなく、下駄ばきで毎日買いに来る日本人の生活習慣に適応するように工夫してあるので、日本型GMSは歓迎されて、あっという間に日本中に広まった。その後の、我が国のスーパーのほとんどがこの三宮で始まったSSDDS、日本型GMSである。まさに、中内さんが日本のスーパーはおれがつくったんだ、という通りなのである。

コミュニケーションの重要性
――社内報、『月刊ダイエー』、『社長ブリティン』、『FROM CEO』

これまで、何編かの中内さんが発信したメッセージを掲載してきたが、どれも中内さんが自分の思うことや考えていることを、社内全部で共有してもらいたい、という強い気持ちから発信したものである。もともと中内さんは文章を書くのが嫌いでない。いつもすぐペンをとり書き始める。書くのも早い。文章も上手だ。なにより、伝えたい、伝えたいものが気持ちの中に湧き上がってくるようだ。伝えないとわかってもらえない。わかってもらわないと、間違った方向に行きかねない。そのコミュニケーション・ツールとして、『ダイエー社内報』第一号は、一九六二年六月に発行されている。この年は創業から五年目。出店はまだ六店舗の時代だ。前に掲載した、アメリカ・シカゴの全米スーパーマーケット総会出席の帰朝談が載ったのは、一九六二年七月の社内報第二号である。この社内報は、すぐに『月刊ダイエー』となり、社内のコミュニケーションを図るツールになるのだが、その『月刊ダイエー』二六号(一九六四年一〇月)に、コミュニケーションの大切さについて、中内さんは次のように、嚙んで含めるように語っている。

わたくしたち主婦の店ダイエーは日本において最初のスーパーマーケットとD・D・Sのレギュラーチェーンをつくることを計画し、着々とそれを実行しつづけております。
そしてわたくしたちが、この仕事をやりとげることが、直ちにこの国の人々のよりよい消費生活にむすびついて行きます。もっとたくさんの人々にもっとたくさんの品物を、という理念の実現は、近代的大規模流通業が成長することによって始めて可能となります。

わが国においては本格的なレギュラーチェーンの歴史は未だ浅く内在する問題は未知のものが多く、その開拓は困難の連続であると考えられます。しかし、わたくしたちは勇気をもってこの途をたえず前進しつづけねばなりません、前進の途は後退の途よりは容易と思はれます。

スタンレイ・ストランド教授のマーケティング辞典によれば、チェーンストアは次のように規定されております。

(1) 単独所有(意思の決定が一カ所において行なわれる)

(2) 中央集権的集中管理

(3) 商品構成の同一性および近似性(商品の標準化、販売の定型化)

(4) 複数店舗

このようなレギュラーチェーンを運営するために、一番大切なことは巨大な組織を動かし、その威力を発揮せしめるための計画(Plan)実行(do)調整(See)を行うことであります。そしてこれを可能にするのはコミュニケーションであります。組織の最大の敵は、このコミュニケ

ダイエー社内報
昭和37年6月1日発行
ダイエー社内報 創刊号
発行人 ダイエー社内報編集部
発行日 毎月1日
社長 いってらっしゃい
国際スーパーマーケット大会へ
創刊のことば

『ダイエー社内報』第1号

ーションのパイプの老朽化、パイプのつまることであります。

このパイプを常に掃除しておくことが必要であります。

その方法としては次の四つの効果が大きいと思はれます。
(1) コミュニケーションの内容について自身でよく理解していること。
(2) 相手を深く理解しようと努力すること。
(3) 友好的なフンイキづくりにつとめること。
(4) あきらめずにもう一度話し合うこと
わたくしたちの主婦の店ダイエーのチェーンにおいても本部―店、店―本部のパイプのつまりが、組織の巨大化とともに問題となりつつあります。この早期大掃除が必要と思はれます。

店はそれぞれがチームとして店長を中心に団結し、その一つ一つの鎖の輪が固く結びつきつつその組織を拡大しなければなりません。鎖の強さはその一番弱い輪によってきまります。

弱い輪にならぬように、あなたの若い力に期待しています。


チェーンストアは、「中央集権的集中管理」だから、末端まで中央の意向が粗漏なく伝わらないと、全体がぎくしゃくして齟齬が起こる可能性がある。だからこそ、余計にコミュニケーションが重要なのだ。

一九六九年には女性従業員対象に『My. STORE』、一九七〇年三月から管理職対象の週刊の『社長ブリティン』、五月に『ダイエー語録』、八月に全従業員対象の月刊誌『飛躍』、女性従業員対象の月刊誌『グラフダイエー』、一九七一年九月には全従業員対象の『週刊ズームアップ』、一九七三年には男子従業員対象の月刊誌『DO』、一九七五年七月に、週刊『ダイエーニュース』(全従業員対象)、一九八六年には壁新聞『ダイエーニュース』(全従業員対象週刊)、そして一九八五年一二月一五日からは管理職相手にハガキ大の用紙に、自筆の原稿をしたためたものをコピーして『FROM CEO』(不定期だが週刊に近い)と題して送っていた。

全部がずっと発行されていたわけではもちろんなく、順次交代したり重複しながら、最初から最後まで四〇年近くも中内さんは自分の思いを綴って発信し続けた。そうせざるを得ないほど、自分の思いが届いていないのではないかという不安と、どうしてもこの思いを共有してほしいという願望とが、中内さんを動かし続けていたのだろう。世界中のどの経営者も、社内とコミュニケーションは図りたいと思っているだろうが、中内さんほど、その思いが強い人はほかにいないのではないだろうか。いや、普通の経営者は、中内さんほど伝えたいものをもっていないか、伝える必要も感じていないのかもしれない。

ちなみに、創業から一三年後の一九七〇年(昭和四五年五月)創刊の『ダイエー語録』No.1には、そういう中内さんの伝えたい思いが込められているのがよくわかるので、掲載する。

創業の精神は不変

未来は、激しい変化の嵐のかなたにある。

変化こそ機会の母である。われわれは変化を好み、変化の中にこそ、生き甲斐を見つけるべきである。

ハードな未来に対処するためには、自らが常にソフトでなければならない。硬直化を排し、あらゆる場合に疑ってみなければならない。自己の立つ大地ですら動いていることを忘れてはならない。「それでも地球は動く」――この精神こそ一歩前進を可能にするものである。

われわれは疑い、迷い、そして決断、決定しなければならない。決断、決定のためにこそマネジャーが必要となる。

このためには、マネジャーは膨大な情報量を蓄積しなければならない。ことに、過去の知的生産の蓄積を活用する方法を知らねばならない。「よく読み」「よく書き」「よく考え」ねばならない。その中から、創造的な工夫が生まれ、「よりよい方法」の発見が可能になる。「よりよい方法」は現場で実験され効果を立証され、技術として定着し、さらには、現場とのギャップを生ずることから、新技術開発への要請を産み出すことになる。

技術革新と利潤の蓄積による資本の自己運動の法則の中に、スーパーマーケット産業が常に前進し続ける。

しかし、この前進を可能にし、大衆に支持されるものとすることができる唯一の源泉は、「創業の精神」にある。

技術は革新され、規模は膨張し続けても、絶対不変のものに「信念」がある。

この「信念」こそ、ダイエーのあらゆる活動の指導方針であり、常に輝かしいダイエーの原点である。ダイエーは、そのすべての従業者が、真に消費大衆の日々のくらしを豊かにするスーパーマーケット産業のネーションワイドの展開のために、全力をあげて奮闘努力されることを期待し、それを誇りとする。

「よい品をどんどん安く」の「よい品」とは

私が中内さん名での依頼原稿を書いていた時のことである。ダイエーの創業の理念「よい品をどんどん安く、より豊かな社会を」というのを、間違って「よい品をより安く……」と書いてしまった。中内さんはまじまじと私の顔を見て言った。「よりによって、ダイエー憲法の条文を間違えるとは。もっとも古参の社員でも、理解していないのがおるが、「より安く」ではなく、「どんどん安く」でないとだめなんだ。安売り屋、バッタ屋[*13]は、安いよ安いよ、どこより安いよ、と売っているが、その商品を売り切ったらもうおしまい。その場限りだ。だから「より安く」でいいのだが、「どんどん安く」は、売り切りではなく、システムとして安くして次々とどんどん補充して売る、切らさない。だから全く違うことなのだ。これは、重要なこと、間違っては困る。ダイエーの憲法だ」

この時、打ち首になっても仕方がないような間違いだったのに、なぜか中内さんは怒らずに、むしろ諄々と説明してくれた。「どんどん安く」と「より安く」、似たような短い文章だとおもったが、天と地ほど違う。ダイエーの存立基盤の表現である。つまりこれが、ローコスト・マス・マーチャンダイジングなのだ。よい品を安く単品大量に仕入れられる仕組みを構築し、継続して消費者に届ける、それがダイエーの使命なのである。

もう一つ、重要なことがある。「よい品」とは何か、ということだ。品質がよいとか、新鮮だとか、姿がいいとか、「よい」にもいろいろあるが、流通業にとって「よい品」は、お客様がほしいと思う商品である。だれもほしがらないものを店に陳列していても、それは何の意味もない商品だ。もちろん商品によっては一年に一回しか必要でないものもあるし、毎日ほしいものもある。だから単純に頻度数ではないが、お客様が必要としている商品が「よい品」なのである。同じ商品でも、いいなと思ってまた買いに行ったら今度はだめだったというのでは困る。だから常に同じ品質でなければスーパーでは扱えない。

少し前の中内さんの文章にもこうある。「商品の均質性への追求は、必然的に有名ナショナルブランド商品の取扱いとなる。ナショナルブランド商品が製造されていない場合は、スーパーマーケットの信用をかけて厳選された商品のみが取扱われる」

つまり、「よい品」の基準の一つは、ナショナルブランド（NB）商品ということだ。

『暮しの手帖』は、いろいろなナショナルブランド商品の品質や使い勝手をテストして発表し、主婦たちの買い物の参考に役立ててきたが、一九六一年の一世紀六〇号で、電気洗濯機のテスト結果を発表している。一九六〇年ごろは日本の家庭電化製品が普及し始めた時代で、電気洗濯機や白黒テレビはまだ四割の家庭にしか普及していなかった。電気冷蔵庫は一〇％、掃除機は七％の普及率で、一〇軒に一軒も持っていなかった時代である。主婦たちにとって、家電製品はどれも欲しくて仕方がないあこがれの商品だった。

とくに洗濯は、主婦にとって最もいやでつらい重労働だった。いまでは想像もできないだろうが、当時はまだ、たらいに洗濯板でごしごし手で洗っていたのだ。おじいさんは山へ柴刈りに、おばあさんは川に洗濯に、という昔話の世界と大して変わらない洗濯の仕方だった。水道があるから、川に行かずに台所の流しやふろ場で洗濯はできたが、冬の水は冷たく、腰は痛くなる、主婦にとって何とか逃れたい苦役だった。

そこへ洗濯機が登場した。何よりも必要で、飛びついた。この当時の洗濯機の値段は二万円から二万五〇〇〇円。一九六〇年の公務員の初任給が一万八〇〇〇円、今の初任給が二〇万七九〇〇〇円(二〇一五年)だから、まあ二〇倍だとすると、当時の洗濯機の価格は今でいえば四〇万円とか五〇万円という感じだ。とても高い。でもそれはどうしても欲しい商品で、飛ぶように売れた。冷蔵庫が一〇%、掃除機が七%の普及率から比べても、すでに四〇%の普及率になっていた洗濯機が、いかに待望されていたかがわかる。

一九六一年に『暮しの手帖』がテストしたのは、つぎの七銘柄でみんながよく知っている、テレビや新聞や雑誌などによく登場する、日本中どこでも購入できるような有名銘柄、つまりナショナルブランド(NB)のものである。

サンヨー、シャープ、東芝、ナショナル(松下電器産業)、日立、富士、三菱

当時は、どこも隆々たる花形企業だった。テストした項目は、汚れの落ち具合や、早くゆすげるか、生地の傷み具合、使い勝手などだが、普通、家庭ではそういう品質はわからないから、『暮しの手帖』のテストの評価は消費者の参考になった。このとき、テストの結果が、まあまあよかったのは、次の二種であった。

富士W二九一　噴流式(富士電機)　二万四八〇〇円

ナショナルN-三二〇　噴流式(松下電器産業)　二万二五〇〇円

もう一つ例を挙げる。洗濯機が売れれば、当然従来の洗濯板用の固形石鹸ではない洗濯機用の洗剤が必要になる。『暮しの手帖』は一九六〇年の一世紀五五号で、新製品の合成洗剤六銘柄八種類の商品をテストしている。この六銘柄は、ナショナルブランドのものを選んでいる。

アルコ、アルコブルー（第一工業製薬）
エーピー（資生堂）
ザブ、ブルーワンダフル（花王石鹼）
ニッサン洗剤（日本油脂）
ニュートップ（ライオン油脂）
ミヨシ・コナデラックス（ミヨシ油脂）

テストした項目は、汚れの落ち具合や、生地の傷み具合、肌を荒らさないか、使い勝手などである。当時、『暮しの手帖』のテストの評価は絶大な力があり、成績が良くて、「おすすめ」とか「よい」の評価を得た商品は爆発的に売れて、ブランド価値を上げたものだが、一年間に実際にテストできる商品や銘柄は、何千何万とある中の一〇か二〇品目だけである。

結局、日常に主婦たちが購入する手掛かりは、この銘柄が好きとかこの銘柄は信頼できる、間違いがないという主婦個人個人の価値観によることになる。

ごく当たり前のことを言えば、「よい品」というのは「信頼できる品」と言ってもいいが、ナショナルブランド（NB）のものは、消費者の信頼の第一ハードルはクリアする「よい品」だ。売場に並べれば、どれもそこそこは売れてくれる。そこへ「どんどん安く」というハードルが来る。NB企業としてはどこも、基本的には安売りは歓迎しない。たとえダイエーといえども適正価格は守ってほしい。でもたくさん売りたい。安くしなければ、やはり数は出ない。NBの担当者とダイエーの商品部との真剣勝負が、あらゆる商品で行なわれていた。

ダイエーは少しでも安く仕入れたいのだが、自分のほうからは絶対折れない。メーカーから直接仕入れなくても、いろいろ仕入れ先はあるので、あちこちから仕入れて、売場には並べて、安く売る。それを見て、メーカーは安売りは困るので買い占めに来る。それでも、遠く九州からでも仕入れて販売する。イタチごっこだが、ダイエーの商品部はがんばる。NB側が折れて納入させてほしいというまで、この勝負は続く。この勝負、ほとんどダイエーが勝ったと、商品部のメンバーが胸を張っていた。

だが、担当者同士の真剣勝負を超えて、もう一つ奥へ入ると、メーカーごとの経営者のポリシーや思惑が納品の是非を決めていく。NBメーカーは一枚岩ではない。経営者としては決算や株主総会を控えて、何としても売上げを伸ばしたい、在庫を減らしたいとか、ライバル企業に負けてはいられない、ここは何としても売り切りたい……いろんな思惑で、企業は動く。だから、担当者の知らないところで、NBの社長と中内さんが会うことも少なくない。直接、ダイエーの本社に来るときもあれば、料亭に招かれることもある。私が使者に立ったこともある。ほとんどの企業は、値引きをしてでも売上げを上げて、数字を出したいと思っている。しかし、しがらみがある。既存の卸、問屋、流通経路、小売店を無視すれば、混乱が起こる。反発も大きい。それを考えても、経営者には数字を出したい時がある。結局、建前は別にして、いつの間にか、NBのほとんどが、ダイエーの販売価格を容認し、商品の納入に応じるようになってきていた。

3 規制との闘い、メーカーとの戦い

松下電器と花王石鹼

だが、どうしても値引き販売に応じないNB企業があった。

ナショナルの松下電器（現パナソニック）と洗剤や、日用品メーカーの最大手の花王（当時は花王石鹼）である。

主婦たちにとって、家電製品はどれも欲しくて仕方がなかった。宣伝上手もあって、特に関西では松下電器の評判が高く、東芝や日立、三菱などのNB商品の中では、顧客の注目度が高く、お客様の欲しい品、つまりダイエーにとっても「よい品」だった。同じ二〇％引きでも、松下電器の製品はお客様の目を引くので、チラシ広告にも他銘柄よりも大書して集客を高めようとしていた。だから、売場にはどうしても並べなければならない製品だった。

洗濯機が売れれば、必ず洗剤も売れる。最も売れ行きの良かったのは、花王の製品だった。売場に並べたい「よい品」であった。だから、ダイエーの仕入れとしては、特に花王の製品を安く仕入れて、売場に陳列することは、集客力を高める意味からも至上命題であった。

しかし、松下電器や花王にしてみれば、それは大問題で、断固排除すべきことだった。平成の今では、電気製品の安売りも、薬や化粧品や洗剤の安売りも当たり前のことだ。だから、いまの若い人に、昔は薬や家電の安売りなんかなかったと話をしても、なかなか理解してもらえないのだが、こうなるまでにはダイエー中内さんの、血みどろの(と言いたいほどの)戦いがあったことを知ってもらいたい。

当時は、製品の価格は、メーカーが決めるもの、というのがきまりだった。いまでも新聞や書籍は定価で売られているが、洗濯機にも洗剤にも定価があり、基本的にその値段で売ることになっていた。値引き販売をするときには、事前にメーカーや卸業者の許可を得て、ある期間、例えば歳末大売り出しというような、限られた間だけ割引き販売ができた。その場合も、せいぜい一〇%引きまでで、それ以上は許してもらえなかった。

メーカーは小売店を系列化して、定価で売るように強く指導していた。割り引くにしても大っぴらではなく、五%とか一〇%まで、それより安く売ったら、取引をやめるとか商品を供給しない、という仕置きを受けた。メーカーとしては、値下げは認めず、あくまで製造元がつけた定価を守る、それがメーカーと小売りの共存共栄の道だ、というのである。

その代わり、メーカーの言うことを聞き、定価を守れば自分の系列店にはいろいろ割り戻し金や温泉招待などの恩典を与えましょう、と優遇策をつける。こういう状況だから、ダイエーが二〇%引きの大安売りなどという売り出しをすると、系列の小売店からメーカーに、なぜダイエーを止めない、ルール違反ではないか、けしからん、中止させろ、お客はみんなダイエーに取られて商売あがったりだ、という抗議が来る。

この当時は、まだダイエーをはじめとするスーパーやディスカウントストアの力はそれほど強くなく、販売量もまだ圧倒的ではなかったので、メーカーに対しての価格交渉力は弱かった。メーカーはダイエーなどに商品を売ってもらわなくてもやっていけたので、松下と花王はダイエーへの商品供給を断って、既成の系列小売店保護の道を選んだ。中内さんも断固、譲らなかった。価格は、企業が決めるのではなく、市場が決めるのだ、という確固たる信念があった。いたずらに妥協はしない。

市場が決めるというのはどういうことか。早く言えば、消費者が決めるということだ。企業は売りたい。消費者は買いたい。買うについては、その値段なら買おうという消費者が納得して購入する。それをメーカーが一方的に決めてその値段でなければ売ってはいかんというのは、統制経済で自由主義経済ではない。消費者が高いものを買わされているということになる。ダイエーなら大量に仕入れるから、メーカーも安く卸してくれる。だから安く売れる。それなのに安く売ってはいかん、というのは、消費者に高く買わせていることになるではないか。

「独占禁止法」という法律がある。

市場経済において、公正で自由な競争の促進を阻害する行為を禁止し、消費者の利益の確保や経済の発展を目的としている法律である。この法律を主管している公正取引委員会は自由主義経済を守る番人と言われている。

この法律には「不公正な取引方法」という項目があり、「メーカーが指定した価格で販売しない小売業者等に対して、卸価格を高くしたり、出荷を停止したりして、小売業者等に指定した価格を守らせることを「再販売価格の拘束」といい……、不公正な取引方法の一つとして禁止されています」(公正取引委員会ＨＰ)。ざっくり言えば、「いくらで売ろうと買おうと自由ですよ、価格は市場が決めるのです、それを阻害するものは許されません」ということである。

市場において企業間の競争がなくなってしまうと、より安い商品やより良い商品を選ぶことができなくなるなど、消費者のメリットが奪われてしまう。「独占禁止法」は、そのような行為をさせないための法律なのである。

しかし、いくつか例外がある。一九五三年（昭和二八年）から、再販指定商品の指定が行なわれ、化粧品一四品目及び一般用医薬品一四品目はメーカーが売価を決めてよいという例外品になっていた。この指定は、一九九七年（平成九年）四月一日に取り消されたが、その間は独禁法「再販売価格の拘束」の除外扱いであった。この例外扱いの期間中の一九六四年（昭和三九年）に、花王は再販制度を採用し、全国の小売店に対して一〇%以上の値引きを厳禁し、違反者には出荷停止をする契約を結んだ。さらに、小売店は特定の卸売商からだけ仕入れることができる制度も断行した。

こうして花王は一九六四年一〇月に、ダイエーに対して再販契約の締結をするよう求めてきたが、ダイエーは再販契約を結ばず、あちこちから仕入れて、花王の商品の安売りを続けた。花王は一〇%までの値引きは認めようとしたが、中内さんは、価格は市場が決めるものとして、拒否した。これに対して花王は、一九六五年三月にダイエーに対して出荷停止処分を行なった。

医薬品は品質を保持するために、安定的な価格維持が必要だというのが再販の必要性の根拠になっているが、それが実態とかけ離れていることを、中内さんは薬の現金問屋をやって、十分に経験していた。人間の生命にかかわる薬ならいざ知らず、ビタミン剤などの大衆薬の価格はまさに薬九層倍[*1]で、これに再販制度除外が該当するのは全くおかしい。もっとおかしいのが、洗剤などの日用品だ。これがなぜ再販指定商品なのか、日用品で消費者が日常必要なものであればあるほど、少しでも安く供給すべき商品なはずだ、これは撤廃されるべきだ、と信念をもって訴えていた。だから、できうる限り努力をして仕入れて、赤字になっても、安く売り続けていた。

花王とは一〇年戦争と呼ばれる価格決定権の主導権争いが起きた。花王とダイエーの一〇年戦争は一九七五年に住友銀行の仲介で収束したが、松下電器との三〇年戦争はまだ続いていた。

花王の出荷停止処分より半年ほど前の一九六四年一〇月に、松下電器はダイエーに対して出荷停止処分を行なっていた。花王の場合は、その是非は別にして、独禁法「再販売価格の拘束」の除外扱いとして、法的にはダイエーに対しての出荷停止処分は、妥当なものだった。

しかし、家電商品は、再販売価格の拘束の適用を受けるので、ダイエーが好きな価格で売っても、どこからも文句が言われる筋合いはないはずである。にもかかわらず、松下電器はダイエーに対する出荷停止を行なってきた。その事情は、松下電器側にあった。

一九六四年の東京オリンピックの開催は、好景気をもたらすと言われていたが、それはむしろ前年までの、あくまで一時的なものに過ぎなかったのだ。東京オリンピック後の不況は「証券不況」と言われて、戦後の日本においても最悪の事態を招くことになった。負債総額五〇〇億円という山陽特殊製鋼の倒産はこの時の不況による。

この時の不況の影響の模様を、パナソニックのＨＰでは、次のように記している。

（www. panasonic. com/jp/corporate/history/konosuke-matsushita/118. html）

販売会社社長懇談会を開催　一九六四年（昭和三九年）

……販売不振のために市場競争が激化し、業界の混乱、販売会社の経営悪化が目立ち始めた。

この事態を憂慮した会長は、昭和三九年七月九日から三日間、熱海のニューフジヤホテルで、全国販売会社代理店社長懇談会(熱海会談)を開催した。

この時、会長は延べ一三時間壇上に立ち、販売会社、代理店の社長から出される苦情や要望に耳を傾けた。聞いてみると、順調に収益を上げているのは、一七〇社のうちわずか二〇数社という状況であった。……

熱海での会議は白熱化した。販売会社、代理店の社長からは、経営悪化の実態があからさまに吐露され、苦情や要望が盛んに寄せられた。……

「二日間十分言い合ったのだから、もう理屈を言うのはやめましょう。よくよく反省してみると、結局は松下電器が悪かった、この一言に尽きます。これからは心を入れ替えて出直しますので、どうか協力して下さい」と祈るように訴え、絶句した。……

そして、昭和四〇年二月、「新販売制度」を実施した。その内容は、(一)販売会社の整備強化(二)事業部との直取引制度(三)新月販制度などの画期的な制度であった。〔……部分一部割愛。なお会長とは松下幸之助松下電器会長〕

オリンピック後の不況で売上げが落ち、販売会社が苦境に陥った。それは松下本社も悪かった。改めて販売会社を整備する、ということだが、それはあくまで松下側の内部事情である。

だからといって、ダイエーへの出荷停止処分は、明らかに独禁法違反であった。松下電器産業という会社とその製品のみを扱う販社、小売店の利害を第一に考える経営理念の正当化である。共存共栄を振りかざすのは松下電器とその傘下の販社や小売店の共存共栄であるが、肝心の消費者はどこに行ったのか。消費者の利益は抜きなのか。それが松下幸之助さんの水道哲学だったのだろうか。
水道哲学と言われる松下幸之助さんの理念について、公式にこう伝えられている。

昭和七年五月五日、所主は端午の節句を期して、全店員を大阪の中央電気倶楽部に集め、松下電器の真使命を闡明《せんめい》した。

「産業人の使命は貧乏の克服である。その為には、物資の生産に次ぐ生産を以って、富を増大しなければならない。水道の水は価有る物であるが、乞食が公園の水道水を飲んでも誰にも咎められない。それは量が多く、価格が余りにも安いからである。産業人の使命も、水道の水の如く、物資を無尽蔵にたらしめ、無代に等しい価格で提供する事にある。それによって、人生に幸福を齎し、この世に極楽楽土を建設する事が出来るのである。松下電器の真使命も亦その点に在る」

「産業人の使命も、水道の水の如く、物資を無尽蔵にたらしめ、無代に等しい価格で提供する事にある。それによって、人生に幸福を齎し」という如く、水道の水のように安く庶民に商品を提供するのが、産業人の使命、松下電器の使命というのだったら、幸之助さんの理念はまさに中内さんの信念と通じている。ダイエーの安売りを歓迎すべきではなかったのだろうか。

現実は違っていた。一九六四年一〇月、松下電器はダイエーに対して出荷停止処分を行なっていた。ダイエーにとっては、松下電器の商品は、売場になくてはならない「よい品」である。バイヤーが全国を回って、「ナショナル」銘柄のテレビや洗濯機を売ってくれる現金問屋などの業者を片っ端から当たって、仕入れてきて、売場に並べ続けた。それを松下電器は、ダイエーの店頭から自社の洗濯機などを購入し、解体して部品のロットナンバーからダイエーに販売した業者を見つけ出し、その業者からは取引できないようにする。ダイエーも負けるものかと商品のロットナンバーを消して、店頭に並べるといった対抗策をとる。これに対して松下電器は肉眼では見えない特殊な光線で判別できるブラックナンバーをつけて売り出した。まさにやられたらやり返す戦いである。

ダイエーは公正取引委員会に提訴し、その結果、委員会は松下側に非があると裁定、ダイエーに商品供給を行なうべきだと一九六七年七月に独占禁止法第一九条に抵触するとして排除勧告を行なった。しかし、松下電器は、この勧告を拒否した。

中内さんは、一〇月には参議院物価等対策特別委員会のメンバーを神戸三宮店に招き、ブラックナンバーを照射して目の前で浮かび上がらせて見せた。これは卑怯だと議員たちはおどろいた。このことは、新聞でも大きく報じられ、メーカーが売値を統制するのはおかしい、という声が高まった。「だいたい、家電製品の表示価格(現金正価)と実売価格に大きな差があるのは、なにかからくりがあるのではないか。二重価格で消費者は不当に高く買わされている」と、消費者団体が公正取引委員会に提訴していた。

当時の松下電器による価格操作がいかに違法であったか、それに対して消費者側がどう戦ったかを、国民生活センターのHPでは次のように振り返っている。

不買運動：カラーテレビと再販商品に問題提起

高度経済成長が終盤を迎える一九七〇年代は、物価問題が消費者の大きな関心事でした。そうしたなか、一九七〇年にカラーテレビの二重価格問題が浮上しました。

当時、カラーテレビの定価は非常に高く設定されていましたが、全国地域婦人団体連絡協議会(以下、地婦連)の調査によると、実際に販売される価格は、定価に比べ平均三〇%近く値引きされていることが分かりました。これは、特別に割り引いたかのように装って売っているだけで、定価そのものがおかしいのではないかということで、消費者五団体は連携して、カラーテレビを一年間買い控える運動を起こしました。この運動は全国に広まり、翌一九七一年には、ついにメーカー一二社による値下げが実現しました。多くの消費者団体がかかわったカラーテレビ不買運動は、大きな成果をあげて終息しました。……

・松下ヤミ再販訴訟と灯油訴訟[*2]

消費者利益の確保をめざす訴訟活動は、独占禁止法の分野でも行われました。前述のカラーテレビ二重価格問題の背後にはメーカーによるヤミ再販[*3]があったとして、主婦連は、一九七一年、独占禁止法二五条に基づき、松下電器産業(株)(現在のパナソニック(株))を相手に、ヤミ再販による値上がり分の損害賠償請求訴訟を東京高裁に起こしました。

PBのカラーテレビ「ブブ」発売

公正取引委員会が六〇〇〇人のモニターを使って調査した結果、テレビ、冷蔵庫、洗濯機などの現金正価と実売価格に二〇―二八%も開きがあった。これに対して公取委は「メーカーに不当表示の疑いあり」と一九七〇年(昭和四五年)一一月一一日に談話を発表した。

その翌日の一一月一二日に、ダイエーは安いカラーテレビ「ブブ」の発売を発表した。まるでダイエーが意図したかのような発表だったが、もちろん全くの偶然だった。新聞の報道はセンセーショナルだった。しかも一三インチのカラーテレビ「ブブ」の価格が衝撃的だった。家電メーカーの同等品の現金正価は、一〇万円前後、安売りでも九万円はしたが、ブブの価格は五万九八〇〇円だった。ちょうど東京で開かれていた消費者団体の総決起集会では「現金正価の不当性を証明するもの」「二重価格の証明」と勢いづいた。ブランドはダイエーで、メーカー名は伏せていたが、新聞社は競争で探し出し、クラウンと判明した。

なぜクラウンが製造するようになったのかを、当時のクラウンの常務はこう話している。「ダイエーとの商談でしばしば西宮の商品本部を訪れていたが、あるとき、輸出用と国内向けとには大きな価格差があるがそれはなぜか、と中内さんに聞かれた。そして調べて報告したら、クラウンで安く製造できるなら手を組もうとなった」

ブブ一三型の実際の発売は一二月二五日、東京は赤羽店、二六日に神戸の三宮店で行なわれたが、赤羽店には朝四時半から並んだ主婦などが三五〇人、三宮店には雨の中、早朝から八三八人が詰めかけた。カラーテレビが発売され出した一九六五年ごろには、一インチ一万円と言われ一四インチが一四万円だった。ブブが発売された一九七〇年のカラーテレビの普及率が二六・三％、まだ四軒に一軒しかカラーテレビがなかった時代で、みんなが欲しかった商品だったのだ。

中内さんは新聞に、こう語っている。価格決定権を「メーカー支配体制から、消費者の要求をより直接的につかむことのできる小売業支配に移行すべきだという持論を持っているが、商品の自社ブランド化はその持論を一歩進めるための手段だといえる」(一九七〇年一二月二九日毎日新聞)

松下とダイエーの争いはその後も続き、三〇年戦争といわれた。

松下幸之助さん亡くなる

一九八九年(平成元年)四月二七日、松下電器の創業者松下幸之助氏が亡くなった。私は、すぐに弔文を用意し、中内さんに見せた。私の書いたありきたりの無難な文章をしばし眺めていたが、それを脇に放り出すと、自分でペンをとって一気に書いて、「これを送ってくれ」と、私に渡した。

その水道哲学をもって、この国の家庭の電化に尽くされた
偉大な経営者、その商売哲学に
敬意を表し続けてきました。
一つの時代が終わったという
感じです。
価格破壊の若き私にとって、
乗り越えてゆくことを
教えられた明治の人でした。

中内さんが敬意を表したのは、松下電器の高収益でもなく企業規模でもない。「水道水のように、

いつでも安く品物を手にできるように」という商売への「水道哲学」であり、この国の人々を豊かにする家庭電化に貢献した経営であった。そして、この偉大な先輩の水道哲学を、自分は、価格破壊の哲学で乗り越える、と宣言してはばからないのである。私は粛然とその文章を受け取り、深く頭を下げて退出した。

一九八九年四月三〇日、松下幸之助さんの葬儀は、大阪の北御堂で行なわれた。

中内さんは、前日二九日の朝、新横浜駅から新幹線のひかりに乗った。私も同伴していた。米原で降りて、ダイエーの近江八幡店を巡回し、その後、堅田店を見て回った。

中内さんは、ときどき当たり障りのないことを、二、三聞くだけで、ほとんど無口だった。家電の洗濯機や冷蔵庫の売場も、ゆっくり歩いていたが、なにも言葉はなかった。店の巡回には東原本部長がそばに付いていたが、そっと私のそばに来て「一体どうしたんだ。いつもとちがうな」とささやく。

私も、どうかしたのかと思うほどだったが、やはり、松下幸之助さんのこと、お互いの信念のぶつかり合い、京都の真々庵[*4]のことなどが心にあったのかな、と思うが、そうでないかもしれない。お互い、巨人同士、譲れないものがあるのだろうが、もう二五年も衝突は続いたままだ。いまだに、ダイエーには松下の正規ルートでの商品供給はない。こういうことは、何万とある取引の中で唯一の相手である。その相手が亡くなったのだ。

その後、京都の北山店、サカエ京極店を巡回して、芦屋の萬山荘に帰った。

萬山荘は芦屋の六麓荘にある。ダイエー関連のあらたまった行事や催しに使う施設だが、中内さんが神戸に泊まるときには利用することもある。その日は、事前に泊まることになっていたので、準備はできていた。帰る途中で、何か晩飯をたべようと、ダイエー関連のフォルクスやVS（ヴィクトリアステーション)をさがしたが、途中で急に車を止めさせた。そして、「めったに食えんから、あれ買ってきてくれ、二人分だ」、と言って指さしたのがマクドナルドだ。

よほど地方でダイエー関連の店がない場合を除けば、食事といえば、ダイエーの関連会社のフォルクスやヴィクトリアステーションなどのレストランか、ハンバーガーのドムドムやウェンディーズなどを、事前に秘書が探しておいて、運転手さんに知らせておくとか、案内するとかするのだが、神戸はどこに行ってもダイエー関連の店があるので準備していなかった。まして私は気が利かない。

私は別にホテルを取っていたので、中内さんを萬山荘に送って帰ろうとすると、「なんで帰るんや、ハンバーガーは二人前買うたやろが」。そして、私も萬山荘に泊まることになった。二人で風呂に入り、背中を流した。前にも何回も風呂には入ったが、その時は、腕を上げて脇の肉が削げ落ちた傷跡を見せてくれた。手榴弾の傷跡だ。「おれもよく生き延びたもんや。幸之助さんはいくつや」「九四です」「うーん、長生きやったな。おれも負けたらいかんな」

松下にとってダイエーは不倶戴天の敵だったので、中内さんには葬儀のご案内は来ていない。事前に連絡して、席を用意してもらいますから、というと、「余計なことをするなっ」と怒鳴られた。葬儀開始は一一時だということだったが、私たちは一〇時には御堂筋についていた。車の中から見ると、もうすでに長い行列ができている。それを見て、中内さんは一般参拝者の行列に並ぶと言いはった。私はいくらなんでもと思い、中内さんにすぐ戻りますから、待っていてください、と強く念を押して、大急ぎで葬儀場に行き、無理やり谷井社長をさがし、中内がそこに来ています、席を作ってほしいと頼んだ。谷井社長は、「中内さんが？」まさかという顔をしたが、すぐに指示を出して下さった。急いで、車に戻りかけたら、もうすぐそばまで中内さんが歩いてきていた。間に合った。

葬儀が終わって、中内さんが出てきた途端にマスコミに囲まれた。そのとき、「大先輩に敬意を表します」とでも言えばいいものを、「松下幸之助さんが亡くなって、やっと一つの時代が終わった」というようなことを言った。それがテレビのニュースに出て「中内は宿敵がいなくなって喜んでいる」みたいにとられてしまった。マスコミは大向こう受けする構図でとらえたかったのだから、恰好な談話だと飛びついたのだろう。本人は、素直に当たり前のことを話しただけだ、と言っていたが、周りからは、君がついていながらあんなことを言わせて、お前が悪い、とずいぶん叱られた。

関電小林庄一郎会長とDM研究会

松下幸之助さんが亡くなられた一九八九年の後でも、ダイエー・松下の冷たい関係は続いていた。私はハード（家電、家具などの部門）の担当者から、松下製品の仕入れがずっと大変なのを聞いていた。もう二五年もの間、松下から直接仕入れられないから間接的に高い金を払って仕入れざるを得ない。松下のナショナルブランドは、やはりトップだから、どうしても売場に並べなければならない。お客様の要望も購入も多い。買い集めに走りまわるバイヤーも大変だが、売れれば本来儲かるはずの商品が、赤字だというのは、何としてもやめにしたい。しかしそれは中内㓛の「わが安売り哲学、価格はメーカーが決めるのではなく、市場が決めるのだ。メーカーから流通へ価格決定権を奪い取る」に反するのだ。話はいつもそこで止まる。でももう二五年も続いているのだ。

もし松下から正常ルートで仕入れることが出来たら売上げが三〇億円改善されるのだぞ、とハードの担当者がこぼしているのを聞いた。ただ私の記憶なので不正確かもしれないが、日々利益を出すのに、必死になっている現場としてはなんとももったいない、巨額の目に見えない損失だ。でもそんなことは、大っぴらには絶対に言えない。

それを聞いて、私はこのままではいけないと思った。二五年前の松下の出荷停止も二重価格も、花王の価格政策も、いまはみな独禁法に抵触する。やめなさいと裁定が出て、ダイエーの勝利だ、中内㓛はすごいと誰もが認めているのだ。現に家電も薬も化粧品も自由に安売りされ、家電専門の安売店やドラッグストアが、たくさん出店している時代になっている。これも中内さんの断固たる流通革命のおかげである。

時代を、流通を革命したのだ。そろそろ松下と仲直りしてもいいのではないか。中内さんも、相手の幸之助さんが亡くなられたのだから、きっかけさえあれば仲直りしてもいいと内心思っているのかもしれない。

あるとき二人だけの時に、そろそろ松下と仲直りしてもいいころかもしれませんね、とさりげなく言ってみた。中内さんはいぶかしげに私の顔を見ていたが、怒鳴らなかった。それからしばらく、と言っても二、三分たって「何か手立てはあるのか」と言った。「直接ダイエーの人間がコンニチワというわけにもいかないでしょうから、誰か仲立ちを頼んだらいいのでは。松下の面子も立つような、松下電器の山下相談役か谷井社長とも親しい方に、仲直りしてもいいということを伝えてもらったらどうですか」「そんな人間おるか」「ダイエーの親しい人ではダメです。松下と親しい人の方がいいです」

「誰や。考えがあるんやろ」

「はい。関電の小林庄一郎会長です」

「うーむ……ちょっと考えるわ」

翌朝、私の顔を見るや「小林さんな、お願いしてくれや」

私は小林庄一郎さんが、関西電力の社長に就任されてほどなく、『暮しの手帖』の記事に取り上げて、それ以来親しくさせていただいていた。ダイエーに転職した後もいろいろ心配して下さっていた。

ということで小林会長に仲立ちをお願いした。

ほどなく、小林さんは山下松下電器相談役に直接会って、中内さんも了解しての話だと伝えてくれた。山下相談役の決断も早く、即断で「和解に進みましょう」と言ってくれた、と小林会長が帰りの車の中から電話をくれた。

この結果、ダイエーと松下で話し合うことが決まり、ダイエー内部ではDM研究会というのが作られた。公式ではなく、あくまで非公式だったが、Dはダイエー、Mは松下の双方から然るべきメンバーが寄り合って改善の方策を考える会である。ダイエー側のメンバーのトップは、中内さんの指示で、中内潤さんがなった。Mの松下側の代表は佐久間昇二副社長だった。それから何回も会議がもたれたが、交渉は簡単ではなかった。結局二年半後の忠実屋合併を口実に、忠実屋に卸すことを継続するという形で松下からの正式な商品供給が始まった。ずっと話し合いを重ねていたDM研究会が、この口実を作って仲直りを演出した。

中内さんはとても義理堅く、世話になると必ずなんらかのお礼をする。その相手がそこそこの方なら、一席設けるのが常だ。それなのになんで小林関電会長に会ってお礼を言わないのだろうといぶかしく思った。私は、中内さんに小林会長にお礼に行って欲しいと何回か促したのだが、まあいいだろうとお礼の手紙だけで、会うことには応じなかった。

私はぬかっていた。中内さんにとって、芦原義重[*5]関電名誉会長は大変親しいというだけでなく、恩義を感じる大切な方だった。それというのも、前に書いた関経連の総会で、日向方齊会長と中内さんが再軍備論で激しく議論になった時の後に、芦原さんが「中内君、きみの言うことのほうが正しいと、僕は思っているよ。これからも、堂々と戦争はだめだと言ってください」と語りかけてくれたからだ。芦原さんは日向さんに負けない関西経済界の重鎮である。中内さんにとっては、後ろ盾を得た気がして、どれだけ心強くうれしい言葉であったことか。それもあって、その後は定期的に、何回も芦原さんとの席を設けてもてなしていた。その席には必ず芦原さんの腹心である娘婿の内藤千百里副社長が同席していた。芦原さんには、中内君、内藤副社長をよろしくたのむよ、という気持ちもあったのではないかと思う。

ところが、マスコミで芦原さんの恐怖支配的ワンマンぶりが取り上げられ、次期社長に娘婿の内藤副社長を就任させようとしている、公的企業を私物化していると、社内外に批判が噴出した。その翌年の一九八七年二月二六日の関電取締役会で、芦原名誉会長と内藤副社長の解任動議が出され、小林庄一郎会長の裁定で解任が可決されたのだった。

小林会長に松下との仲介をお願いしたのは、それから二年以上が経つが、中内さんとしては小林会長に好意を持っているはずがなかった。それに気づかず、小林さんに仲介役をお願いするのを中内さんに図った時、渋って頷かなかったのは、恩義との逡巡があったのだろう。そのうえで、翌日にOKを出してきたのは、ずいぶん迷ったうえで、松下との和解にはいまが潮時と考えたのだろうと、今にして思うが、その決断はさぞつらかったことだろう。

私は、小林会長にも申し訳ないことをお願いしてしまい、中内さんにもつらい決断をさせてしまった。それでダイエー・松下の三〇年戦争がやっと終結できたとはいえ、心配りが足らなかったことを今でも恥じている。

「よい商品」をチェックする消費経済研究所品質管理センター

繰り返し述べているように、お客様に「よい品をどんどん安く」提供するのがダイエーの使命である。

ところで、よい品の「品」はわかるが、「よい」というのはどうしてわかるのか。一つは、お客様の欲しいと思う商品がよい品であり、そのための品質保証はナショナルブランド（NB）である、ということは前にも述べた。だが暮しの手帖のテストでは、NBにも優劣があり、レベル以下の場合もある。商品によってはNBが見当たらないような商品もある。そういう商品のよしあしはどう見分けるのか。仕入れて「よい品」と見分けられるのか。ダイエーで売っている商品なら、安心して購入できると保証できるのか。

同じことを、中内さんは考えた。

そうだ、ダイエーにも「暮しの手帖」をつくろう。商品の良し悪しを調べる検査機関をつくればいいのだ。一九七〇年（昭和四五年）一一月一六日、大阪中津に、ダイエーの消費経済研究所の付属機関として品質管理センターを設立した。消費経済研究所は、株式会社で資本金一〇億円（当時の公務員初任給は約三万円。今は約二一万円だから約七倍なので、今だったら七〇億円ぐらいの感じ）。この半分をダイエし、半分を中内さんが出資した。よい商品であるかどうかの検査は、あくまで中立的でなければならない。ダイエーの商品部や企業からの検査への干渉や影響を排除し、中立的検査ができるように、自分が半分出資した、と中内さんから聞いた。

ここはダイエーで取り扱う商品の品質、安全性、性能、耐久性、実用性、などの検査を行なう検査所である。ここには五〇〇平方メートル（のちに一一〇〇平方メートルまで拡張）の広さに、商品検査のできる最新の機器を導入、専門の検査ができる技術者を一〇人配置した。当時としては、日本最大、最新の品質管理センターであった。

中内さんは、「金はかかってもいい。何より大事なのは、ダイエーの信頼だ。ダイエーで買った品は、安心できる、間違いがない、「よい品」だとお客様に思っていただけるために、きちんと検査してほしい」と檄を飛ばした。

衣料品、食品、薬、化粧品、日用品、雑貨、電器、家具など、売場に並ぶ商品はどれも検査対象だ。一九七一年（昭和四六年）当時は衣料や雑貨では、軒並みホルマリンが検出された。まだ商品の製造に関する法律など未整備の時代だったので、ほとんど法規制はされていなかった。だから、ホルマリンのような危険な薬剤が使われていたのである。これは検査しなければわからない。業者に納入不適格を告げると、なぜなのだ、合法ではないかと抗議されたが、現行法には触れなくても、害がある可能性のあるものをダイエーは売るわけにいかない。

当時は、ワイシャツの色落ちや汚れのクレームが、消費者からいくつも寄せられていた。当時検査担当だった田伏啓蔵さんから直接聞いたが、流行していた色柄の襟の部分に問題がでる。検査すると、整髪料と汗、体脂の影響で色が溶けてくることがわかった。これは、一つのメーカーだけでなく、全メーカーの問題なので、紡績メーカーを巻き込んで研究を続け、一年がかりで特殊な樹脂加工を生地段階で施し、解決した。品質管理センターの面目躍如であり、中内さんも自慢だった。

昭和四〇年代は、三〇年代の高度経済成長のひずみが多発した時代でもあった。何より経済発展を最優先したため、ＰＣＢ[*6]や残留農薬、カビ毒などの公害が国民を襲った。ダイエーで販売する商品にＰＣＢや残留農薬があったら、「よい品」でないどころか、害毒を売ることになりかねない。

しかし、検査は簡単ではない。持ち込まれる検体は年間で千件を超える。徹夜の毎日だった。カビ毒のアフラトキシンは強力な発がん性物質という猛毒だし、ＡＦ２という抗菌剤は豆腐、ハム、ソーセージ、かまぼこなど毎日のように食する食品に広く使われている添加物だったが、発がん性の疑いがあり、どちらも、絶対に売ってはならない商品だった。しかし、当時はまだその認識が薄く、出回っている可能性があった。なおざりにはできない。自前の知識や経験ではわからない場合は、東京都衛生研究所や大阪府立公衆衛生研究所に相談しながら検査を行なった。

カミソリ、歯磨、サンダルなどもクレームが多く、一つの商品ごとに取引先と協議しながら品質基準を設けて、売場に出してよい商品の検査選別を行なった。バイヤーには、努力して納入してもらった商品なのに、品質基準などではねられたら困ると文句を言われたが、ダイエーが売る商品ではないと評価した。表には立たない地味で苦労の多い仕事だが、中内社長が「大切な仕事だからしっかりやってほしい。品質管理センターがダイエーの信頼を支えてくれている」と評価してくれているから頑張れる、と担当者が胸を張っていた。

なぜ、そんなことを知っているのかと思われるだろうが、じつは後年、私はこの消費経済研究所に着任し、品質管理センターの仕事も日常業務として行なったので、よく知るところとなった。メーカーや取引先は、それぞれ自前の商品の品質管理は行なっているだろうが、ダイエーの場合は衣食住あらゆる業種、品種のさまざまな商品を検査するので、それはそれは大変である。ここまで徹底的に品質検査や管理を行なっている流通企業はほかにあるだろうか。私はずいぶんいろいろの企業の検査施設も知っているが、ダイエーの検査機関は群を抜いている。

中内さんの「よい品をどんどん安く、より豊かな社会を」という企業理念の完遂のための意志と行動は、全く揺るぎがない。この地味な消費経済研究所品質管理センターの存在をみるだけで、中内さんの信念の確かさ、すごさを感じた。

物価値上がり阻止運動

三〇年史を作るときに、中内さんに「ダイエーの存在価値を表すのは、何が一番だと思っていますか」と聞いたことがある。中内さんは、松下に勝った時とか、三越を抜いて日本一の小売業になった時とか、一兆円企業になったときとか答えるのかなと思っていたが、全く違っていた。

それは「オイルショックだよ」

私は「えっ」と思った。「なんでオイルショックなんですか」

一九七一年（昭和四六年）八月にニクソンショック（米ドル紙幣と金の兌換を一時停止）というのがあって、物価の値上がりが続いていた。公共料金も生活必需品も値上がりを続けている中で、ダイエーは「物価高騰の中、販売価格を凍結したら」ダイエーの存在価値がはっきりわかってもらえるのではないか、という意見が出た。これは中内さんの発案ではなかった。ダイエーは一九七二年（昭和四七年）に創業一五周年を迎えたが、その記念に何をやるか、社内で協議した結果、提案されて上がってきた企画であった。それを中内さんは「やろう」と決断した。

「値上げ元年といわれるほどの物価高騰の折、ダイエー一社でできるかぎり、身近な生活必需品三〇六品目を向こう一年間、発表価格より値下げすることはあっても値上げはしない」とメッセージを発表した。その翌年の一九七三年三月に終結すればよかったのだが、世の中の評判がよく、売上げにも貢献しているので、さらにもう一年継続することを宣言していた。

そこへオイルショックが起こった。一九七三年(昭和四八年)一〇月六日、第四次中東戦争が勃発した。イスラエルとエジプト・シリアが戦争を始めたのだ。当時、世界経済は石油経済といわれるほど経済発展は石油に依存していた。その石油の多くは中東のアラブ諸国が産油国だったが、産油は欧米の外資の手に握られ、利益も収奪されていると考えた産油国の集まりのOPEC(石油輸出国機構)は、原油公示価格を七〇%上げると通告。原油価格は四倍に高騰した。さらに石油消費国に対し、供給制限を決定。安い石油に依存していた世界、特に日本は高度経済成長を続けていたが、その源泉の石油が突如制限され、価格が高騰し、大混乱に陥った。これが第一次オイルショックといわれるパニックである(このオイルショックは一九七九年にもあり、それを第二次オイルショックという)。

この時、日本は石油関連商品だけでなく、あらゆるものが暴騰した。メーカーは売り惜しみをし、消費者は不安でパニックになり、買いだめに走った。その象徴的な出来事が、トイレットペーパー・パニックである。一一月頃に、大阪の千里ニュータウン近くの商店に主婦が殺到し、トイレットペーパーがあっという間になくなったという。それが新聞に載った。それは消費者の不安心理をあおり、一気に関西全域へ、そして全国へ波及し、トイレットペーパーだけでなく洗剤・砂糖・醤油・プラスチック製品・かつお節まで買い占められた。ダイエーの各店も商品棚はガラガラになった。

一二月に入り、政府は国民生活安定緊急措置法に基づき家庭用灯油・洗剤・砂糖など一〇品目については、メーカーや倉庫の在庫を調査し、隠匿物資の摘発を強行した。しかし年を越してもモノ不足は解消せず物価は二倍、三倍にもなった。

運が悪いというべきか、ダイエーは大々的に看板を掲げて「物価値上がり阻止運動」を展開している以上、商品供給をやめるわけにはいかない。正直、中内さんは困った。このオイルショックは全く想定外である。あくまで平常時なら、ダイエーは必ず出来ると始めたことだった。しかしこのパニックは突然、奔流のようにやってきた。

普通なら予期せぬ事態であり、不可抗力だから物価値上がり阻止運動は中止しますと言っても、世間は納得するだろう。それくらいこのトイレットペーパー・パニックはすさまじかった。だから中内さんも困った。トイレットペーパーだけなら、どんなに赤字でも、外国からでも緊急輸入してもいい。しかし三三品種三〇六品目も、全部値上げしないというのは不可能だ。ＰＢ（プライベートブランド商品）はなんとかなるとしても、家庭用品のほとんどがＮＢであるため、メーカーがＯＫと言ってくれない限り、商品が調達できない。

でも、中内さんは、絶対に引けないと思った。断固続けると決めた。あの時は必死だったが、あそこで看板を下ろしたら、ダイエーの名折れだ、ということもあるが、この物価阻止の企画が、もし自分の発案だったら白旗を上げたかもしれない。しかし、この企画は社員から出た企画だ。自分も、ダイエーらしい恰好なプランだからＯＫした。それをパニックだといってやめたら、世間は許してくれても、社員たちがかわいそうではないか。社員たちが、罪をかぶるようなことになったら「よい品をどんどん安く」というダイエーの企業理念を実現しようとしたことが、悪いことになるではないか。だから、絶対引かない。どんなに赤字になろうとやり抜く。そう覚悟したのだ。

何しろ相手のあることだから、私がどんなに頑張っても、取引先が協力してくれなければ商品を売場に並べられない。これまで取引先といろいろケンカしても負けない、こちらが傷ついても負けるものかと思ってきたが、今回はケンカや自分の意志でどうにかなるものではなくて、相手が協力してくれなけりゃどうにもならない。だから苦しかったよ。バイヤーも必死だったね。本当によく乗り切った。

この時の物価値上がり阻止の赤字は八億七千万円。いまだったら三〇億か四〇億円くらいか。金額は大したことないかもしれないが、社員の意気が一つになって、みんなで乗り切ったのが大きな利益だった。

『わが安売り哲学』と『戦後日本思想大系』

一九六九年(昭和四四年)一月に、中内さんは『わが安売り哲学』を、日本経済新聞社から出版した。この時期、ダイエーは破竹の勢いで成長拡大を続けていた。

一九六六年　店舗数二四店　売上げ　三九二億円
一九六七年　店舗数三〇店　　　　　五一五億円
一九六八年　店舗数三四店　　　　　七二一億円
一九六九年　店舗数四四店　　　　　九一六億円

一九七〇年には店舗数五八店、売上げは一千億円を大きく超え一四三六億円に達した。そして、この二年後の一九七二年八月には王者三越を抜き、小売売上高日本一になるのである。『わが安売り哲学』は、その昇り竜の勢いの中で上梓された。だから世間でも注目され、たちまちベストセラーになった。

中内さんは何を書いたのか。

この本のまえがきの書き出しに「私は商人である。そして今後も商人としても途を追求しつづけてゆくだろう」と記し、「商人」であることを昂然と宣言したのである。戦後二十数年経ったこのころでも、まだ士農工商ほどではないが、商人の評価は高くない。まして安売りは本道ではなく、中内さんは松下幸之助さんから「覇道をやめて王道に戻れ」と言われたりした。にもかかわらず、中内さんは「わが安売り哲学」と安売りの旗を掲げて、高々と商人宣言をする。

この中内㓛という男は、いったい何者なのだ。

あの安売りの中内が、あのスーパーのおやじが何をえらそうに言うのか、学者でもないのに、「哲学」とははったりだな、と半分怪しげな、いぶかしげな話題の対象にもなっていた。

ところが、この『わが安売り哲学』が、一流の経済学者から高い評価を受けたのである。

一九七一年(昭和四六年)に筑摩書房から発行された『戦後日本思想大系』叢書の中の『経済の思想』に、

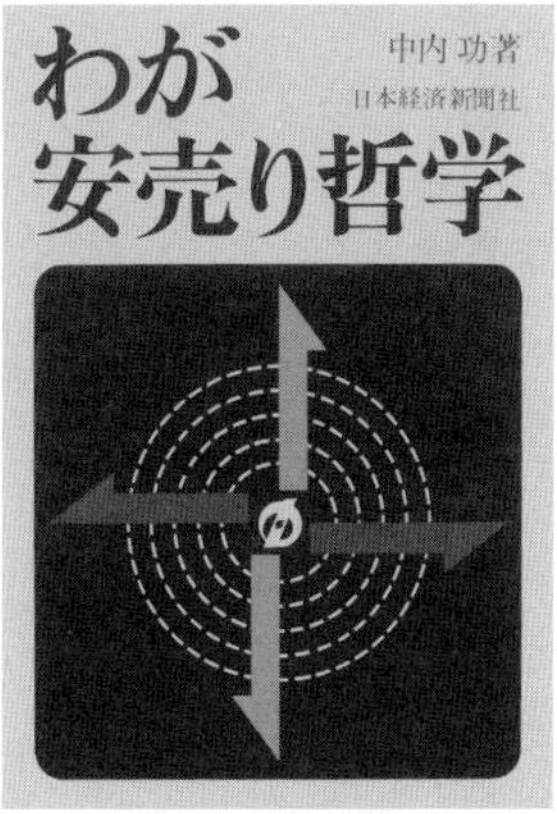

『わが安売り哲学』

都留重人、小宮隆太郎、大塚久雄氏などという超一流の経済学者のお歴々と並んで、中内㓛『わが安売り哲学』が取り上げられ、その著作の一部が掲載されたのである。

この『経済の思想』の編者は、当時テレビなどにもたびたび登場していた伊東光晴さんと長幸男さんの二人の経済学者だった。

お二人が『経済の思想』の中で、各著作について対談で論じているが、その発言の一部を掲載する。

長　「わが安売り哲学」でおもしろかったのは、流通の解釈。流通と価値の問題についてでは、マルクス自身、かなり曖昧な個所があるように私は思うのですけれども、中内さんは、流通の生産性ということ、価値形成ということを強調している。私はこれは妥当だと思うのです。とくに今日、市場が非常に広くなって、たとえば宮崎県の野菜が東京で食べられているという状態ではね。その流通過程にはさまってくるさまざまなコストを合理化することが、はなはだ生産的な問題だということに着目している。これは消費者の側からの新しい市場問題に対する接近だと思うのです。

伊東　中内さんは、価格はわれわれが作るんだ、消費者が作るんだという。消費者主権の考え方を背景にしながら、メーカー、特に寡占化してくるメーカーに対する対抗力を打ち出そうとする。こういう考え方はこれが初めてなのじゃないでしょうか。ガルブレイスなどが対抗力ということを言っている。独占に対してもっとも効果があったのは対抗力であると。アメリカにおける流通過程の中に生まれてくる大販売組織が成立するためには安売りをせざるをえず、そのために大量に安く仕入れる。これが大企業、大寡占メーカーに対する対抗力を形成する。それと同じものが、発生した。しかも、これが国家の何の保護も受けていない。しかし、経済合理性をもって、これが戦後資本の中に、だんだん巨大な力となっていき、銀行もこれを無視できなくなってきたというところがおもしろいのです。

私は中内さんの〝主婦の店〟ダイエーに何回か調査に行ったこともありますが、中内さんは大商事会社の社員で、薬屋の息子なんですね。学生時代は、神戸で経済哲学を勉強していた。敗戦で帰ってきて、彼は製薬資本の横暴に憤然としまして、それなら、と大商事会社をやめ、父の仕事の関係から薬の安売りから始めた。ほとんど資本金なしでやってきた関西商人・プラス・インテリですよ。

ただ〝主婦の店〟ダイエーも、これだけ巨大になると、大きな金融機関とタイアップしなければならないし、資本市場の調達も必要ですし、その結果、この企業は今までのような野人的な動きから、安定的な企業の動き、資本の動きに転じるだろう。そういう点では、ソニーにしろ、ダイエーにしろ、その特質をあからさまにするという時代は終ったのではないかという気がしてなりませんね。

この対談の対象である『わが安売り哲学』から、三項目の記述が抜粋されて本論『経済の思想』に載せられている。それは、経済学者から見て、中内さんの論文の中でもここが注目に値すると認めた部分、『わが安売り哲学』のエキスだと思うので、そのうちの二項目の原文を下記に掲載させていただく。

安売り屋とか、たかがスーパーのおっさんと上から目線で見ている人がいるとしたら、中内さんは生半可な意識と知識でダイエーを始めたのでないことを、おわかりいただけるのではないか、と思うからである。

消費者は王様か

ダイエー憲法がめざすところは、消費者のための企業である。企業という企業が言葉の真の意味で消費者のために存在したとき、消費者社会が実現する。消費者主権の社会である。ダイエーが目標とするのは、消費者主権の確立された社会である。

消費者主権の思想は昔からあった。いまでも〝消費者は王様〟と称される。現実に消費者は王様であろうか？　経済学の祖アダム・スミスは「消費はすべての生産の唯一の終着地であり、目的である。生産者の利益は、それが消費者の利益を増進するに必要なかぎりにおいてのみ擁護されるべきである」（『国富論』）と述べている。ピグーの厚生経済学も消費者主権をめざしている。

理念としての消費者主権は語られても、現実はそうではない。それゆえケネディ大統領は、ことあるごとに、「本来、消費者の権利は最も確立されねばならないにもかかわらず、最も保護されていないのが消費者である」と指摘していた。

米国大統領の年頭教書では、必ず消費者保護への提案がなされる。一九六八年の一般教書でも、①連邦商業委員会に対して、国民を欺瞞《ぎまん》し、ごまかす者をやめさせる新しい権限を与える、②魚や鳥肉の品質を保証するための新しい保護措置や飲料水の供給確保、など四点をあげている。

日本においても、消費者協会が設立され、地方自治体は消費者モニターを置いている。そして、さらに消費者基本法が制定された。しかし、その消費者協会は現実には大規模化した生産者への抵抗力はなく、消費者基本法は再び理念をのみ麗々しく謳い上げている。いたずらに理念を強調するのは、現実がその逆であるゆえである。「消費者は王様」のキャッチフレーズがいかにむなしく響くことか。

理念はもういい。いま必要なことは、理念を現実のものにすることである。消費者主権は感傷的な人道主義からの発言ではない。経済の論理のうえからの厳しい要請である。生産は社会化されても、所有は私的である資本主義の経済機構のなかにあっては、供給は慢性的に過剰である。資本主義下では過剰生産能力の存在は避けられない。最終消費の質と量を個々の生産者がそれぞれ思いのままに想定して生産するために、思惑はずれという形で生産能力の過剰部分は常にどこかに存在する。

一方、経済の分野における独占、寡占化の傾向は避けられないものである。われわれは資本主義を否定するものではない。公正にして自由な競争こそ進歩の母であると考える。資本主義に反対はしない。問題は独占、寡占化がもたらす資本主義の弊害である。独占、寡占化のなかでいかにして消費者主権を確立するかが目標である。

資本主義が未熟で生産が小規模に行なわれている段階では、供給不足の状態が続き、生産者は生産のみに専念すればよかったが、技術革新を背景に大規模生産が一般化した段階では、生産者は常に過剰生産の圧力に悩むようになる。そして、その反面、政府は財政投融資を通じて景気調整を行ない、恒常的に景気を高原状態で維持しようとしてインフレ政策をとる。その結果起こる物価騰貴をくいとめるために経済の効率化を強化しようとして、寡占化、独占化した企業をさらに育成しようとする。それは価格の下方硬直化をひき起こす結果となる。賃金の上昇率と物価の騰貴のギャップは、市場においては供給と需要の不一致となる。つまり、恐慌である。恐慌はたび重なるごとにその穴を大きくする。

恐慌という災害のなかで、人びとはようやく消費者主権の重要さに気付くようである。米国がそうである。米国の企業の基本理念はCustomer First, Customer Oriented. つまり消費者志向で貫かれている。それは日本に進出している米国企業の活動に具体的に現われている。消費者主権に立脚したマーケティングが、きわめて普通に展開されているが、このような姿勢が米国に根づいたのは一九二九年の大恐慌を経てからである。この恐慌で経営者は商品が売れないという現実を徹底的に味わわされた。

日本にも昭和初期にみられたように恐慌がなかったわけではないが、それも戦争によって需要を造出すればよく、売れない悩みを心底から味わうことはなかった。侵略戦争に明け暮れた戦前は、消費財ですらも売れなかった場合には軍隊に買い上げてもらうことで解決した。第二次大戦後も荒廃した国土を復興するために生産、生産の督励が続き、昭和二十年代は生産力の増強がすべてに優先した。復興が一段落した三十年代は、消費景気のなかで電化製品を中心に、ともかく作れば必ず売れた。消費者は先を争って買ったのである。この国土では消費者主権の思想は生まれなかった。わが国の頑冥固陋な生産者たちに消費者志向を植え付けるには、大恐慌を味わわせることのほかに方法がないのかも知れない。

価格は小売商が決める

消費者のニーズを基礎にし、販売価格の設定にバリュー主義をとるとき、流通業者は生産者に対して主導的な位置に立てる。流通業者のみが需要をつかんでいるのだから，生産者は流通業者の意向に従うよりほかない。ところが従来は，小売商業の機能はこのようには説明されていなかった。従来の小売商業機能論は要約すると次のようであった。

第一は，その地域の消費者が要求していると思われる種類の商品を選択し，これを取りそろえて消費者に引き渡す。だが，商品の選択，取りそろえ，小分け，引き渡し機能は，生産者がすでに生産した商品の範囲内でのみ働き，消費者の需要も一定のワクのなかにあり，これにも制約される。このように生産者の生産と，消費者の消費の両面から制約された受動性，これが小売商業機能の第二の特色である。第三に，小売商業はすでに生産され，価値を保有した商品を消費者に引き渡すのであって，商品自体に価値を付け加えることはない。商品に価値を付加することはないが，商品を消費者に引き渡すことによって価値を実現させる役割を持っており，そのかぎりにおいてのみ社会的な機能を果たしていると。

この説明の第一点は小売商業の機能を的確にとらえているが，第二点，第三点では，小売商業を生産部門に従属し，受動的な存在としてとらえている。はたして商業はそんな受け身の機能しか持っていないのだろうか？ もっとも，この説明は商業に対してまだ良心的，好意的な解釈の部類にはいるだろう。マックス・ウェーバーは産業資本主義以前，つまり商業資本主義の段階を賤民資本主義と規定した。商人自らが利益追求行為を反道徳的なものと考えていた。ウェーバーの考え方は日本にも根強く，士農工商の封建的階級制度のもとに，商人は利益をかすめる寄生虫的な存在として最下位におかれた。「屛風と商人は曲がらなければ立たない」，「嘘も手の内」，「商人は嘘で固まる」といった諺すらある。

商業が受動的であるとする規定、あるいは商人性悪説、いずれも生産者社会のなかで構成された誤りと偏見である。商品の循環過程において価値が実現するのは、小売店の店頭であり、この流通業者からの情報をもとに生産者はニーズのある商品をつくる。この過程をみれば、商業は生産された商品を引き渡す受動的なものという規定が、物事の一面しかとらえていないことがわかる。価値を増殖するという点では、生産者と対等の立場にある。一つの商品を生産するのに、流通業者は情報を提供し、生産業者は物理的な力を提供するという分業の関係である。

しかも価値を発掘するのは流通業者である。こうした主導的な立場にあるかぎり、価値の貨幣的な表現である価格は、流通業者が決定する権限を持たねばならない。本来、消費者が支払う価格は、消費者自身がそれぞれの需要度に応じて決めるものである。前にあげたサカエ薬品の例のように、経済活動を単純化して合理的に進めるためには、消費者に信任された流通業者が適正と認められる価格を設定すべきである。価格の設定はこの意味で代理行為である。

4 日本一の小売業

売上高一兆円達成

一九七一年(昭和四六年)には、ダイエーグループの売上げは二千億円を突破し、大証二部に株式上場した。社員数も一万人を超え、一万一八七三人、そして、本店も千林から同じ大阪の中津に移転した。

翌七二年三月に、東証一部に株式上場し、八月には、創業わずか一五年で小売業界の王者三越を抜いて、小売業日本一になった。ダイエー単体の売上げ(半期決算)は一三五九億円、三越は一三〇五億円だった。その後も、順調に発展を続け、一九七五年には売上高七〇五九億円、店舗数も一二九店になった。

さらにその五年後の一九八〇年(昭和五五年)二月一六日午後一時四〇分に、小売業初の売上高一兆円を超えた。もちろん、小売業初めての偉業であった。この時、中内さんは、社内報の『週刊ダイエーニュース』で、社員みんなに次のように呼びかけている。

一兆円までの道のりは遠く険しかった。だが、これが終点ではない。頂点ではない。未だに流通革命は完成されていないのだ。あい変わらずメーカーからの攻撃は激しい。〝価格決定権〟を消費者の手に取り戻すまで、どんなに苦しくてもわれわれは闘い続けなければならない。既存の流通経路を破壊して、本当に豊かな生活を生活者に届けられるまでには、まだまだ障害が多い。この障害を一つひとつ取り除いていくことが、ダイエーの仕事なのだ。ダイエーにしかできない仕事なのだ。

その意味で、一兆円はひとつの過程にしかすぎない。一兆円の販売力を商品力に転化して、〝工場を持たないメーカー〟としての地位を確立する。いま、われわれの〝流通革命〟が始まったのである。

あの千林の精神を、創業当時のバイタリティーをもう一度取り戻そう。一兆円を支えてくださる日本の生活者のために。

創業が一九五七年、大阪の片隅で始めた三〇坪のドラッグストアが、それからわずか二二年後には売上高一兆円、小売業では日本一の大企業に駆け上がったのである。こんな例はほかにはない。当時は、今太閤と囃《はや》されたほどである。

しかし、中内さんは、「一兆円はひとつの過程にしかすぎない。われわれの〝流通革命〟が始まったのだ、一兆円を支えてくださる日本の生活者のために」われわれはあるのだ、と宣言している。

ダイエーなら、よい品をどんどん安く買える、For the Customers、消費者・生活者のために、この原則さえしっかり守って進んでいけば、ダイエーは必ず発展し続ける。そして、次なる目標は、五年後の一九八五年(昭和六〇年)には四兆円を目指す、と打ち上げた。そんなこと、誰が考えても無理だ、不可能である。しかし、中内さんはこれまでずっと不可能を可能にしてきた。三〇坪の小売商が、天下の三越を抜くと言ったら、一〇〇人が一〇〇人、そんな馬鹿なと笑うだろう。三越を抜いたときの売上高は一三五九億円だった。それが八年後には一兆円になった。これも不可能、誰もできるとは思わなかったことだ。だが、中内さんは、ありえないことをやり遂げてきた。みんなも思い始めた。社内も世間も、四兆円もできるかも。

私の入社したのは、この四年後の一九八四年だから、この時の雰囲気は体験していない。しかし、社員たちに聞いても、みんなそう思った、そして頑張ろうと気持ちを引き締めた、と言う。中内マジックだ。

私はまだこの渦中にいなかったので、少し客観的にこの時期を振り返ってみよう。

ダイエーが創業した一九五七年(昭和三二年)のころは、神武景気[*1]といわれる好景気が始まっていた。その前年一九五六年度の経済白書で「もはや「戦後」ではない」と記され、一九六〇年には池田内閣が所得倍増論を打ち上げ、その後六〇年代は毎年経済成長率が一〇%を超える好景気が続き、一九七三年まで、高度経済成長期と言われる。

この間、サラリーマンの給料はどんどん上がった。例えば国家公務員の初任給は一九五七年には九二〇〇円だったのが、六五年には一万九六一〇円、七〇年には三万一五一〇円とうなぎのぼりだった。つまり国民の可処分所得がどんどん増えて、テレビ、洗濯機、冷蔵庫、掃除機などの家電ブームが起こり、マイカー、マイホームと、消費者の購買意欲が極めて盛んだった時代である。

GNP（国民総生産）は、六〇年から七八年まで連続一九年間ずっと前年比一〇％以上（名目）の成長を続けたのであった。こんな好景気の時代は、まさに神武以来のことである。その大きな上昇気流に、いくつものスーパーが乗って拡大していった。イトーヨーカ堂もジャスコも西友も一緒である。

しかしその中でも、ダイエーの伸長率はずば抜けていた。なぜか。それは一に中内さんである。中内さんのたぐいまれな意志と意欲とぶれない主義主張、指し示す方向が正しかったのだ。障害は山とあった。メーカーと戦い、地元を説得し、小売店を納得させ、政治や法律に阻まれながら、たじろがなかった精神力である。

これを支えたのは、あの過酷なフィリピンのジャングルでの飢えや死と直面する恐れもあるだろう。負けない、ひるまない、断固やる……並みの人間では絶対にない。でも、そういう体験をした人はほかにも少なからずいるのである。その中で、なぜ中内さんは三越を抜き、一兆円を売り上げるような偉業ができたのか。

中内さんのアテンドをして、泊まりがけの出張をした時のことである。ある商店街を歩くと、シャッターが閉まったままの店が目立つ。二人で並んで歩きながら、中内さんが、つぶやくように言ったのだ。「あのなあ、日本中にダイエーができて、その都度大反対が起こる。小売店がつぶれる。肉屋も八百屋もみんなダイエーにとられて商売が成り立たなくなる。シャッター通りになる。すまんなあと思うんだ。でも、ダイエーが出なくても、どこか別の大型店が出店をする。結果は同じなんだよな。つらいなあ」

ええっ、耳を疑った。中内さんの言葉かよ、中内さんが商店を思ってつらいなんて、聞いたことない。思わず、からだでもどこか悪いのか心配になった。

その時、私は、ふと暮しの手帖の花森さんのことを思い出した。

そして中内さんにこんな話をした。

「暮しの手帖の商品テストで、いい成績のメーカーは当然喜ぶが、ダメだと評価された企業は困る。中には大損になり、小さい会社だとつぶれるところもあるかもしれない。ある時、社長の大橋鎭子さんが、「花森さん、ここは小さな企業だからかわいそう、何とかしてあげましょうよ」と言ったことがあった。その時、花森さんは烈火のごとく怒った。君は何をバカなことを言うのかっ。我々は誰のために仕事をしていると思っているのだ。我々は、メーカーのために仕事をしているんじゃない、日本人の、毎日必死に暮らしている庶民のためにテストをし、記事を書いているんだ。悪いということを悪いと書かなければ、日本の貧しい人が、乏しいお金を出して買ったその商品が悪かったら、その人がかわいそうではないか、我々はメーカーより日本の庶民のために仕事をしているんだ」

中内さんは、黙って聞いていた。そして、ホテルに着くまで、二人とも黙ったままだった。

大店法は誰のために

一九八〇年に売上げ一兆円、という偉業を達成し、ダイエーグループは順風満帆、昇り龍の勢いの経営だと世間では見られていた。私もその一人である。しかし、いつも順風が吹くとは限らない。逆風も吹く。

大店法という法律がある。正式には、「大規模小売店舗における小売業の事業活動の調整に関する法律」という長い名前だが、一九七三年(昭和四八年)に成立し、翌七四年から施行された。ダイエー三宮店の時から、地元の精肉店や薬局ともめたが、スーパーはもともとある小売店を圧迫し、成り立たなくするから断固出店反対という動きは、ずっと続いていた。そこへ、この大店法が施行された。それまでも出店は大変だったが、この大店法の施行がさらに新店を困難にした。

その一例が熊本の出店である。大店法施行の翌年の一九七五年（昭和五〇年）三月、地元の製糸会社が工場の跡地に建てるビルにダイエーが入店するということになり、福岡通産局へ届け出、四月に熊本商工会議所に出店計画を提出した。計画では売場面積四万三〇〇〇平方メートルで、当時の熊本では最も大きい規模だ。早速、周辺の商店街は熊本商店街近代化協議会を結成し、ダイエー進出反対を表明した。大店法に則って、熊本商工会議所での商業活動調整協議会（商調協）の審議にかけられることになった。

この大店法の第一条には次のように法の目的が記されている。

この法律は、消費者の利益の保護に配慮しつつ、大規模小売店舗における小売業の事業活動を調整することにより、その周辺の中小小売業の事業活動の機会を適正に確保し、小売業の正常な発達を図り、もつて国民経済の健全な進展に資することを目的とする。

注目すべきは、「消費者の利益の保護」が明文化されていることである。これは百貨店法との大きな違いだ。ダイエーの熊本出店は大多数の消費者が初めから大歓迎だった。商工会議所、商工会は、学識経験者、消費者代表、商業者代表からなる商調協に諮問して意見の集約をはかるのだが、それが非公開なので、熊本市消費者グループ連合会は、五月一五日の商調協を公開にするよう申し入れた。

しかし、これは断られ、結局、一般公開を拒否した形で開かれた。

審議はこれからというとき、熊本商工会議所が議員総会でダイエー進出反対を決議するという、前例のない事態が起こった。猛烈な商店街の圧力がかかり、商調協も七月一二日、六回目の会合で異例の「ゼロ回答」を決めた。

商調協では消費者側の賛成意見は全く取り上げられなかった。このため、消費者側委員は「有形無形の圧力により委員としての責任遂行が困難」と辞表を提出、商調協会長まで「審議に公正を欠いた」として辞職してしまう。消費者の利益の保護という法の精神は無視され、ダイエーにとって事態は悪化の一途をたどっていた。婦人会、消費者団体など、ダイエー進出賛成の消費者側は意見を無視されたことに黙ってはおらず、商調協の審議やり直しを求めたり、通産局に対する行政指導を要求していた。

署名運動には、一二月に発足した熊本市消費者連絡協議会を中心に一五万人が参加し、市民運動のデモ行進まで行なわれ、新聞やテレビにも報道された。こうした市民、消費者の声を受けて、一年後に二度目の届出を福岡通産局に提出し、一九七七年(昭和五二年)一月に建築確認申請も認可を得た。そして一回目の商調協が五月に開始された。再届け出では売場面積二万八九五五平方メートル、ダイエーが最初に提出した面積の三分の一を削ったぎりぎりの線だった。商店街や自治会も、ようやく進出賛成表明をするようになった一九七七年(昭和五二年)一〇月二一日、世論を背景に建築に着工したが、このとき、またまた不測の事態が起こった。

制服、ヘルメットに身を固めた約七〇人の一団が工事現場に押しかけ、力ずくの妨害に出て、工事を中止せざるを得なくなった。この一団は、商店街が結成した近代協青年行動隊だった。自衛隊ＯＢ

を招いて本格的に武闘集団としてつくった一隊で、実力でダイエー進出を阻止するための集団だった。この物々しい軍隊のような格好の一団には市民もマスコミも驚いた。とにかく、話し合いとか協議を前提にした民主主義のルールも全く無視、世論も無視の行動だった。そのためか、商調協は再度のダイエー案も受け入れないと決定した。

もうあきらめるか、無理じゃないか、という意見に対し、中内さんは、断固出店する。このまま引き下がったら、熊本市民の一五万人の署名は無視されたことになる。暴力によって消費者がないがしろにされていいのか。この無法なやり方で、ダイエーが逃げ帰ったとなったら、全国どこでも商店街が反対し出店できなくなる。絶対に引かない、と決断した。

商調協には有識者として学者も参加しているが、正当な議論が通用しないありさまに対し、大店法そのものを否定するような商調協へ強い批判を抱いた福岡大学の鈴木武教授は、九州地区の全大学の先生に呼びかけて「民主的かつ公正な商業調整のあり方に関する意見書」という提言を行なった。この提言では消費者不在の形でダイエーの進出反対を決めた熊本の商調協を厳しく批判していた。

また熊本市消費者連絡協議会の代表も上京し、直接通産大臣や大規模小売店舗審議会（大店審）に、ダイエー出店賛成の陳情をした。三度目の商調協のダイエー出店不可の裁定の結果、舞台は東京の大店審に持ち込まれた。だが、予想もしない〝差戻し〟の結論が出された。

しかし差戻しの四回目の商調協もゼロ回答で、再び大店審にゆだねられ、ようやく一九七八年（昭和五三年）一二月五日決着した。大店審の最終答申は売場面積一万三〇〇〇平方メートル。最初の申請の四万三〇〇〇平方メートルの三分の一もない、三割の広さである。ここにたどり着くまで、三年半の歳月と莫大な労力費用、不信不満不公正無視暴力、大店法がもたらした影響は非常に大きかった。

熊本だけではなく日本中どこに出店する場合でも、地元との調整は大変で、大量出店を前提にしたチェーンストアにとって、特に先頭を走るダイエーにとっては、大店法の制定は厳しい障害になった。

しかし、事態はさらにチェーンストアにとってはつらい方向に向かっていった。大店法は制定五年後の一九七八年(昭和五三年)に改正され、翌年の七九年に施行された。この改正のもとになったのは、七三年の大店法施行後も、大規模店舗の出店は盛んに行なわれていたので、規制強化を求める中小小売業者の強い要望があったからである。スーパー側からしてみると、規制がもっと厳しくなるかもしれないという危惧もあって、今のうちにとにかく出店できるところには出店しておきたいという思いは、ダイエーだけでなくほかの企業も同じであった。当然、出店の勢いは止まらなかった。

また、大店法の基準面積に該当しない、面積の小さい中型店舗の新設も盛んに行なわれ、この方が中小小売店に対する脅威となっていた。この動きに対して、自治体が独自の面積基準を設けて条例で規制することが行なわれるようになり、一九七八年九月時点で条例・要綱の制定された都道府県は三九とほとんどの自治体で制定された。規制と言っても面積だけでなく、熊本でも取り上げたように問題は商調協(商業調整協議会)である。大店法では、小売業者の届出ののち、出店予定地の商工会議所、商工会の意見をきいて、大規模小売店舗審議会が答申を出すことになる。このとき商工会議所、商工会は、学識経験者、消費者代表、商業者代表からなる商調協に諮問して意見の集約をはかることになっているが、次第に、届出以前に出店者と地元小売業者との事前交渉が行なわれるようになった。これは商調協の審議をスムーズにいかせるための、根回しである。

自治体によっては、独自の規制により新規出店者と地元との合意が届出に必要とされることもあった。この事前説明には、長い時間を必要とするようになり、場合によっては、三年も五年も年月を要することもあった。小売業者の団体は、大店法の規制を強化し百貨店法時代の許可制に戻すことを主張した。この動きにおされたかたちで、通商産業省は大規模店舗の出店を抑制する行政指導を開始した。一九八一年(昭和五六年)には出店自粛要請の通達が出され、さらに翌年には本来全て受理するべき届出の「窓口規制」が行なわれるようになった。これは届出の受理を地方通産局が判断できるようにしたものである。実質的には百貨店法の許可制の復活であった。

その結果、どうしても出店は抑制され、一九八二年度のスーパーの出店は、前年度に比べ三八%減となった。特にダイエーの出店は、前年の九店から四店と激減した。

七二年からのダイエーの店舗増数(前年比)と年間売上高(二月決算)は次のとおりである。

一九七二年	一五店	三〇五一億円	三越を抜く
一九七三年	二一店	四七六五億円	
一九七四年	九店	六三九九億円	大店法施行
一九七五年	一一店	七〇五九億円	
一九七六年	七店	七八八四億円	
一九七七年	一二店	八七六二億円	
一九七八年	六店	九四〇四億円	
一九七九年	八店	一兆〇二五九億円	改正大店法施行　一兆円達成
一九八〇年	八店	一兆一三三九億円	
一九八一年	九店	一兆二一六〇億円	

一九八二年　四店　一兆二三二二億円
一九八三年　二店　一兆二五一九億円
一九八四年　二店　一兆二八二六億円

ダイエーが急激に売上げを伸ばしてきたのは、チェーンストアだからである。三越のように、巨艦店が一店舗でドカッと巨額の売上げを上げるのとは根本的に違う。ダイエーの店舗の一店ずつの売上げが一挙に伸びるわけではない。次々と新しいエリアを増やして新店を出せば、増えた店の数だけ売上げも伸びる。だから、チェーンストアにとって新規出店というのは経営上非常に重要である。スーパーは基本的にチェーンビジネスだから、どの企業も必死になって新店の好立地を探す。当然、好立地はそうはないから、取り合いになり、やっと競り勝ったらすぐに出店したいのだが、大店法のために目途が立たない。それはチェーン展開で売上げが伸ばせなくなることを意味する。

スーパー業界全体としても、この法律の制定は非常に痛手であったが、特にトップを走るダイエーにとっては、その影響は大きかった。

オイルショックの影響

じつはダイエーに対して、大店法の他にもいくつも逆風が吹いてきていた。一つは、第二次オイルショックである。一九七八年(昭和五三年)にイラン革命が起こり、イランの石油生産が中断した。日本はイランから大量の原油を購入していたので、石油の需給が逼迫した。ＯＰＥＣは原油価格を四段階に分け、一四・五％値上げすることを決定した。第一次オイルショック並に原油価格が三〇ドルに高騰し、物価も値上がりした。

五年前の第一次オイルショックの時は、高度経済成長期で人々は消費行動が盛んだった。物価もどんどん上がっており、ダイエーは物価値上がり阻止運動を展開している期間中であった（前述）。そのために商品調達と価格を維持するのに大変苦労したが、災い転じてダイエーはさすがだ、ダイエーは庶民の味方だ、と声価を高めた。

しかし、今回は、庶民の消費マインドは違っていた。第一次ショックで高度経済成長は終わっていて、物価も安定していた。そこへ第二次が起こったとき、庶民は自衛のために購買を控えた。第一次の学習効果もあるが、それ以上に何でも欲しがることや上昇志向をやめて、無駄なものは買わない性向になっていった。買い控えとか消費マインドが冷えた、という言い方もされるが、生活感覚からすると、正常な反応だったのだろう。

総務省の実質消費支出の推移（対前年比）をみると、一九七八年は二・〇％、七九年が一・七％、そしてショック後の八〇年はマイナス〇・六％、八一年はマイナス〇・八％になっている。つまり人々は買わなくなったのだ。買い控えだったら様子見で二、三か月で元へ戻るが、二年も減少が続くのは、一時的な性向ではない。明らかに何かが変わってきていた。

戦争が終わって三〇年を過ぎた。日本国民は必死に働き、豊かな暮らしをしたいと努力してきた。貧しかった。少しでもお腹いっぱい食べたかった。たまにはおいしいものも食べたかった。しゃれた服を着たかった。暖かい家に住みたかった。そのために、私たち日本人は、みんな一生懸命働いて努力してきた。私は、暮しの手帖にいて、この間を取材し記事を書いてきたから、このことをわがこととして実感してきた。

前にも書いたが、暮しの手帖の特長の一つが、商品テストだった。高度経済成長期の真っ最中、一九六五年(昭和四〇年)ごろ、ダイエーは創業以来八年目、店舗はまだ二一店、売上げ三二八億円、これから一気に伸びてゆこうとしていたころを振り返ると、エアコンの普及率はまだ二%、つまり一〇〇軒に二軒しかついていなかった。洗濯機は六九%と早く普及し始めていたが、電気冷蔵庫は五一%、掃除機は三二%、石油ストーブは三八%……どの商品も、まだ国民の半分も購入できていない商品がたくさんあった。何とか欲しい、今度のボーナスで必ず買いたい、買いたくて仕方がない、でも乏しいお金で買うのだから、少しでもいいものを買いたい。その願いを受けたのが暮しの手帖の商品テストであり、少しでも安く買いたいという望みを受けたのがダイエーであった。だから、国民の信頼を受けて暮しの手帖は一〇〇万部も売れたのであり、ダイエーも一兆円企業に発展していったのである。だが、国民の暮らしはいつまでもおなじではなかった。

一五年後の一九八〇年を見てみよう。ダイエーが売上げ一兆円の大企業になった年である。日本の家庭の電化製品の普及率は、電気冷蔵庫は九九%、掃除機は九六%、洗濯機は九九%、石油ストーブは九二%……、つまり電化製品は日本のほとんどの家庭にすでに行き渡り、あとは買い替え需要しかないという状態になってきている。もちろん、エアコンはまだ三九%で、電子レンジのように、後から出てきて、まだ普及率が三四%という商品もあるが、どの家庭でも必需品というような国民的需要がある商品は、ほとんど普及した時代である。

だから、暮しの手帖では、商品テストの役割は、すでに終わったと考えていた。高度経済成長が終わり、二度のオイルショックに見舞われ、月給は前のように昇給しなくなっていた。

前にも書いたが、総務庁の家計調査の対前年実質消費支出は七九年には二・七％だったのが、オイルショック後の八〇年にはマイナス〇・六％、八一年にはマイナス〇・八％となった。また総務庁の家計調査の資料を見ると、可処分所得は第一次オイルショック以前は一〇％以上増加していたものが、七八年ごろから五％前後まで落ちてきている。八一年以後は三・八％になっている。高度経済成長期には給料は、毎年一〇％も二〇％も上がってきたのに、いつの間にか収入の伸びが減り、五％以下になったら実感として収入がマイナスになったくらいの感じである。当然、今までのような買い物はできない。支出は抑えていくようになるのは当然である。

その影響は、ダイエーにもあらわれてきた。左のように全体の総売上だけ見れば増えていても、新店が増えれば数字は上がるので、新店増は含めず既存店の売上対前年比(％)を見てみたい。

	総売上	
一九八〇年	一兆〇〇六八億円	四・一％
八一年	一兆一一四四億円	四・五％
八二年	一兆一九四七億円	三・〇％
八三年	一兆二〇七九億円	〇・五％
八四年	一兆二二六六億円	〇・三％

第二次オイルショック以来、公共料金の値上げ、社会保障費や租税も増額され、徐々に可処分所得が減ってきた庶民の懐具合は、浪費は抑え、買い物は少なくするのは家計の心理である。八〇年、八

一年はまだ影響が少なかったのが、八二年からは、確実に既存店の売上げが伸びなくなってきている。これまで、ダイエーを含めてチェーンストア各社は、既存店の売上げ増よりも、新店増による総売上高に注力してきた。しかし、大店法によって新規出店が難しくなり、景気停滞という波によって既存店の売上げの伸びもとまってきたこの事態は、発展しつづけてきたこの業界にとっては、大変深刻なことであった。

このような消費傾向の変化に加えて、核家族化やマンションの増加、生活様式の変化など国民のライフスタイルが大きく変化しつつあった。こういう変化は、購入品目や数量、個人的好みの多様化をもたらし、仕入れや売場の構成にも影響を与えていったはずである。

数字が落ちていった原因について、ダイエーはどう対応していたのであろうか。それにダイエーは気づいていたのであろうか。中内さんはどう打開しようとしていたのか。

さらに、一九八二年、通産省は「大規模小売店舗の届出に係る当面の措置」を通達した。これは八二年度の出店届出総面積が過去の実績の三〇%から五〇%減になるよう設定の上、対象企業の出店面積を具体的に示した。ダイエーは六万平方メートル、イトーヨーカ堂とジャスコは五万平方メートル、西友は四万平方メートル。

これまでは、地域の商調協に対し、出店したい店舗面積を二〇万平方メートルでお願いしたいと、交渉した場合、仮に五割強削減しても、了解が得られれば一〇万平方メートル出店可能になっていた。ところが今度の通達ははじめから、上限が六万平方メートルしか交渉できないという措置だ。

中小小売店の保護とはいえ、スーパー業界、特に出店戦略を第一にしているダイエーに対しては、誠に厳しい措置であった。

日本の生活者を丸ごとサポートするのだ

大店法によって、新規出店が思うようにいかなくなってきたことも関連して、ダイエーの経営戦略は変わっていこうとしていた。中内さんは、「アメリカのシアーズは小売業のほかに、保険や不動産、証券など、人が生まれてから死ぬまで、大衆の生活を丸ごと面倒を見るような事業を展開している、ダイエーもダイエーの流儀で消費者のためにそれを目指す」と宣言をした。

物販の受け皿としてGMSを展開させてきたが、当然、人々のライフスタイルの変化にも注目し、可処分所得がどのように使われているか、その受け皿をダイエーが用意すべきだという路線を敷いていくことになる。それは、売上げをより拡大するための施策でもあった。

中内さんは一九八〇年の一兆円達成の際、ダイエーグループの売上げを五年後の一九八五年には四兆円にする、と宣言したのだった。

かねてより、中内さんは売上第一主義である。よく、イトーヨーカ堂は売上高利益率が四－五％あるが、ダイエーはその半分以下だと言われている。これについて私も直接中内さんから聞いている。

「われわれは、利益のために商売をしているのではない。お客様のために働いているのだ。上場して利益を出したらその分配当しなければならん。株主に配当するより、その分安くしてお客様に還元するのが商売の本道だろう。だから、なかなか上場しなかったんだ。また、人口の集中している大都市圏だけ出店していれば、もっと儲かるだろう。しかしそれでは地方の人たちは放っておかれていいのか、そうじゃなかろう、ダイエーは日本国民がみんな豊かに暮らせるように、必死にやってるんだ。ダイエー憲法「よい品をどんどん安く、より豊かな社会を」この運動をやっているからこそ、ダイエーの社員は誰もがみんな、この国の人々のために働いているんだという誇りをもっている。利益のために働いているのではない。余分の利益は、お客様に還元するのだ」

「小売業として物販だけでなく、大衆が必要としている保険や不動産、証券なども、「よい品をどんどん安く、より豊かな社会を」の運動として展開していくのだ。それはダイエーだけが出来ることなのだ」

当然、人々のライフスタイルの変化にも注目し、可処分所得がどのように使われているか、その受け皿をダイエーが用意すべきだという路線を敷いていくことになる。

私が入社してまだそんなに時間がたっていなくて、中内社長がそんなにこわい存在だと実感してなかったころ、盛んに四兆円ビジョンということが言われていた。こんな途方もない大風呂敷を広げて大丈夫なのか、正直心配になって、中内さんに大丈夫ですか、と聞いたことがある。その時は、怒りもせずに笑いながらこう話してくれた。

日本の消費支出はいくらか知っているか。三〇〇兆円だぞ。四兆円はそのうちの一％ちょっとだ。三％の一〇兆円と言いたいところだが、それは大風呂敷だ。スーパーだけでなく、国民が生まれて死ぬまで、生活に必要なシーンはみなダイエーがサポートする、「よい品をどんどん安く」の原理原則で、この国の人たちのために尽くす。ダイエーだけが出来る。四兆円は実現可能な数字だよ。

かくてダイエーは、コングロマーチャント（複合小売業）を目指す。

ダイエーグループは、一九七九年(昭和五四年)にスポーツ関連の専門大店[*2]スポーツワールド33をオープン、ローストビーフのレストラン・ヴィクトリアステーション、食品の倉庫型ディスカウントのビッグ・エー、書籍販売・ビデオレンタルのアシーネ、一九八〇年に紳士服のゼントハウス、オ・プランタン・ジャポン、ホテルのダイエーインターナショナルホテルズ、一九八一年には自動車用品専門店のオートワールド、中国商品輸入専門の天津大栄、フランスオートクチュールのテッド・ラピドス・ジャパン、一九八二年に薬品、医療衛生用品のダイエードラッグ、朝日ハウジングサービス、セントラルハウジング、グリーンワールドと次々に物販だけでなく新業態の会社を設立していった。消費者が求めるものならば、それに応えるのがダイエーなのだ、というのが中内さんの考えだ。

その一つが、一九八〇年三月に、フランスの百貨店オ・プランタンとの提携で、オ・プランタン・ジャポンを設立する。このことについて、中内さんは、消費者のニーズがだんだん高度化してきているのを考えると、やはり、百貨店という業態も必要だが、ダイエーにはそのノウハウがない。付加価値が原則の百貨店の経営とローコスト・マス・マーチャンダイジングのチェーンストアとは基本的に経営が違う。それを自前で開発をしていたら時間がかかるから、既成の百貨店と提携するのが早道だ、と考えていた。

翌年の八一年に神戸三宮にオ・プランタン・ジャポン第一号店をオープンする。しかし、うまくいかない。

店舗の建物は造ることができるが、当然、売るべき商品を仕入れて、品揃えをして陳列しなければならない。しかし、百貨店とダイエーとでは売るべき商品が違うから、仕入れ先もメーカーも異なる。これまで、ダイエーとは付き合いのない仕入れ先ばかりだ。「ごめんください。商品の仕入れをしたいのですが」とお願いしても、どこもダイエーさんとはお付き合いできません。百貨店は値引き商売ではなく、定価販売が原則です。スーパーのような安売りをされたら、他の百貨店が困ります。絶対にお断りです。けんもほろろである。

ダイエーはこれまでも、松下電器や花王と仕入れについては熾烈な戦いをしてきたが、百貨店の商品や仕入れは、全く違って、業者と百貨店が固く結びついていて、仕入れには高い壁があり、おなじ百貨店同士でも仕入れやブランドが違うというくらい固有性を重視する業界だ。大量販売の商品ならば、あちこちで同じ商品を売っているから、よその店で仕入れてきて売るということができるが、百貨店の商品はそうはいかない。

ダイエーではなくオ・プランタン・ジャポンですと言っても、見え透いていると門前払いだった。当然、うまくいかない。赤字がどんどん増えていった。

一九八二年には、ハワイのアラモアナ・ショッピングセンターを五〇八億円で買収した。この年は、八八〇億円もの投融資を行ったが、その結果有利子負債が一〇〇〇億円増えて、五三三五億円、グループの連結負債は一年で一六〇〇億円増えて八〇六七億円になった。

この年度で、ダイエーは単体で一兆一九四七億円の売上げを上げたが、最終損益は六五億円の赤字になった。

多角化事業として展開している、そのほかのコングロマーチャントも、スーパーマーケットのようには思うようにいかない業種も多く、また本体のダイエーの業績も前に記したように、八〇年代に入って停滞してきていた。

中内さんは、このままではダイエーはなくなる、と危機感を持った。そしてその再建を、河島副社長に託した。

Ⅴ革――三四五作戦

私のダイエー入社については、中内さんとは何回か会っているが、じつは河島さんにも事前に呼ばれて、二人だけでいろいろ話をしている。

最初に、河島さんはこう言った。「中内さんは、何でも私に相談するのですよ。小樽さんのことも、今度こういう人に来てもらおうと思うのだが、河島さんの眼鏡にかなうかどうか、会ってみてほしいと言われましてね」と、ニコニコしながら話しかけてこられた。私もまだ迷っていた時だった。河島さんが、ヤマハの社長だったことや、中内さんからスカウトされたこと、数字や経営に詳しい切れ者ということは、新聞で知っていた。だから、河島さんには聞きたいこともあり、会えるのはありがたかった。

そのとき、こんなことも言っていた。「ダイエーはいいところと悪いところが、ごちゃごちゃになっている。いいところは中内さんです。悪いところも中内さんです。そこをうまく取り分けて、よい方をたくさん出すように努力しているんですよ。小樽さんも頼みますよ」

その時は、何を言っているのかよくわからなかったが、三四五作戦というのが進行しているのを、入社後に知った。なるほど、大変なことだな、と思ったが、自分とは関係のないことなので、大して関心を持たなかった。

だが、ダイエーは大変な事態を迎え、河島さんたちは奮闘の最中だったのだ。

ダイエー本体の業績もよくなかったが、赤字の大きな原因は多角化事業で展開している関連会社の、とくに百貨店のオ・プランタン、PBのカラーテレビを作ったクラウン、食品の倉庫型ディスカウントのビッグ・エーの三業種の赤字が大きく、それぞれの頭文字をとってPCB汚染と言われた。

河島さんは、小手先で改善はできない、PCB対策だけでなく、ダイエー本体の根本的な業務改革が必要だと主張し、中内さんの了解のもとに、ダイエーの大卒一期生から三期生までのエリートを集めた。鈴木達郎さん、高木邦夫さん、平山敞さん、奥谷誠一さん、長岡伸幸さん、川一男さん、それに中内潤さん。河島さんは、このメンバーを毎週火曜日に集めて会議を行なった。中内さんとは、一切無関係に行なわれた。

会議は一九八三年(昭和五八年)から行なわれて、まず取り組んだのが三四五作戦だった。調査した結果、在庫が三五－四〇日、ロスが売上げの二%、売価変更が四－五%あった。

この在庫を減らせば、回転率が上がり、ロスも売変も減少する。在庫を三〇%に、売れ残りのロスを四〇%、商品の値下げ(売変)を五〇%減らすことを目標にしたのが三四五作戦である。

これによって、八三年二月期末には九二〇億円あった商品在庫は、二年間で二六〇億円減少し八五年二月期末には六六〇億円になった。一九八四年二月の単独決算は、売上げは伸びなかったが、経費削減が寄与して経常利益は一五〇億円、一一%も増えた。しかし、連結ではまだPCB対策が進まず、一一八億円の赤字になった。

PCB対策が本格的に始まったのは、一九八四年四月からで、河島副社長を最高責任者とする先のメンバーの再建委員会が発足した。この委員会は「既存店の活性化や地域の販売力の強化、商品管理の徹底、業態変更などで本体の業績好調を図るとともに、

一　拡大、縮小分野をはっきりさせた関連会社の整理統合
二　投資の削減や出店候補地の見直しなどによる借入金・総資産の圧縮など財務体質の強化などを目指して、具体的な再建策を立案することとした。

こうして、在庫の見直しと低コスト運営の徹底を図る全社的な体質改善のV革が本格化したのである。

一九八五年九月、新中期五か年計画をスタートさせた。「総合生活産業を目指すためのグループ戦略」計画は、小売り、金融、サービス、ディベロッパーの四分野にグループ企業一三七社を分け、再編、統合し、それぞれに基幹会社を据えることにした。四セクタービジョンである。

四分野のうち、サービスは外食と健康・文化・娯楽、金融は個人金融、企業金融、保険、証券などというように事業を細分化し、各基幹会社がそれぞれの分野を管理する体制とした。小売りはダイエー本体、金融は丸興が基幹会社になり、サービス、ディベロッパーについては、政策決定機関の性格をもつ新会社をつくることにした。

PCBの対策は、なかなか大変であった。六二億円でクラウンを売却、八五億円でビッグ・エーの清算、二四〇億円でオ・プランタン・ジャポンの清算と、特別損失を計上して整理をした。これらのリストラクチャリングの結果、一九八六年二月期の連結決算においてようやく一一億円の当期利益となり、赤字経営から脱することができたのである。

この期間、中内さんはこの再建委員会には一切かかわらなかった。この期間はずっと臨教審に注力していた。そして私はそれをずっと補佐してきた。八四年四月に河島さんから、小樽さん、頼みますよと言われた意味が、やっとわかったような気がした。

私の考えすぎなのか、邪推なのか、偶然なのか、わからないが、とにかく中内さんはなぜあんなに臨教審に熱心だったのか、そばについていながら不思議でもあった。中内さんが経営の現場から一歩退いて、臨教審にどんな気持ちで参加していたのか、本当は会社のことが気になって仕方がないのを必死に抑えていたのか、それはよくわからない。ただ、V革が成功して無事に黒字化されたことを、よかった、ありがとうと河島さんに心から感謝したようには思えなかった。

V革を受けて、ダイエーの新しい企業の存在姿勢を示す言葉として、ダイエーは「総合生活提案企業」と銘打たれた。方針発表会で発表されたのだから、当然中内さんも了解していることである。外部からの依頼原稿で、新しいダイエーの進むべき道、というようなテーマで中内㓛名の原稿が求められたので、中内さんに、この「総合生活提案企業」というのは具体的にどう書いたらいいでしょうと聞いたとき、中内さんは、一言、「知らん、おれは知らん、知らんこっちゃ」と吐き捨てるように言ったので、私は驚いた。

ダイエーの方針発表会で発表したことを、中内さんが知らんというのはどうしたことか。このV革については、一切口を出さないと決めたので、方針発表の書類には黙って判を押したのだろうが、腹の中は煮えくり返っていたのかもしれない。そして、「何がV革だ。何でも売ってしまって、それで改革だなんて、そんなことなら誰でもできる。苦労して手に入れたものを売ってしまって」とぶつぶつ呟いていた。

ああ、V革は気に入らないのだな、と思った。

5 臨時教育審議会委員になって

臨時教育審議会

中内さんは、多忙である。それは、前々から噂で聞いていたが、秘書になって、そのスケジュール管理などにも加わると、よくまあこれで生きていられるな、というほど多忙である。土日も休まない。東京に本社を移しても、もともとの基盤は関西にあるので、その行き来だけでも大変だが、来客が多い。肝心のダイエーの社長としての会議や打ち合わせ、決裁などは当然のことだから、まさに分刻みでスケジュールが入る。そこへ、依頼の講演や公的な会議も多いので、外出もほとんど毎日ある。夜はほとんど外部で会食だ。海外出張も年に一〇回はあるだろう。そこへ、臨教審が加わった。

この多忙さだから、自分が主催するとか講演などは別にして、それ以外の他の会は出席の返事をしていても、欠席することがよくある。だが、臨教審の会には海外出張とかのよほどでない限り、出席をした。自分が主役でもなく、いなくてもいい会なのに、ほんとうによく出たと思う。いま改めて数えてみると、中内さんは一三〇回は出席をしているので、出席すべき会議にはほとんど出たと言っていいのである。こういう会議はほかにはない。驚異的である。

臨教審の審議期間と重なって、ダイエーではV革が進行していた。自分の会社でありながら、そのかじ取りをすべて河島さんに任せて、知らぬ顔でいるには、中内さんには思い入れとエネルギーがありすぎる。幸か不幸か偶然か、臨教審は、そのエネルギーの吐け口になっていたのではないかと思う。と同時に、臨教審には全力で注力するに値する意義も興味も強く感じていたのだろう。

臨教審は、三年間が任期だった。文部省の資料によると、第一次答申が一九八五年(昭和六〇年)六月、第二次答申が一九八六年(昭和六一年)四月、第三次答申が一九八七年(昭和六二年)四月、第四次答申が一九八七年(昭和六二年)八月にそれぞれ行なわれ、同年八月二〇日で設置期間満了となった。

この間、「会議の開催は総会九〇回を含めて六六八回、公聴会は全国各地で一四回、団体・有識者からのヒアリング四八三人という精力的な活動を展開した」……とあるように、大変な数の会議が行なわれた。

各部会はそれぞれ一五〇回くらい、つまり毎週開かれていたことになる。そのすべてに私はかかわった。

個人的に臨教審の事務局(文部省が多い)とは何回も話をして仲良しになった。会議での中内さんの発言もどうあったらいいか、事務局との話から見極めて準備をし、中内さんと話をして資料を渡す。それを、何十回と行なった。事務局の話では、委員当人以外が打ち合わせや事前折衝などをするのは、中内さんだけ、つまり私だけだそうだ。

中内さんには強烈な人生経験があり、独自の人生哲学も教育観も確固たるものがある。私がどんなに準備しようと、望ましい方向を示そうと、会議ではお構いなしの議論になる。だが、どんな場合も、おれは中内㓛だ、天下の中内だ、という気持ちが常にある。経済界や流通業界では、中内さんは一日も二日も置かれて、誰彼構わず発言してはばからないが、なじみのない教育の審議会で恥はかきたくない。だから細心だ。準備はしておきたい。資料は手元に用意し、その上で、会議での発言や姿勢はその都度考えればいい。

世間では、意外に思われるかもしれないが、中内さんは臨教審のような政府の公的な審議会などのメンバーになったことは、私の知る限りでは、多分なかった。普通の審議会は、サラリーマン社長などの組織の流れに乗る人材が選ばれる。つまり役所の都合のいい結論を忖度し、異議は唱えず会議が紛糾することのないメンバーを選ぶ、と役所の人から聞いた。その点、中内さんは大企業の経営者だが、常識にはとらわれない野人だ。むしろ政府の意向や規制に反発して戦ってきた一筋縄ではいかない御しがたい人物である。審議会には不適当な人である。

その人が、臨教審のメンバーになったのだから、世間の注目度は高い。これまで教育界は文部省と日教組という世間とは隔絶した別世界で、アンタッチャブルな領域だった。政治のちからも全く及ばないので、そこへ風穴を開けたいという中曽根首相の思惑もあって、中内さんや香山健一さんなどの自由主義者が選ばれた、というのがもっぱらの噂だった。

そんなやっかいな審議会に、中内さんはよくOKをしたな、という人もいたが、じつは中内さんは喜んでいた。

中内さんは、私にこう言っていた。

「あんな馬鹿な戦争を、国はなぜやってしまったのか。一つは、国定教科書で大日本帝国臣民をつくるような画一的な教育にある。教育はもっと自由であるべきだ。それと自分としては興味があるのは、国の意思決定とはどんな風に決められるのか、それに興味がある。戦前とは違って審議会など外部の人間が入って決めていくのはわかるが、一度、その中に入ってみたかったんや。だから臨教審の委員をＯＫしたんだ」

臨教審は、中内さんの後半生に大きな影響を与えることになるが、それは後で詳述する。

臨教審には二五人の委員がいる。そのうち会長と会長代理二人を除いた二二人は、四つの部会に分かれていた。

第一部会　二一世紀を展望した教育の在り方を考える
第二部会　社会の教育諸機能の活性化
第三部会　初等中等教育の改革
第四部会　高等教育の改革

どの部会に入るかは本人の希望だったが、中内さんは第一部会を選んだ。メンバーはつぎの六名である。

第一部会
天谷直弘　　国際経済交流財団会長、元通産省審議官

内田健三　法政大学教授、元共同通信論説委員長
金杉秀信　全日本労働総同盟顧問
香山健一　学習院大学教授
中内㓛　(株)ダイエー代表取締役会長兼社長
水上忠　東京都教育員会教育長

「二一世紀を展望した教育の在り方を考える」ということは、いつの時代も教育だけ別世界というわけではないから、つまりは二一世紀の社会とは何ぞや、ということになる。

最初に、臨教審で何を討議すべきかということについて、各人が思うところを発言した。そのときに中内さんは口頭だけでなく、私と相談して作った資料を提出した。人類の歴史を見ても、教育は常にその時代を生き抜くスキルを教えてきた。例えば、動物の捕まえ方やコメの作り方、刀の使い方、その刀の作り方、その刀の研ぎ方、銭の数え方、そろばんの使い方、それぞれが仕事になり銭を稼ぎ、生きてきた。では今の時代に必要なスキルは何なのだ、そして二一世紀の社会はどうなっているのか、それがわからなければ、討論にならない、というペーパーである。

必要なスキルがわかったら、それを習得するのが教育だ。しかし、社会がどんな社会になりどんなスキルが必要かわからなければ、議論できない。だから、まず二一世紀の社会の在り方を徹底的に調べ、論議するべきだ。もちろん、委員はそれぞれ自分なりの考えがあるから、正解はないだろう。

たとえば、源氏物語はいまは原文で読めなくても生きてゆけるから、教育しなくていいのか、天体の星は研究する必要はないのか、水泳は教えるべきなのか、いや会話の仕方が必要だ、など人それぞ

れ考えはあるだろう。だから議論になる。

だが、中内さんは、二一世紀社会はこうなるから、それをどう生きるか、生きるすべを教えることが最も大事だ、と考える。つまり、画一的に、教育とはこういうものだと決めつけるのはなかなか難しくなっている。社会も世界も、どんどん変化している。それにつれて生きるすべも、つまり学校教育も変わってくるはずだ、と中内さんは繰り返し主張する。変化する社会にどう対応するか、それを考えることが臨教審ですね、中内さん頼みますよ、と事務局の一人が私にささやいてくれた。

つまり中教審は基本的に教育の専門家が集まって議論するから、源氏物語は教えることを前提にして、いつ、どのように教えるかが問題になる。源氏物語を教えないなどとは、はじめから考えない。でも、教育の素人が議論すると、当たり前の疑問から始まる。二一世紀とはどんな社会なのか、臨教審第一部会の重要な作業になっていた。

臨教審は二五名の委員が、総会での審議や決定を行なうが、それ以外に専門的な知識を持っている識者が二〇人、専門委員として一二月から加わった。第一部会の専門委員は、菊池幸子（文教大学教授・福祉社会学）、木田宏（元文部次官）、高橋史朗（明星大学教授・教育学）、俵孝太郎（政治評論家）、山本七平（山本書店店主、評論家）の五名。

自由化と個性主義

中内さんは、臨教審の何に意義を感じていたのか。はじめのうちは、世間的関心も高く、どこへ行っても臨教審のことを聞かれたこともあるが、やはり、教育の自由化論争は重要だと思っていた。

天谷さんや内田さんからも、中内さんは筋金入りの自由主義論者だから、と笑いながら言われていた。このことは、もう遠い昔、三十数年も以前の話になってしまっているので、すこし振り返ってみたい。

なぜ臨時教育審議会が開催されることになったのかについては、中曽根首相の思惑だとか、京都座会だとか日教組対策だとかいろいろ取りざたされたが、ここでは触れない。一九八四年(昭和五九年)九月、中曽根総理大臣から臨時教育審議会への諮問はこうである。

「我が国における社会の変化及び文化の発展に対応する教育の実現を期して各般にわたる施策に関し必要な改革を図るための基本的方策について」、つまり「社会の変化及び文化の発展に対応する教育の実現」を考えてくれ、ということであり、第一部会は、特に「二一世紀を展望した教育の在り方を考える」検討を頼む、ということだ。

総会や各部会は一九八四年九月から審議を行なって、大来佐武郎、山崎正和、西田亀久夫、林知己夫、梅棹忠夫、加藤寛、山本七平さんたちからレクチュアーを受けて議論を行なっていた。この中には、教育の自由化を主張する京都座会のメンバーもいて、自由化反対の文部省や第三部会の有田一寿部会長などは神経をとがらせていた。まだ審議の途中だというのに、自由化反対の主張を声高に論じていたので、マスコミも「燃え盛る臨教審の自由化論争」などとはやし立てていた。

そんな中、第一部会は翌年一九八五年(昭和六〇年)の二月九日・一〇日・一一日と、三日間の合宿審議を行なった。そして、次のようなメモを発表した。

第一部会　合宿審議メモ　昭和六〇年二月一一日

一．二一世紀社会と教育への要請

明治、大正、昭和の日本の追いつき型近代化は、成功のうちにその百余年の歴史的役割を終えた。同時に世界、人類も、近代工業社会から二一世紀の高度情報社会への文明的転換期を迎えている。模倣と物量と画一の時代は終わった。創造力の質の充実と個性の発揮が新たな時代の要請である。教育はこの要請にこたえなければならない。過度の学歴社会意識や偏差値偏重の受験競争、校内暴力、青少年非行などにみられる教育荒廃は、画一主義と硬直化がもたらした病理現象であることを認識し、これまでの画一性、閉鎖性、非国際性を打破し、多様性、開放性、国際性を実現する抜本的改革を進めなければならない。

二．教育の目標（略）

三．教育改革の方向

一．および二．のような現状認識と展望、それに基づく教育目標に立てば、今次改革の方向が「画一主義から個性主義への、大胆かつ細心な移行、改革」にあることは明らかである。この個性主義とは個人の尊厳、個性の尊重、自由、自己責任の原則の確立であることを認識した。

次いでこの個性主義の原則と方向に立って、教育の諸段階ごとに主要な現実的方策を討議した。これらの方策はもちろん、今後、第二、第三、第四の各部会において、精密な具体的検討が加えられるべき性質のものであることは言うまでもない。

画一主義の打破、個性主義の推進という原則に立って討議された具体的方策を例示すれば、次の諸点である。

① 官公庁・企業の採用基準の抜本的見直し。学歴・官学偏重の是正

② 大学院教育、基礎研究の整備充実
③ 大学設置基準、許認可条件の見直しなどによる画一性の排除、個性化の推進
④ 共通一次試験を含めた各種試験制度の改革
⑤ ゆとりと国際化の観点も踏まえた九月新学年制の検討
⑥ 高校、専修学校など後期中等教育機関の連携と高等教育への接続の研究
⑦ 単位制の見直し、中高一貫教育の推進など高校教育の多様化、入試制度の改善
⑧ 義務教育段階においても、過度の画一性を戒め、少なくとも学校選択について配慮する
⑨ 乳幼児保育に始まる生涯教育システムの確立。教育機関の地域社会への開放。家庭・学校・職場・地域社会を結ぶ教育ネットワーク形成の検討
⑩ 国・都道府県教育委員会・市町村教育委員会の役割分担の明確化、特に市町村教委の権限と責任の再確立

合宿審議の中で、このまま自由化を推し進めると、文部省や自民党の文教族からの横やりが入って、元も子もなくす恐れもある。ということから、「いわゆる自由化とは、審議メモにいう画一性、硬直性の打破、個性主義の尊重の意味であったように思う。しかし、教育の自由を全く別の意味に解釈する向きもあるので、自由化より個性主義という表現を用いることがより適切であろう」と、個性主義を使うことにしたと天谷第一部会長は説明した。この個性主義については、第一部会の合宿で、中内さんが強く主張してまとまったのだという。

ところが自民党側から岡本道雄会長に対し、「個性主義は内容が不明確だ」と異議が出た。そこへ、

自由化のリーダーと思われていた香山健一委員が総会で「個性尊重の原則」というメモを出したので、また議論になり「尊重」より「重視」がよい、という意見多数で最終的に「個性の重視」に決まった。五月八日の総会の後、中内さんは私に、「総会でも強硬に個性主義を主張したが、押し切られた」と、憤懣やるかたない感じで怒っていた。この総会で、中内さんはわざわざ個性主義の重要性を主張したペーパーを全委員に配布した。このペーパーは、中内さんと相談して私が作ったものだから、その怒りはよくわかる。本来、目指すべきは「教育の自由化」ではなかったのか。

教育の画一性、硬直性、閉鎖性が、教育空間を社会とは別世界にし、弊害がどうしようもないところに来ているから、臨教審ができたはずだ。それを打破するためには教育の自由化、ということが叫ばれるようになったのに、それが「個性の重視」という狭い言葉ですませてしまっていいのか。「個性の重視」と聞いて画一性、硬直性、閉鎖性の打破と受け取ることができるか。「教育の自由化」が一番いいと自分は思うが、いろいろ利益代表がいるから、意見がぶつかることはわかる。だから自由化をやめて個性主義を推したのだ。

「個性主義は内容が不明確だ」だというが、じつはその通りなのだ。不明確、民主主義も封建主義も、定義はあるが例外がいっぱいあって、曖昧だ。高く掲げる目標とか原則は、的が小さすぎてはだめだ。中心に当たらなくて少し外れてもまあまあでいい。個性主義もなんだかわからないが、教育界がこれまでのように、規則や前例や権威で画一的にがんじがらめに縛られた世界ではなく、もっと自由な個性豊かな世界になる、という雰囲気が込められていればいいのだ。「個性の重視」では、画一性、硬直性、閉鎖性の打破を含意しているとは説明できないではないか。そのまま「個性の重視」としか受け取られない、そんな矮小なものを、二一世紀の日本の教育の原則とか目標にしていいものか。

自分は、この国の人々の暮らしを少しでも豊かにするために、チェーンストアのスーパーやコンビニなどを作ってきたが、なんとまあ規制の多いことか。新しいことを始めようとすると必ずストップがかかる。スーパーの新店を一つ出店するにも、たいへん苦労をさせられている。やたらと難しい規制、規則があって、一つ一つクリアするのに、すごい労力と時間を要する。ある店など、申請から開店まで一三年もかかったケースもある。どうしても無理で、あきらめたことも少なくない。経済も、規制緩和をしてもっと自由にのびのびとさせないと、この国は沈むばかりだ。

中内さんは、臨教審の会議では言い切れなかったことを私にぶつけて、少し気が収まったのか、ふっと照れたように笑った。

九月入学

臨教審は、教育の原則とか目標など、方向づけも必要だが、それとは別に、臨教審があったから、ここが変革されたという実績が必要だ。そのためには具体的成果を出さなければならない。これをやった、というのを目の前に見せなければやったことにならない。そうでなければ、臨教審は三年間、議論ばかりして無駄飯を食べていたことになる。

臨教審は、この改革をやった、という形あるものを残そうではないか。この辺の考え方は、実業家の中内さんと学者や評論家の先生方とは根本的にちがうように感じた。どちらがいいとか優れているとかいうことではない。下手な実績を残して、後の人たちの迷惑になるかもしれないし、いや、何もしないで三年間議論だけしていたのか、ということを情けなく感じるかどうかである。中内さんは、会社でもそうだが、仕事をして売上げを上げるとか新しく店を出店するとか、とにかく形ある結果を出さなければ意味がないと思っている。

そう考えて、中内さんが主張したのは、九月入学だ。唐突に中内さんが主張したわけではなく、はじめから臨教審の検討項目に挙げられたことの一つである。中内さんが見て、これからの日本にとって必要で、しかも実行可能なものはどれかを考え、臨教審が決めたから、実現したと胸を張れる項目、それが〈九月入学〉だった。

これは、第一部会の受け持ちのテーマではない。第三部会の初等中等教育と第四部会高等教育の仕事である。しかし臨教審の規則では「委員は随時所属する部会以外の部会に参加できる」し、「議事は委員の合意を得て決する」とあり、何事も総会に諮り決することになっている。だから、第一部会で決めた「個性主義」が総会で「個性の重視」に変えられてしまったのだ。

九月入学は、秋季入学ともいわれる制度で、欧米の大学では八割以上が秋入学であり、国際標準といえる。欧米の大学を規範にして設立された日本の大学は、明治時代から大正の中頃までの間は秋期入学を実施していた。しかし、国の会計年度制にあわせるために、春入学に変更になったという。

秋期入学にすると、留学希望者や研究者の受け入れ、欧米の大学、研究者との交流がスムーズになり、大学の国際化につながると言われている。現行の四月入学は、入試が真冬になるため、雪で電車が止まったりして受験に間に合わなくなったり、寒中に受験生が行列して風邪をひいたりして大変だ。なぜ四月でなければだめなのかと聞いたら、「入学式は桜の花びらの下で行なうのが一番だ」という情緒派もいるが、それよりは実利からしたら秋季にすべきだ。

大学を九月入学にすると、小中高はどうする。日本中大混乱になる。国際化に対応させるなら、まず大学だけ九月入学にしたらどうだ、という意見もある。その場合は、高校を三月に卒業し、九月に大学へ入学するまで五か月も無駄になるではないか。いや、今のように、共通一次[*1]だけで点数をつけているから、本当の入試ができないのだ。入試は時間をかけて、面接も丁寧に行ない人物もしっかり審査して、大学入学の選抜ができるから、秋がいいのだ、という意見もあった。

中内さんは、できない理由をいくら並べてもだめだ、それよりも、九月入学は、国際化の進むこれからますます必要になるのは確かなのだから、このまま何もしなくていいはずがない。わざわざ教育の根本改革のために作られた臨教審だからこそ、できない理由を並べるよりも、「やろう」と決めたらいいのだ。物事は、そうでなければ動かない。こういうことを実現させるのが、臨教審でしかできないことだ。ぜひ実現しよう。これが中内さんの主張だった。

だが、賛同者は少数で、見送られた。結局、形に残るような、臨教審の成果は何だったのだろうか。私は部外者なので、何も言う資格はないが、当然のことながら中内さんの意見に賛成である。まことに残念であった。あれから三〇年経ち、あらゆる面でグローバル化が進み、自主的にいくつもの大学が秋季入学に努めているようになり、大学や学問の世界が世界一体となってきた現状を見ると、あの時、エイヤッと秋季入学を進めていたら、と思われてならない。

少し後のことになるのだが、秋季入学について、中内さんがこんなことを話していたのを、思い出したので付け加える。

臨時教育審議会の公聴会で鹿児島へ行った時のことだ。ひとりの主婦が、「夏休みの間、私の子供は私が責任を持って育てたいと思います。だから自分としては秋季入学にも賛成です。秋季入学になれば、学校の問題とか、学校の登校日を気にしなくていいので、自分の手で子供を自由に育てられると思います。誰の子供でもなく自分の子供なのです。親としてやるべきことは、しっかりとやりたいと思います」と力強く発言した。

この発言を聞いて深い感銘を受けた。

というのも、子供や教育のことで「先生が悪い」、「学校が悪い」、「社会が悪い」などと責任を他人に転嫁する考え方が充満している時代において「私の子供」と言い切った姿勢が、たいそう新鮮で、つよく心を打たれたからである。と同時に個性をはぐくむプロセスの出発点は家庭にあり、その意味で母親と子供の絆、父親と子供の絆をもっと大切にしなければならない、と教えられたような気がした。

不易と流行

臨教審のヒアリングなどの中で、中内さんが気にかかったというか注目したのが、「不易と流行」である。この芭蕉の理念については、俳句を作る中内さんとしても琴線に触れたのであろう。講演でも社内の会議でも、何回もこの言葉を引用していた。私にも、もっとよく調べてくれと言っていた。

臨教審の「審議経過の概要その三」の中で、この不易流行について次のように記されているので、その部分を引用する。

人間の文化と社会は無常なるもの（＝万物が生滅して、定まりがないこと）、変転きわまりないもののようではあるが、深く洞察してみると、そこには①時代とともに変化していくものと、②時代をこえて変わらないものとがあり、しかもこの両面は複雑に、分ち難く結び付いていることを認識させられるのである。

芭蕉はこれを「不易」と「流行」と呼んで俳諧の基本理念としたが、ここにいう「不易」とは「時代をこえて変わらないもの」の意であり、「流行」とは「時代とともに流れ行くもの」の意である。芭蕉は俳諧の本質をこの永遠性と流動性という二つの相反する面からとらえ、しかもこの両者は「風雅の誠」から出たものであって、根本においては一つであり、一つに帰するものであると考えた。

教育の本質もまた常にこの不易と流行の両面を統一するものとしてとらえられなければならないであろう。すなわち、教育は未来に直面するに際して、常に「時代をこえて変わらないもの」をしっかりと見つめ続け、この不易なものを次の世代に受け継がせていかなければならないし、同時に、「時代とともに変化していくもの」を鋭敏な感覚で受け止め、これに柔軟かつ創造的に対処していかなければならない。

この両面を統一することを忘れて、前者のみに固執すれば、教育は独断、硬直に陥り、後者のみに流されれば、教育は軽佻浮薄に堕するであろう。ここに教育の本質的な難しさが存在している。教育における基礎・基本とは何か、高等教育における教養と専門の関係をどう認識するか等々の、古来論争の絶えない問題の根底には不易と流行をどう認識するかの根本問題が横たわっているのである。二一世紀に向けての教育の在り方を考えるに際しても、この点をしっかりと念頭に置いておくことが重要である。（以下略）

俳諧という風雅の世界と教育の世界が同一に考えられるなら、教育の文字をすべて流通とか商業とかチェーンストアに置き換えられる、と中内さんは受け止めた。事実、われわれ商売を営む人間にとって移ろいやすい顧客に対し、変化対応こそ要諦だとされている。ダイエーでは、中内さんが社員みんなに伝えたいことを『社長ブリティン』という一枚のペーパー・メッセージにして、定期的に全部署に発信している。まだ臨教審の審議が進んでいる一九八六年(昭和六一年)三月の『社長ブリティン』№８７４で、「不易流行」についてダイエーとしてどのように受け止めるべきか、中内さんの口述を私が原稿にした。

不易と流行

変わるものと変わらぬもの

時代は変わる。激しく変わる。当然、われわれも変わらなければならない。しかし、肝心なことを忘れてはいけない。われわれにとって、何時の時代であろうとも、世の中がどう変わろうとも、決して変わってはならないことがある。それは何か。俳諧の世界では、たえず変化するものを「流行」といい、永遠に本質的な姿を「不易」というが、われわれダイエーにとって「不易」なるものとは何か。永遠なるものとは何か。

For the Customers

この創業の理念こそわれわれにとって、永遠にして不変の目標、つまり不易なるものである。この目標の奥行きは広く底は深い。どこまで極めても極め切れるものではない。

表層の流れに目を奪われるな

今、日本は豊かな時代を迎えているという。また、分衆の時代[*2]とも多様化の時代ともいわれている。確かにそういう現象はなくはない。しかし、そのような表層の流れに惑わされて、本当の"For the Customers"とは何なのかが見えなくなっていないか。

われわれが「ダイエーのお客さまのために」成しとげなければならないことは、《よい品をどんどん安く》である。"For the Customers"が永遠の目標であると同じように、《よい品をどんどん安く》もまた不変である。改めて言う。われわれダイエーは、お客様に《よい品をどんどん安く》提供することによって、《より豊かな社会》の実現のために役立とうとしている企業なのである。

基礎基本に立ち返ろう

あまりに当たり前のことを、敢えてくりかえしたのは、「豊かな社会になったのに、いまさら《どんどん安く》なんて時代に合わない」という声が聞かれるようになったからだ。議論は大いに結構である。しかしながら、誤った認識にたった議論は意味がない。

先ず認識しなければならないのは、《どんどん安く》の前に《よい品を》という大前提があることだ。この大前提をなおざりにして、「そこそこのものをどんどん安く」「安く売れるものをどんどん安く」といった安易さが先行し、肝心の《よい品を》が忘れられていないか。「悪かろう安かろう」では、どんな時代でもお客様の支持はえられない。

われわれは《よい品》を《どんどん安く》提供するために働いているのであり、そのためにチェーン展開し、マス・マーチャンダイジングを行っているのである。世の中がどのように豊かになろうとも、人々は常に《よい品を》求め続け、それが少しでも安く買えることを欲するだろう。そのお客様の基本的なニーズに地道に誠実に応えていくことこそが、ダイエーの基礎基本であり永遠の理念であることを、いま改めて全員で確認したいと思う。

中内さんは、自分でペンをとってダイエーの管理職全員にむけて『FROM CEO』という自筆のハガキメッセージを毎週送っていたが、この『社長ブリティン』から一年半ばかり後の一九八七年（昭和六二年）六月一〇日にも下記のメッセージを送っている。

流動化の時代にむかって
過去の成功の経験を追いつづけてゆくことは、必ずそこから失敗への途を歩みつづけていることになる。
21Cを目の前にして、今世紀末でありすべての発想を21Cにその視点をおいて、二〇〇一年から現在を規定しなければならない。
云うは簡単であるが、実行することは至難の業である。
予想は極めて困難である。不可能に近い。今出来ることは何か。
只一つ理念の確立である。不易なるもの
For the Customers
そして流行しつづけるものに、対応しつづけることはできる筈がない。

Customers の needs, wants を商品化して、新しい顧客として the Customers をもう一度発掘することである。それは現在の customers と同じ人々であるべきである。今、ダイエーグループで買物をしていただいているお客様に新しい生活を提案して、その提案を理解して頂き、「もの」と「サービス」を買っていただくことである。「もの」も「サービス」も、お金を支払っていただける商品である。他の店、他のチェーンに絶対に「まねのできない品質」と「まねのできない安さ」の提供であり、「まねのできないサービス」である。

CEO 中内㓛

教育環境の人間化

臨時教育審議会答申では、個性重視の原則、基礎・基本の重視、創造性・考える力・表現力の育成、選択の機会の拡大、教育環境の人間化、生涯学習体系への移行、国際化・情報化への対応の七つを基本原則とした。

この七つの原則は会議でもいろいろ論議された。中内さんはこのことで、第一部会として「個性重視の原則」に深くかかわったが、「教育環境の人間化」にも関心をもった。教育は環境が大切である。設備の充実や不備も問題だが、教室がすさんでいたり不公平だったりといった環境も問題である。今でも、校内暴力やいじめがしばしば報道されている。子供はのびのびと育てたい、そういう環境を整えるべきだというのが答申の原則につながっている。

中内さんは考えた。流通はどうだ。商業環境は、そういう配慮がされているだろうか。これはやはり重要な問題としてとらえる視点が必要だ。早速、中内さんから、商業環境を考えろ、ダイエーの店の環境に問題はないか調べろ、と下命された。いまでは、当たり前になっているが、当時はまだハンディキャップのある方に対して、どのように対応するか、あまり考えていなかった。もともとセルフサービスが基本なので、盲導犬や白杖の方への対応を考えろ、と中内さんに言われたが、店では人手もないし、どうしたらいいのだ、店長が対応するのか、困ったという段階だった。

この時、調査室が問題にしたのが、トイレである。ＣＥＯのところにダイエーの店のトイレが汚いというお客様の苦情が来たことがあった。どうなっているんだ、というので、店を管理運営する営業本部ではなく、社長直属の調査室が調べることになった。

スーパーマーケットは、基本はセルフサービスである。お客様は、自分が欲しいものを自分で選んで、さっと精算してさっと帰る。だから、売場の整備や価格については神経を使う。直接、来店客数や売り上げに影響するので、当然いろいろ厳しい決まりもあり、チェックも働いていて、買い物がしやすいように、清掃や障害物などには注意していたが、トイレは比較的目が届かなかった。抜き打ちでしらべてみると、確かに数が少なかったり場所が不便だったり、汚かったり、荷物が置かれて陰になっていたり、少なからず問題があった。店は商品を並べて売るところ、という認識では、トイレは疎かになりがちだ。むしろコストでベネフィットにはつながらない。

しかし、〈人間化〉という視点を導入してみると、お客様には買い物だけでなく、過ごしやすいとか楽しいとかという場所であるべきだ。こんなことは当然ずっと以前から言われていることだが、できてなかった。それは、じつは店はお客様のためにあるのだという認識そのものに問題があったのだ。人間化という視点を導入してみると、お客様である以前に人間としてどうあるべきかと考えると、トイレなど真っ先に問題になるはずだ。それは、結果としてお客様としての来店も増えて、売り上げにも貢献するだろう。

いまから三〇年前に商業環境にも人間化が必要だ、と着想したのは、やはり中内さんならではであった。

環境省の前身の環境庁は一九七一年(昭和四六年)にできていて、環境という言葉は地球環境保全とか森林や海の環境を守ろうとか、自然環境のイメージが強い。中内さんは、われわれも「商業環境の人間化」をもっと推進せんといかんな、とはじめのうちは言っていたが、やっぱり環境というのはしっくり来ない。何か他にいい言葉はないか、ということになり、〈空間〉にしよう、これからは、「商業空間の人間化」だ、となった。

6 気にかかること

経団連——相手の懐に入らなければ

臨教審という政府審議会の委員になったら、つぎは経団連の役員だ、一兆円企業なのだから、公的な役職につくべきだ。中内さんにはもっとお国のために働いてもらわねば。そのためには、経団連のような公的な肩書が必要だ、と周りから盛んに言ってくるようになった。

中内さんは、経団連は、製造業中心の集まりだと思っている。その製造する側から、ダイエーなどの売る側が、消費者の代理人として価格の決定権を奪い取らなければならないと、ずっと言い続けてきた。

しかし、その製造業の牙城に、外から立ち向かうだけでは事態はなかなか進展していかない、と中内さんは思うようになっていた。いっそのことその牙城に入り込んで、中から経団連を変えてやろう、待っているだけではだめだ。

日本チェーンストア協会を作ったのも、「政治やしがらみを動かすには、個々で戦ってもダメだ。

力が必要だ。そのためには、まとまって発言する必要がある」という考えからで、西友の堤清二さんの意を受けた上野光平さんと中内さんの二人が中心になって立ち上げた。一九六七年(昭和四二年)である。会員数は六九社、店舗数は一〇八七店、売上高は五千億円。これだけまとまれば大きな力になる。ダイエーだけでなく、日本中でチェーンストアの出店が続き、既存の商店街やその票をもらう議員商工族、許認可権をにぎる通産省とぶつかる。チェーンストア協会の創立以来の会長だった中内さんは、この規制の牙城を崩そうと、戦っていた。

そして、一九七三年(昭和四八年)一〇月に大規模小売店舗法(大店法)が成立する。それは、大型店の出店は一定の基準を達成して届け出すれば出店できる、というチェーンストアの要求とはほど遠い、限りなく許可制に近い届出制という法律であった。地元商店街の持つ選挙の票が、商工族の代議士を動かし、その代議士は通産省の役人に圧力をかけて、実質商店街に有利な大店法になってしまった。

この間ダイエーは独自の努力を重ね、一九七二年(昭和四七年)には、三越を抜いて小売り売上高日本一の企業になった。

大店法が成立した一九七三年(昭和四八年)には、店舗数一一一店、売上高四七六五億円の大企業になった。

それでも大店法の影響は大きく、出店には莫大な時間と労力が必要になった。横須賀店など、届出を全く受け付けず、出店まで一三年もの歳月を要した。既成の勢力と対立し、その殻を破り続けながら戦ってきたのだが、新勢力の野人として、一方で力の限界も感じ始めていた。アウトサイダーの暴れん坊でできる限界は越えたようだ。あの体制の中に入って、中から変える必要がある。

あの体制、エスタブリッシュメントは、神戸商工会議所でも関経連でもない旧体制の本丸、製造業中心の経団連だ。一九八〇年(昭和五五年)、時の稲山嘉寛経団連会長(新日本製鐵会長)が、「スーパーみたいな第三次産業の設備投資は歓迎できない。国全体の利益にならない」と発言したが、経団連は時代の変化が何もわかっていない。あの中に入って、第三次産業の必要性を思い知らせてやりたい。平会員では何の意味もない。常任理事という、肩書だけの平会員も山ほどいるのだ。政府や官庁や業界が、どのように経団連の中枢と結びついたり、働きかけたりするのかを自分で見極めなければならない。そして第三次産業こそ、国を支えるのだということを本丸から変えてやりたい。

臨教審の委員になった際にも、中内さんをスーパーの成り上がりとか、規則破りの野人としか見ない人たちが少なからずいた。そんな人の中には「中内さんに教育のことがわかるのかね」「スーパーの安売りと教育はどういう関係だ」「中内君は闇市をやってたんだろ」という声が、私には聞こえてきた。

しかし臨教審に入って、議論が進んでくると「へぇ〜、中内さんもなかなかやるじゃないか。教育のこともわかるんだ」と変わってきた。なんとも失礼な話だが、そんな風潮にもなってきている。臨教審は経済界とは全く別の教育の分野だが、国の審議会に入って初めて政府の手口を勉強するには役立っている。

中内さんも、いままでは体制側は自分の前に立ちはだかる壁で、それをぶちこわしながら前へ進んできたのだが、腕力だけではどうにも越えられない、もっと大きな壁や、いや壁というより、もっととらえどころのないもやもやした空気みたいなものを感じていた。それが何だかわからなかったが、臨教審に入って、お客さんでもなく取引先の企業でも従業員でもない、利害関係のない人々といろいろ議論をし、話を聞いていると知識より何よりも別の世界が見えてきているように感じてきた。

教育についてとか文化について講演させられたり、インタビューを受けたりして答えていることが世間にどう映っているのかよくわからないが、スーパーや流通の中内であると同時に、やわらかい中内が受け入れられている感じがするようになってきたのだ。面白いもので、中内さんだから、また商店街をぶちこわすような勢いで大ナタか大砲で教育界もぶちこわすのではないかと見られていたが、そうでもなかった。

今、日本は大きく変わろうとしている。教育だけではない。経済こそ、大逆転しているのだ。重厚長大から、ソフト化の時代だというのに、経団連の会長は土光さんから稲山さん、そして斎藤英四郎さんも、みな重工業や鉄の出身だ。経団連自身が時代遅れで、変わらなければならない。そのためには中に入るしかないな。

「小榑君、経団連、平会員じゃ意味ないんだ。なんとかせんといかんな」

この時期、中内さんは二か月に一回ぐらいは経団連に出かけている。総会とか政策懇談会には出るし、たまには意見を聞かれたりするが、それはあくまでその他大勢の一人だ。少なくとも委員長にならなければ、経団連入りしたとは言えない。委員長かぁ。正直たいへんだ。常連のサラリーマン社長たちが、一度座った委員長席をしっかり握っていて、もう誰も手放さない。スクラム組んで守っている感じだ。

そこへ、得体のしれない体制破りの力の強そうな野人が入り込むにはどうするか。ダイエーにも、渉外担当の役員は、何人もいる。大蔵省や通産省から天下ってきたお偉方が、中内さんの代理だと言って経団連へ出かけている。しかし、その人たちは泥は被らないし汗もかかない。縁の下の働きより、自分たちが主役になりたい人たちだから、頼んでも無駄だ。そういうことは、中内さんはよくわかっているから、内心は明かさない。でも何とかしなければならない。社長の意向が明確になったからには、自分一人で何とかなる問題ではない。社内で、こういうことを担っている実力者は専務の鈴木達郎さんと、もう一人は渉外担当の総務本部長の末武重郎さんだ。結局、この二人と一緒に三人で何とかしなければならない。

経団連委員長人事は当然斎藤会長が中心だが、事務局の意見も重要だ。経団連に知り合いはいる。三好正也専務理事だ。私の高校、大学の先輩で、顔は知っている。だが、あまり話したことがないので、大学で三好さんとおなじゼミだったという同級生から紹介されて、何回か会った。だが、あまり印象はよくない。三好さんはこれまでも当然のことながら、経団連の会議で中内さんとよく会っているし、何回か夜の会食も共にしている。でも、差しで会ったことはない。中内さんのために何か一肌脱ごうかという雰囲気ではない。事務局の知人にそっと教えてもらうと、「三好さんは、次期事務総長になるつもりだからね、どうしても次の会長も重厚長大、モノづくり企業からだろうから、流通などは視野にない感じだな。なにしろ中内さんは稲山会長にも噛みついたりした暴れん坊だ。やっぱり、経団連は有名財閥系の企業が中心の秩序ある集団なんだ、と思っているようだよ」という。困ったな。

そんな時、経団連が日米経済セミナーをワシントンで開催することになり、中内社長にぜひ参加してほしいということになった。その準備のため、足しげく経団連に通うことになり、経団連事務局のメンバーと打ち合わせを行なっていた。

そのメンバーの一人に、経済広報センターの居林次雄常務理事がいた。中内さんにとても好意的で、助言も惜しまずいろいろ教えてくれた。そのおかげもあって、日米経済ワシントンセミナーも中内さんは大過なくこなして高評価を得た。居林さんは、経団連の秘書室長もしていたこともあり、内情はとても詳しい。それで、思い切って委員長になるにはどうしたらいいか相談した。もともと中内さんには好意を持ってくれていたのだが、すぐに協力しましょう、と応じてくれて、それ以後、鈴木専務や末武総務本部長も交えて話し合った。

すぐに委員長になるためには、誰かが辞めて空席ができなければ無理だ。その時、中内さんの名前を出して斎藤会長にＯＫを出してもらわなければならない。そのためには、中内さんに少し汗をかいていただきたい。海外のセミナーや国内の地方巡業を何回かお願いします。その実績があれば我々も、中内さんはこんなに協力してくれていますよ、と言えます。

でも今のところ当分辞めそうな人はいないなあ。それに、空席ができても、中内さんにふさわしいポストでないとね。金融とかエネルギーでは適任じゃないし。そうだ、いっそのこと、なにか新しい時代の変化に必要な委員会を提案したらどうでしょうか。考えてみてください。

それは何だろう、新しい潮流を受けて中内さんにふさわしくて必要な委員会とは。考えた末、「集客産業委員会新設の提案」と題し、三年前に開園して大盛況なディズニーランドや大型ショッピングセンターは、経済のソフト化時代の生産工場に相当する。経団連も重厚長大型のハードな工場だけでなく、ソフト化にも目を向けるという姿勢も見せられる、というような案を作った。

もちろん中内さんにもみせたが、製鉄の斎藤さんが了解するかね、と半信半疑だった。でも、当時、新日鉄の北九州の工場跡地に、宇宙飛行の遊園地構想[*1]があるとも聞いていたので、これなら斎藤会長ものるかも、と中内さんを納得させて、ＯＫをもらった。それを居林さんが斎藤会長に見せてくれた。それから二週間ほどたった時だったと思うが、経団連から戻った中内さんが、「あの集客産業、面白いですね、機会があったら考えたらいいかもしれないね、と斎藤さんが言ってたよ」とニコニコしていた。

その後、中内さんも米国にも欧州にも経済交流セミナーに参加したりして汗をかいたのに、なにも進展しない。居林さんが、斎藤さんより花村さんだな、とつぶやいた。この時、花村仁八郎さんは経団連副会長で事務総長、広報委員長を兼ねていた。一九八七年(昭和六二年)六月のことだ。居林さんからこんな提案があった。

花村さんと仲良くなる機会を作りましょう。九月に日本・スペイン経済セミナーがマドリッドであり、花村も行きますから、中内さんを団長格にして、ぜひ、一緒に行って下さい。スペインは大臣や財界の大物が出てきますから。人脈づくりにもなりますよ——という提案だった。

このスペイン行きが、じつにうまくいった。中内さんは無骨のように見えるが、先輩を立てるのが上手だ。細かい気遣いを惜しまない。だから、スペインから帰国してほどなく、居林さんが「花村さんは、中内さんにすごく好意的だよ」と花村さんに相談に行く機会を作ってくれた。そして、鈴木さんも末武さんも一緒にお願いに行った。いろいろ話している中で、花村さんが福岡の嘉穂中学校の出身だとわかったとき、私も嘉穂の出身です、と末武さんが打ち明けると、二人で博多弁でしゃべりだした。座はいっぺんに打ち解けて和やかになった。

その翌年の一九八八年(昭和六三年)、花村さんは相談役に退き、広報委員長の椅子を中内さんに譲ってくれた。花村さんさまさまである。

広報委員長の椅子は、中内さんには恰好だった。中内広報委員長の働きは、賞賛に値するものだと思う。じつによく働いた。まず、経団連広報部が全面的に協力してくれたのだ。あくまで私の印象だが、中内㓛というカリスマを、よい形で受け止めてくれた気がした。中内さんのすごいところは、

「何にもわからんから任せたわ、よいようによろしく頼みます」と、まず頭を下げたことだ。エリート官僚の頭が高いのに擬して民僚と称されている経団連事務局のスタッフも、これだけでもう、サラリーマン社長とは違う、とみんなが協力姿勢になってくれた。

中内さんがキャップだから、広報も頑張らねば、新しい取り組みを始めようと積極的に前向きにいろいろ提案してくれた。私が雑誌の出身だということで、まず経団連の月刊誌『経団連月報』の活性化をどうするか、と上田惇生さんや久野桂さんたちと話し合った。そして、まず『経団連月報』を『月刊Ｋｅｉｄａｎｒｅｎ』と表紙もタイトルも変えてくれた。さらに、中内㓛という看板を活用するには、毎号登場してもらって広報委員長連続対談をやろう、ということになった。中内委員長がホストになって月代わりで、各委員長はじめ、いろいろな企業のトップをゲストに迎えて、対談して掲載する企画を始めた。

この試みは、経団連の各委員長や企業のトップと差しで話せるので、期せずして多方面の経営者と知り合いになる。また委員長たちにしても、中内さんとはどんな人間なのか興味があるので喜んできてくれるから、双方に有意義な企画になった。

広報委員会は、中内さんが経済界の首脳たちと懇意になり、経団連で活躍する下地を作るには絶好の委員会だった。その代わり、経団連に取られる時間が大幅に増えて、ダイエー社内の会議や仕事は、否応なしに少なくなっていった。

中内さんの経団連広報委員長、そして副会長就任は、財閥系、重厚長大、メーカー中心の日本の財界の殿堂経団連に、新しい時代の風を入れた功績は大きい。流通や第三次産業が重厚長大に負けない重要な産業であることを認知させたのだから。

だが、ダイエーにとってはどうだったのだろうか。巨艦ダイエー丸の舵は誰が取ったのだろうか。臨教審と同じ一九八四年に始まったダイエーＶ革は一九八九年まで取り組む計画だったが、そのＶ革の船頭だった河島さんは、一九八六年九月にリッカー管財人に就任させられてしまい、船の修理は中途半端のまま、中止されてしまった。

中内さんは、臨教審が終わる一九八七年から経団連の事業や会議に注力するようになり、一九八八年から広報委員長に就任し、ダイエー丸の舵取りは疎かになっていった。しかし、幸いなことに、この時代はバブル景気の華やかな時期でもあり、ダイエー丸の航海は順調に進んでいるように見えていた。

店巡回

中内さんのいろいろある伝説の一つに、店巡回がある。

ダイエーの店に行った際に、売場で気に入らないことがあると、その売場の責任者を怒鳴り飛ばしたり、突き飛ばしたり、ボールペンを投げつけたり、積んである段ボールの山を突き崩したり、その姿は、わがままし放題の暴君だというのである。私は、店巡回にも売場視察にも数多く随伴しているが、残念ながらそういう光景に出会ったことはない。

こんな並べ方はだめだ、早く直せ、これではお客さんの目に触れないぞ、なんでこんな並べ方をしてるんだ、だめだっ……こういう程度のことはよくある。傍目では、怒鳴ると聞こえることも当然だが、本人に言わせると、怒っているのではなく叱っているのだ、こうすべきだという教育であり、しつけだ、というのである。中内さんが教育だという基準は、For the Customersかどうかだ。店はお客さまのためにあるのであって、店長や店員のためにあるのではない。それをはき違えていると、雷が落ちる。

私が目にした例を一つあげる。

リンゴがきれいにピラミッド風に山積みされていて、一つ取り出したら崩れてしまうような陳列があった。お客さまの多くはリンゴを手に取って確かめる、しかし、このリンゴの山に手を出すお客はいない。随伴の店長に、このリンゴを一つとってみろ、と山積みの中ほどを指さした。責任者が一番上のリンゴをとろうとしたら、いやこの中間のリンゴが欲しいとお客様が言ったらどうするんだ、取ってみろ。取れません、崩れます。何でだっ、お客様が手に取れないような陳列を何でするんだっ。

……

これでは、For the Customersではないんだ、誰のための売場だ。こんなピラミッドみたいに山積みして、一つ取り出したら崩れてしまうようなリンゴの山をつくるのに、どれだけ時間がかかっているんだ、人件費も無駄だ。店長、君はこんな売場をチェックしていないのか、それでも責任者か。

伝説だと、ここで、きっとリンゴの山を突き崩すのだろうが、そんなことをしたら売り物に傷がつく。そういうことはしないが、お客様が手に取れないこと、つまりお客様の気持ちになれない売場づくりに、烈火のごとく怒るのである。

通路に段ボールが積み上げられている場合は、いつも怒る。お客様のための通路を邪魔するとは何ごとか、For the Customersではないということだ。

中内さんが店を巡回するのは、店長や管轄の本部長にとっては一大事だから、何とか事前に教えてほしい、というのが店側の要望だ。しかし、秘書室としては、そう簡単に教えるわけにはいかない。前触れもなく、店には準備も心構えもないときに、突然巡回に行くこともある。それは、普段の状態を点検するにはその方がいいからだ。普段は、そんなに気合の入った店にはなっていない。だらっとしているところを見ることになれば、当然大声を上げざるを得ない。常在戦場[*2]を促すためにも、黙って店巡回もありうるぞ、ということにしておくのは、中内さんの意図でもある。

一方、事前に知らせれば、店側は丁寧に掃除をし、品揃えにも気を配る。店員にも所作や挨拶を徹底させる。つまりきちんとした店の整備、管理をすることになる。きちんと準備万端しているのを承知で、店に出かける。

車に同乗していると、異常な光景に出くわすことになる。まず、車が通る道筋に、斥候[*3]のようなのがいて、車を見かけると急に走り出す。そして「来た来た来た」と叫ぶ。その「来た来た来た」の声が、さざ波のように店の方に流れていく。この声は、当然中内さんの耳にも入る。当時は携帯電話などなかったから、とにかく一刻も早く、店長たちに知らせる体制が組まれるのだ。

店では、本部長や店長が迎えるが、必ず従業員入り口から入り、受付で記名して入店する。お客でない人間が入店する際には、例外なく、チェックされなければならないという原則を、率先垂範するためだ。バックヤードの視察も重要だ。

中内さんが来店するのは、ほとんどの場合、オープンの時とか五年前に一度来ただけとかが普通なので、地方に出張などで出かけるときには、巡回を心がけて、当然事前に連絡してからいく。事前に連絡して、「来た来た来た」の出迎えなど無駄ではないかという人もいるが、その緊張感が店には大切だと中内さんは考えて、できるだけ店巡回は行なう。店に着けば、店長は当然応答することになるが、そうでない店員やパートさんたちは、中内さんの姿を見るだけで喜び、声でもかけてもらったら、一生の思い出だという人もいるくらい、ありがたい貴重な機会なのである。

たまたま中内さんが巡回しているところを目撃した人が、鬼の首でも取ったみたいに、大名行列みたいだったとか、帝王気取りだとか、尾ひれをつけて云う人がいるが、それは、ほんの一面しか知らない人の言うことだ。中内さんは店にとって自分が出かけることが、すこしでも刺激になり、緊張や覚醒のきっかけになれば、と思って、疲れ切ってどんなにしんどくても、自らに鞭打って出かけるのであった。

中内潤さん

秘書室は、中内社長対応がメインの職務だが、他の役員の面倒も見ることになっている。それぞれの役員の秘書は、すべて秘書室の管轄下にある。逆に言えば、役員のスケジュールや面会者やお金の使い方はすべて秘書室、つまり中内さんが把握しているということだ。大きな出金には秘書室長のハンコが必要だ。

私はやたらと役員に呼ばれて苦情や陳情を受ける。特に外部から招かれたり天下ってきたえらい役員さんからは、何かと呼ばれて、苦情を言われたり叱られたりするのも秘書室長の役割である。

あるとき、中内さんから特別に頼まれたことがある。潤の面倒を見てやってくれ。えらそうにしていたら知らせてくれ。変な知り合いがいないかチェックするように。とにかく甘やかさないように頼む。

潤さんとは、入社前から中内さんに紹介されて、すでに仲よくしているが、そこは他の役員とは違って遠慮もある。誰が見ても跡取りである。次は潤さんがダイエーの指揮を執るというのは周知のことだ。だから、周りは持ち上げたりおもねったりやっかんだりする傾向は、当然ある。それを気を付けてくれというのが親心だ。ダイエー生え抜きの大学卒で、いま役員や本部長になっているのは四〇から四五歳、潤さんとは一〇歳ぐらいしか離れていない。まだ若者同士で、潤さんの重し役になるのは難しい。その点、私はすでに五〇歳になり、少しは分別があるだろうと踏んだのか、中内さんも、私に潤を頼むと言ったのだろう。

潤さんは、心根はやさしく、頭も図抜けていいわけではないが、そこそこの青年である。おやじさんのように、過酷な飢餓体験も苛烈な生死をさまよう戦争体験もない、何不自由なく育ったボンボンだ。流通革命も、価格破壊も、メーカーとの熾烈なド突き合いの体験もない。とにかく普通の人間なのである。

それが、絶対権力者のおやじさんの下で働くことになれば、そのとたんに普通の扱いがされなくなる。特別に才能が有ったり努力したりして這い上がるのではなく、一挙に特別な人間になってしまう。周りがそうしてしまう。これは、じつに厄介な環境だ。誰でも、この環境では己がわからなくなる。自分が普通ではなく、えらくて特別な人間に思えてしまう。

しかし、周りはそうは見ない。親の七光りでいい気になっている。何もできないのにえらそうにしている。いやでも、そういう声が耳に入る。そうすると、余計に虚勢を張りたくなる。おやじとは違う。俺は俺だ、俺自身だ。負けないぞ、と力以上に見せたくなる。だがおやじさんは、全く例がないほど普通でない。特別も特別、背伸びしても、追いつけるような存在ではない。

中内さんに連れられて、独立重砲兵第四大隊の同窓会の集まりに行ったことがある。酒を酌み交わしながら、何人もの兵隊仲間の話を聞いた。みんな同じ過酷な飢餓体験をした人たちだが、誰もがみんな普通のおじさんだ。戦後はサラリーマンをやったり食料品店の店主だったり不動産屋だったり、普通の人たちだ。過酷な体験があるから、傑物になれるわけではない。

中内さんは、その異常な体験をバネにして、強靭な意志と信念を持ち、たじろぐことなくわが道をまい進してきた類稀な人なのである。その稀有な人の子供だからといって、潤さんがそれを受け継いでいると思うのは、潤さんにとっては迷惑だ。何度も言うが、潤さんは普通の人間なのである。にもかかわらず、中内刃さんの息子だから、跡継ぎでえらいんだ、中内さんと同じようにこれからもダイエーの屋台骨を背負ってくれる。ヨーカドーにも西友にも、ジャスコにも負けないでやってくれるという、根拠のない重荷を背負わされるのだ。

この荷物は本当に重い。本人が自覚しているか、していないかが問題ではなく、現実に耐え切れないほど重い。おやじさんと同じようなことなど、できる筈がないのだから。

まず時代が全く違う。戦後すぐの混乱、その後、高度経済成長期が長く続いた。神武景気とか岩戸景気と言われたくらいだから、歴史上でも、稀な時代だったのだ。その時代にぴったり合ったビジネスモデルが、中内さんが開拓し推進してきたチェーンストア、マス・マーチャンダイジング、スーパーマーケットなのだ。しかし、その高度経済成長の時代は終わった。中内さんの成功体験はもう時代の役割が終わったのである。潤さんが引き継いだら、これからの時代に合わせた経営にまい進すればいいのだ。

しかし、ダイエーは大きくなり過ぎた。しかも、多角化で、わけのわからないことに手を出し過ぎた。おやじさんは手を広げ過ぎて、どうしようもなくなってきている。そんな時に、潤さんが副社長になった。三三歳。二兆円の大企業の後継者だ。

おやじさんに頼まれて、あらためて潤さんを見ると、虚勢を張っているのがよくわかる。負けまいとして、胸を張り、言葉遣いにも無理が見える。本人はそんなことはないと言い張るだろうが、自覚していなくても重いんだろうなと思う。

潤さん、誰もがおやじさんと潤さんを比べるだろうから、背伸びをしたらダメだ。比べられないことをやろうと提案した。おやじさんはいろんなものを持っているが、持っていないものがある。潤さんはそれを持とう。俺にはおやじにないものがある、というものをだ。それは何か。それは友だちだ。友人。仲間。それは会社の人間ではない。利害関係のない、助け合える仲間だ。それはおやじさんにはない。悲しいかな、おやじさんにはすり寄ってくる利害関係のある知人はたくさんいるが、本当の友だちはいない。自分からそうしてきたのかもしれない。

しかし、おやじさんも人間だから、寂しく空しくなることがある。でも、声をかけられるのは、雇用関係の人間しかいない。いざ出かけて、入るところといえば、いつもダイエーの関連企業だ。それでは心の休まるときがないだろうと思うが、それが苦にならない。みんな自分のものだと思っているからだ。それが中内㓛なのだ。

しかし、私には「どこかダイエーと関係ないところへ行こう、どこか知らないか」と言ってきた。そこで、私の小学校の同級生がやっている新橋の烏森の小さな居酒屋へ連れて行った。間口一間四人並んだらぎゅうぎゅうというカウンターの奥に、二畳ほどの畳部屋がある。もともと中内さんはあまり酒は飲まないが、この時は結構飲んだ。吉兆や新喜楽などの高級料理とは全く違うが、つまみがうまい、天ぷらもうまいと言って、なにを話すわけでもなく、気にする人目もなく、ゆっくり時を過ごした。この店には、おい、あそこへ行こう、と三回か四回ほど、二人だけで行った。

あの鋼鉄のようなおやじさんですら、自分を取り戻す時間が必要なのだ。まして普通の人の潤さんが、おやじさんのように、ひとりで頑張ろうとしても無理だ。おべんちゃらやお世辞を言わない、利害関係のない仲間づくり、潤サポート体制をつくろう、潤さんのトモダチ作戦だ。潤さんがこれから険しい道を歩いていくのだから、そういう時に助け合える友をつくろう。しかも役に立ってくれそうなネットワークをつくろう、そう提案をした。

私に腹案があった。中内さんと二か月に一回程度に会合を持っているVOFという若手のグループがある。役人もいればサラリーマンもいる。VOFはVoice of Futureだったたか、海外留学経験者が同窓会みたいに気ままに集まる会で、私も出席しているが、彼らの持ってくる話題が、時に面白いこともあって、中内さんにしては珍しく飽きずに続けている。その中に、谷弘一という経済官僚がいた。役人離れしていて、面白い。中内さんにも全くおもねらないで、ずけずけと物を言う。潤さんより一〇歳ぐらい上だが、腹蔵なくこういう態度で接してくれる仲間が必要だ。

もう一つ、私の下心としては、単なる気の合った学友みたいな仲間ではなく、ちょっとお兄さんで、潤さんそれは違うよとたしなめてくれたり、困っているときには手を差し伸べてくれるようなそんな仲間が五、六人いたらいいな、と思っていた。だからVOFとは関係なく、谷さんに会って、潤さんの仲間づくりを手伝ってほしいと頼んだ。そうしたら、谷さんが「それは面白い、できれば、いろんな省庁の面白い奴を知っているから、そいつらで一度会ってみるか」と乗ってきた。そしてさらに、「俺が集めるのでは重しが利かない。やはり、この人が声をかけてくれるなら参加する、というような重しの人物が必要だ。そうでないと、すぐばらばらになってしまうからね」「でも、そんな重しになるような人はいるのですか」「いるんだ。俺の上司だけど、絶対潤さんの相談役になってくれるよ」「誰ですか」「星野進保という人だ。経済企画庁の局長で、みんなに慕われている人だ。この人なら、ひとかどのサムライを集められる。各省のサムライ連中と知り合いになっていると、潤さんもきっと役に立つことがあるよ」というわけで、谷さんと一緒に星野さんに会いに行った。なるほど、この暴れん坊の谷さんが敬慕する人物だ。星野さんの重しと谷さんのネットワークで、ひとかどのサムライが一〇人ほども集まった。利害関係は一切なし。潤さんの友人として、言いたいことを言ってくれる人、私の秘かな気持ちとしては、潤さんのブレーンとして助けてもらえる仲間になってほしい、と思った。

この会は、ロジスティクス研究会と名付けた。兵站。おやじさんが、フィリピンで痛感した流通の原点である。流通はまさにロジスティクスだ。日本のロジスティクスを担う潤さんになってもらう会だ。そのために潤さんを叱咤激励する会だ。

この会は、中内さんが亡くなり、ダイエーが消滅した後も、今でも続いている。

7 流通科学大学

流通科学大学第一回入学式挨拶へ

「困ったんや、誰か流科大の責任者に適当な人間はおらんかな」と、出社するなり中内さんは言った。一九八九年（平成元年）八月一七日の朝である。

「でも、今、ちゃんといるじゃないですか」「それがなあ、評判悪くてな、神戸市のほうも、教員の先生方もあいつじゃ、もう協力できんと言うて来てな。だれか代わりになりそうなのを探してくれや」「でも学長は何もおっしゃいませんよ。それに流科大は、ＣＥＯの最も大事な、ご自分の財産じゃないですか。役員クラスで、大学の経営もできるような、そんな人はいませんよ」「だから困っているんだ。とにかく、何とかせなあかん、誰か大学の常務理事事務局長にふさわしいのを探してくれ」

流通科学大学。中内さんが自身の資財三〇億円を寄付して、一九八八年（昭和六三年）四月に開学した大学である。この大学は、自分がつくった学校法人中内学園が運営管理をしている。中内さんにとっては、大事な大事な自分個人の宝物みたいなものだ。

一九七九年（昭和五四年）五月、流通関係の大学設立構想を発表し、それから九年経って、やっと八八年（昭和六三年）四月に、学校法人中内学園が流通科学大学を神戸市西区の学園都市に開学したのだった。

名を成し財を築くと、学校をつくりたがるというが、実際にそれが実現できた人は極めて少ない。中内さんも、大学構想はぶち上げたが、結局無理だろう、と口さがない神戸の経済人がやっかみ半分に噂していたが、見事に開学したのだった。

この大学をつくるにあたって、中内さんは、臨教審でいろいろ学習してきたので、君も参画しろと引っ張り出された。大学は象牙の塔[*1]ではない。学問の府などと閉じこもらずに、社会に開かれた存在であるべきだ。塀や垣根を作るな。生涯学習にも利用されるようにしたい。学生食堂などではなく、レストランをつくれ、大学の一番玄関みたいなところに、地域の誰でも入れるようなファミリーレストランをつくれ、学生に便利なように、ローソンもつくろう、と次々に号令したのだった。

この大学設立準備室の担当者は、ダイエーや関連会社から選抜された教育とは関係ないメンバーだが、大学は神聖な場所で、ダイエーとは全く別のもの、と思い込んでいる。相談に乗ってもらっている教育関係者からも、神聖な学問の府だからくれぐれも、商売とは違うことを強調されつづけている。食堂も売店も、大学生協が運営し、安いのが最優先。外部の人は入ってこないのだから、大学の奥の方でいい……そう思い込んでいる。そこへ、食堂じゃない、ファミリーレストランをつくるんだ、地域の人たちも食べにこられるように大学の一番前につくれ、ローソンも必要だ、などとともないことを中内さんが言い出した。

しかし、担当者の面々は、「そんなことありえない、冗談でしょ、大学ですよ、大学は商売したらいかんのですよ」という顔なのだ。こりゃだめだと中内さんは思ったようで、急遽私が呼ばれた。そして、「みんなに説明してやってくれ、私が言っても信用しないのだ、学生食堂だから安くてまずくていいと思い込んでいる。地域の人たちが喜んで食べたいと思うようでなければ、これからの学生は集まらんぞ」

私が、「CEOの言うとおりです。これからは一八歳人口がどんどん減る。魅力ある大学でなければ、学生が集まらない。もう刻苦勉励の時代ではないのだ」と一生懸命説明するのだが、やはり誰もが、そんな馬鹿なという顔だ。

当時は、大学は塀で囲まれた学問のための別世界、というのが常識だった。特にプライドの高い大学関係者はそうだ。その人たちの意見を聞いてきた大学設立の担当者と設計事務所の担当者が、CEOはあんなこと言ってるが、後でひっくり返ることはないだろうな、と私に念を押しに来た。特にレストランを玄関につくってしまったら、取り返しがつかない。あれは間違いだったと後で言われても、CEOと小榑さんの責任ですからね、地域への開放なんてありえない、と逆襲された。ローソンについても、ダイエーは神聖な大学でも金もうけをする気かと言われますよ、と納得しないので、説得するのに大変だった。

中内さんは中内学園理事長で、学長は森川晃卿先生、元大阪市立大学学長、のちに相愛大学の学長だった先生である。中内さんがつくる大学だから、というので優秀な先生方が教授陣に名を連ねて下さり、大きな期待をもたれて開学したのだ。

開学当初は、商学部一学部だけで、流通学科一五〇名、経営学科一〇〇名の二学科、計二五〇名の定員だった。入学金三〇万円、授業料二二・五万円、施設設備拡充費二七万円、計七九万五千円が入学時の必要金額で、後期授業料が二二・五万円だから、初年度は一〇二万円、とにかく、前評判は上々で応募者は多く、関係者は胸をなでおろしていた。

翌一九八八年四月の入学式には私も出席した。前日、大学の事務局から理事長のあいさつ原稿を渡されて、あまりに型どおりで、中内さんのあいさつらしくない。「流通を科学する大学をつくる」というのが設立の趣旨だが、それだと科学するとはどういうことか、を説明しなければならない。それは科学的にだ、という堂々巡りの生煮えの話しか話せない。三分で終わってしまうし、それは、学長が話すことだ。中内理事長の話すことではない。中内さんに相談の上、急遽、その夜に作りなおした。大事な流通科学大学船出の、理事長訓話である。うまく話してくれるかどうか気になっていた。中内理事長は、自分の思いとしてこの訓話をした。

これを書いたのは私だが、中内さん自身が臨教審で委員のみんなと話し合いながらたどりついた教育観であり、それは流通科学大学への心からの願いである。

この訓話の最初に出てくる「大学会館にある定礎」に、何を記そうかと中内さんから相談を受けた時、以前に臨教審委員の内田健三さんと三人で話していた時のことを思い出して、提案した。その時、内田さんはこんなことを言った。「学校のいいところは、友に巡り合えることだ。大学は、学ぶとか教えるということも大切だが、生涯の友と出会うことも大学の重要な役割ですね」。これを聞いて中内さんもそうだそうだと納得していたので、この「有朋」の一節を提案したら、「そうだ、それがいい、それにしよう」と言って、定礎に揮毫したのだった。あいさつ原稿をここに再録させていただく。

流通科学大学第一回入学式　理事長あいさつ

私は、本学の定礎に有朋自遠方来。不亦楽乎（朋有り、遠方より来たる。亦楽しからずや）と記した。これは孔子の「論語」の冒頭の一文です。今日、本学に入学した諸君に今あらためて、この一文を送りたい。

子曰、学而時習之、不亦説乎。有朋自遠方来、不亦楽乎。人不知而不慍、不亦君子乎。（子曰わく、学びて時にこれを習う。亦た説《よろこ》ばしからずや。朋あり、遠方より来たる、亦た楽しからずや。人知らずして慍《うら》みず、亦た君子ならずや。）

この文章の意味は、「学んだことを常に復習し、実習すると身につく。なんとうれしいことではないか。そうしていると遠方から同学の士が訪ねて来てくれる。それと話し合うのはなんと楽しいことではないか。そして世人が自分を認めてくれなくても、不平不満を抱かない。なんと立派な人間ではないか」ということです。

ここで孔子が言っていることは、「人間は、生涯学び続けなければならない」、つまり「生涯学習」のすすめであります。孔子は机上の空論を嫌いました。「学びて時にこれを習う」、つまり「学んだことを常に復習し、実習することが大切であることを説いています。

孔子はこうも言っています。

子曰く、吾嘗て終日食わず、終夜寝ず、以て思う。益無し。学ぶに如かざるなり。（衛霊公第十五）

この意味は、「私はかつて一日中食事もせず、夜は一睡もせずに専心思索したが無益だった。こういうことは先人に学ぶことに及ばない」

つまり、「ただ単に、物思いにふけったり考えたりするだけでは、本当のことはわからない」と言っています。大学は「学問の府」であるとされていますが、徒に理論ばかりをふり回していると現実から離れてしまう。

「現場から学ぶ」つまり実習することが重要なのです。

ご存知のように、本学は「オフ・キャンパス・プログラム」を実践し、現実の世界で実習することを取り入れております。まさに「学んで時にこれを習う」を実践しようとしているのです。

さて、みなさんは、高い競争率を勝ち抜いて合格したのですから、みな優秀な能力の持ち主でしょう。

しかし孔子は、人間には四種あると考えていました。

生知、学知、困知、下愚《かぐ》の四種です。

孔子は下愚を最も嫌った。下愚とは「学ぶ意志を放棄した者」です。学ぶ意志のない者に、いくら教えても無駄です。

西洋の諺に「のどの渇いていない馬を水際まで引っぱって行くことは出来ても水を飲ませることは出来ない」というのがあります。

水際まで引っぱっていくのは教育、水を飲むのは、自分です。自ら学ぶ、それが学習です。

つまり、自ら学ぶ意志がなければ、どのように優れた先生がいいことを教えようとしても、全く身につかないのです。

どうぞ、下愚にならないようにしてほしい。

「学ぶべき時に謙虚に学ぶ」という姿勢をもちつづけてもらいたいのです。

さて、「朋あり、遠方より来る、また楽しからずや」です。

流通を科学しよう、流通を学ぼうとする同じ志をもった者たちが、ここ、流通科学大学に集い、出会うのです。世界中からここに集まり、話し合い、啓発しあうのは、どれほど楽しいことか。

お互いに知的に刺激し合い、知的によろこび、インテリジェンスを高めるのです。

人生は出会いです。

今日、諸君はこの流通科学大学で多くの友に出会った。この出会いを大切にし、学習をつづけていってほしい。

流通科学大学事務局長

ところで、大学の事務局長の代わりを至急に探さなければならない。

ダイエーは人材豊富だと言われているが、商売の売り買いや商品の仕入れ、品質などの見きわめに長けているのはたくさんいても、大学の経営など、月世界の出来事と変わらないくらいチンプンカンプンのことだ。現に今の事務局長は、専門はフーズ、特に肉の専門家である。これまでもダイエーの発展には大変な貢献をしてきた優秀なメンバーの一人で、中内さんの信任も厚くダイエーの取締役でもある。食品についてなら人後に落ちない自信があるが、大学の経営がうまくいかないといわれても、それは無理というものだ。まして開学してまだ一年ちょっと、お客さんは二十歳前の学生、そこへ気難しい大学の先生が相手である。

もっと厄介なのは、中内さんも言っていた、神戸市だ。大学設立には広大な土地がいる。神戸はすぐ前が海で、後背地は六甲山の山脈が迫っていて、平らな土地が乏しい。神戸市は株式会社と言われるくらい商売上手だが、知恵者がいたようで、山を切り崩して海に埋め立てて、平らな土地を造って、海運施設や企業や住宅に利用しよう、というプランが一九六〇年代から実行に移されてきた。

また、山を切り崩して、海の埋め立て用に土砂が運ばれた跡地は、平らに造成してまた利用できる。海にも土地を造り、山にも新規に土地ができる。一石二鳥の大儲けである。この山を平らにしたところの一つが、神戸研究学園都市と名付けられた。市営の地下鉄が敷かれて、三宮から二二分で来られる便利な地域である。研究学園都市と名付けられたように、大学や研究機関を誘致する計画で、中内さんはそれに乗った。

流通科学大学のほかにも、神戸商科大学(現兵庫県立大学)、神戸市外国語大学、神戸芸術工科大学、神戸市看護大学などが設置されることになっていた。その土地代はもちろんただではない。当初開学までは八万五三六三・九七平方メートルを購入、さらに将来を考えて地続きの五万平方メートルを購入予定にしたいと神戸市に申し入れていた。その辺のやり取りで、神戸市とはいろいろもめているようだった。

また、教員も、中内学園との契約になるので、当然事務局の仕事になる。プライドの高い先生もいるから、取引先や納入業者相手のようなわけにはいかない。不満を中内さんに訴える先生もいる。

そして、もっとしんどいことがあった。資金である。土地の購入も済み、建物ももう造ってしまっている。一方、収入はと言えば、学生の授業料とか納付金しかあてはない。しかも学生はまだ一年生だけで、四年そろってはじめて全部の収入になるのだが、教員や職員の給与は、今から発生している。

絶対、無理なのである。今の事務局長の評判が悪いというが、これでは不機嫌になるのも仕方がない。誰が事務局長になっても、うまくいくはずがない。ダイエーの人事に相談しても、無理ですね、誰も行きたがりません、である。中内さんが、どうした、誰もおらんのか、と聞いてくる。「難しいです」と答えると、めずらしく怒鳴りもせずに「困ったあ、困ったなあ」と、ため息をついている。「本当に困ったのですか」と改めて念を押した。「おう、困った。本当に困った。ダイエーも大切だが、流科大はな、金も出したが、私の個人的な、何というか夢みたいなものだからな、何としてもうまくいかせたいんだ」

こんなことはめずらしい、というより初めてである。

「どうしても、というなら、私が行きます」と言った。

中内さんは、えっ、という顔をして、「そりゃいかん、君はだめだ」

「でも、どうしようもないのでしょ、他に適当な人はいません。私なら、臨教審をお手伝いして教育のこともずいぶん勉強もしたし、文部省とも仲良しだし」

「経団連はどうするんだ、君がいないと経団連の雑誌はどうするんだ。毎月の対談だってある」

「それは、みんな経団連の広報がやってくれますよ。上田さんにまかせておけば大丈夫です」

「……」

本当の本音を言えば、私は疲れ果てていた。このままだったら死んでしまう。

中内さんという人は、こいつは使えるなと思うと、とことん仕事を言ってくる。何かのプロジェクトなら、その仕事が過ぎればそれで終わるが、秘書という仕事には、際限がない。土曜も日曜も、中内さんは店の巡回やほかの百貨店の視察に出かける。そういう時には、単なる社員の秘書よりも、管理職の秘書室長ならいくらこき使っても、文句は言わない。いや、言えない。それに、単なるアテンドの秘書よりも、少しは話し相手にもなる私について来てくれという。

社内の会議も、関係ないと思う会議にまで出ろ、という。そして後で、「どやった」と感想を聞くのである。だからいい加減な出席はできない。外部の来客にも同席させられる。でも、こういう仕事は責任がないから、苦にはならない。普通の秘書は、せいぜいここまでだが、私が大変だったのは、調査室の実務も兼務していることだ。中内さんの代理で書くべき原稿が、社外から依頼される分だけでもかなりの数になる。また講演の台本も対談や座談会の資料も用意しなければならない。そのどれもが中内㓛の名誉と見識が問われるのだから、疎かにはできない。

ダイエー本社HOCには図書室はないので、資料が欲しいときには、自転車に飛び乗って近くの港区立図書館に行く。それでも足らないときには国会図書館や、直接取材に出かける。普通の秘書室長は、もっとえらそうにしていて、自転車で走り回って取材などしない。しかし、私はそういうことは、もともとの仕事だから慣れているから平気だが、他の会議や来客との面談は、時間が取られるのでかなわない。結局、寝る時間を削るしかなくなり、横になれるのは毎日三時間か四時間。帰宅はできないから近くのホテルを取っているが、そこへ行って横になる余裕もなくなり、調査室の床で眠るしかない。それがもう、二年も三年も続いているのだ。

このままだと、からだが持たない。死んでしまうと思った。だから、えいやっ、流通科学大学には私が行きます、と買って出たのだ。自己防衛、自己保存本能のとっさの決断だった。

鈴木さんとの話、そして流通科学大学へ

翌朝、おはようございます、と言う私に、「あのなあ、いろいろ考えたが、やっぱり臨教審だな。君しかおらんわ。文部省の人脈もあるし、ご苦労だが、神戸へ行ってもらおうか。それから、すまんけども、潤のことも神戸のほうの秘書も兼務してもらうからな」

突然の人事異動だった。みんなびっくりした。幹部の人事異動には、人事本部長だけでなく、ほとんどの場合、副社長の潤さんと鈴木達郎専務が事前に関与する。しかし、その二人も全く知らないうちに決まったので、なんで知らせてくれなかったのだと二人から絞られた。

じつは、鈴木さんとは、これからのダイエーについていろいろ話をしていた。

鈴木さんはこう言う。

ダイエーはいろいろな問題を抱えている。一番の問題は社長の中内さんにあるのだ。社長が何をしているかが、全くわからない。勝手な約束をしてくる、怪しい買収話も請け負ってくる。役員会など全然意味がない。危ういことがこれまでもたくさんあって、途中で止めるのに大変だった。つまり、会社は、誰のものか、ということを、中内さんは自分のものだと思っている。それでは困るんだ。自分は労働組合の管掌役員をずっとやってきたが、このダイエーには正規で一万五千人、パートさんや関連会社を入れると一〇万人も働いて食っているんだ。家族もいるんだ。自分の主義主張だけで、勝手なことをしてはいけない。だから社長室と連携しないといけないのだが、小榑さんになって、はじめてこうやって腹を割って話せることができる。それが、急に勝手に異動されたら困るんだよ。

あらゆる情報が、社長室に囲い込まれているので、全くわからない。潤さんも知らされていないことが多い。今までの秘書室長の役員は、社長室のことは絶対に秘密だからと言って抱え込んで、相談相手にならないと、鈴木さんからは何回も聞かされてきた。

とは言いながら、秘書室長が社長のことだけを最優先に考えるのは当然ではないか。また社長のことを外部に漏らすのもルール違反で許されないはずだ。これまでの秘書室長が間違っていたわけではない、と私が言うと、鈴木さんから、社長のことだけではなく会社全体のことも考えてくれなければだめなんだ、会社の存続に関する情報も、社長に独り占めにされては困るんだ、とこれまでの困った独断の事例を打ち明けられた。

また、鈴木さんは、潤さんのことをこう言っている。

潤さんは、普通の人間だ。苦労はしていないが、話せばわかる。中内さんの息子だというだけで、副社長になっているが、本人もそのことはわかっている。俺には何の実績もないとわかっている。普通の人間だ。中内㓛という人は天才というか革命家というか特別な人だから、あの人は人の言うことを聞かない。なんでも自分が一番だと思っている。河島さんにV革で助けてもらったけれど、結局追い出してしまった。人には任せられないんだ。

でもこれからは時代が違う。おやじさんではあぶない。その点、潤さんは普通の人だ。だから、話もよく聞いてくれる。これからは、おやじさんより潤さんに頑張ってもらわなければならない。会社のためにも社員のためにも、ダイエーを担って、普通の人の判断をしてもらわなければならない。

中内さんも、河島さんや社員上がりの役員では経営を譲らないだろうが、潤さんなら譲るだろう。いまその準備をしないと、またすぐにV革が必要になる。でも、その時はVにはならないよ。つぶれるかもしれない。あの人は、思い込んだことは間違っているとわかっても曲げない人だ。何とかしなければならない。そのためには、話の出来る秘書室長というのは、とても重要なんだ。それなのに、突然、流科大へ行ってしまうというのは、一体どういうことか、と鈴木さんから本気で糾弾された。

そう言われても、中内さんと二人だけの話の流れで、急に決まってしまったことだから、仕方がなかった。

事務局長の仕事は寄付集め

私は一九八九年(平成元年)九月一日から、ダイエーの取締役のまま流通科学大学の事務局長に就任した。

だが、着任してだんだん事情がわかってくると、正直後悔した。中内学園というのは、実態は流通科学大学と一体だから区別はつかないが、教員も事務局も、雇用主は法人の中内学園である。その中内学園の佐々木孝良常務理事が、私にこう話した。

「当初、中内さんは六〇億円寄付する、ということになっていたので、土地の購入も建物の建築費もそのつもりで計画し進めてきた。しかし、実際には三〇億円で、これでやってくれということだ。だから資金は半分でやらなければならない。参ったよ、全く困った。あとの三〇億は、あちこち企業から寄付してもらわなければならない。商品部にも、頼んでいるのだが……」

こういうことを、この原稿で書くのがいいのかどうか、だいぶ悩んだが、それを書かないと話がつながらない。

ここで書かなくても、たくさんの企業関係者はすでにわかっていることであり、ダイエーの商品部の担当者も、みな指示書を受け取って、寄付のお願いをして回っているので、周知のことだから、書くことにした。結局、私の最大の仕事は寄付をもらい歩くことだった。教育知識も臨教審も文部省も、当面関係ないのだ。

だが、全く知らない会社に、飛び込みでごめんください、寄付をしてください、と行っても玄関払いをされるだけだ。ダイエーの商品部と取引のある企業、つまり食品や日用品や家電の会社やバックヤードの機器、器具や、集計管理のコンピュータ会社など、商品部やシステムの担当者とともに、大学の責任者として寄付のお願いに行くのである。一〇〇万円ずつお願いしても一億集めるには一〇〇の企業に寄付してもらわなければならない。それを三〇億とは、どういうことだ。できれば、一千万、二千万いただきたい。寄付集めが優先で、大学の経営をしている暇はない。中には、こんな嫌味も言われる。「大学をおつくりになるのは結構ですが、トヨタさんも大学をつくりましたがね、全額自前でやっていて、外部から寄付など一切いただいてないということですよ。ダイエーさんは違うのですね」

そして、しばらくたった時、中内さんから直接電話がかかってきた。そしてぶっきらぼうに「寄付をもらうのは即刻やめてください。公取に苦情が行った」。つまり、「優越的地位の濫用だ」と苦情が届けられたのだ。

優越的地位の濫用とは、自己の取引上の地位が相手方に優越している一方の当事者が、取引の相手方に対し、その地位を利用して、正常な商慣習に照らし不当に不利益を与える行為のことです。この行為は、独占禁止法により、不公正な取引方法の一類型として禁止されています。（公正取引委員会ＨＰ）

例えば、食品会社などはダイエーとの取引量は、とても大きい。だから、その会社にしてみたら、商品を店内に陳列してもらう場合、同業他社よりも少しでもお客さんの目に触れるところに並べてもらいたい。どこに陳列してもらえるかどうかは、業者にとっては売上げに響く非常に大きな問題だ。また、ダイエーにそっぽを向かれると困るから、ダイエーさんの言うことには逆らえない——ということは、ダイエーが優越的地位であり、それを濫用している。拒否しにくく、強制と受け取られる。違法だ、ということである。

私は、ダイエーの商売とは関係のない流通科学大学として寄付をもらいに行っているのだが、ダイエーの商品部から紹介され、中内さんの大学となれば、無関係であるなどとは誰も思ってくれない。ただでさえダイエーの決算の数字を合わせるために、取引先にはいろいろ無理をお願いしていることぐらい、私でも知っていることだ。

とは言いながら、中内さんが電話をかけてきて、やめてくださいと言われても、ではどうしたらいいのだ、金がなければ、先生や職員の給与も払えないし、教育研究費も土地代もどうしたらいいのだ。私の前任者が音を上げるのも当然である。

しかし、私としてはやめるわけにいかない。優越的地位の濫用ではありませんよ、あくまで大学の人材育成という高尚な目的のために、ご寄付をお願いするのです、と、私は言葉に注意しながら、寄付をもらいに歩いた。

じつは困ったことは、もっと他にもあった。神戸市である。土地代を早く払え、約束を守れ、もし払わないのなら、増設予定地として確保している五万平方メートルの土地はなかったことにする、と強硬なのだ。中内さんは市長や助役と当然懇意であり、お互いやあやあの仲だが、担当者はそうはいかない。担当者としての責任もメンツもある。毎年、帳尻を合わせなければ、未収入として責任が問われる。ダイエーさんだからとか、中内さんだから大目に見るわけにいかないと、ものすごく強硬だ。筋が通っているから、上の方もまあまあ、大目に見ろというわけにいかない。

これには、全く弱った。相手の立場もよくわかるだけに、参った。できるだけの資金を調達し、日参して頭を下げた。頭だけでなく、膝をつき、土下座をして申し訳ないと謝った。土下座なんて、これまでしたことがない。自分の過ちでも頭は下げたくないが、なんで俺がこんなに怒声を浴びせられ、土下座までさせられるのか、内心屈辱で震えた。涙があふれそうで、必死にこらえた。

担当者もさすがにそれ以上は責めなかった。小榑局長みたいに土下座をされたら、これ以上言えません、と手を貸して私を立ち上がらせた。こんなことをしているとは、中内さんはもちろん知らない。でも、金はないのだから、私にできることは、それしかなかった。なぜ、こんなことを書くのか。恥ずかしくないのか。

私は、この時、ダイエーに入ってまだ五年ほどしかたっていなかった。しかもその五年間はこれまで書いてきたように、ダイエーの現場をほとんど知ることなく、中内さんに重用され、秘書や経団連や臨教審などの対応に明け暮れてきた。また原稿の代筆やスピーチライターとして頼りにされてきた。仕事は大変だったが、売上げだとか借金だとか決算だとかの金銭に絡んだことではなかった。

この流通科学大学の経営に携わり、初めてその修羅場を体験したのだった。いろいろと、話には聞いていたことだが、中内さんがダイエーの経営会議で、売上げの上がらない部署への強烈なまなざしや、店の売上げや予算必達や経費削減の現場で見せている非情さと同じなのだろうと実感したのだ。

しかし、売上目標にしても、その目標が実現可能なのか不可能なのか、本当に考えているのだろうか。フィリピンの日本軍の兵站とどう違うのか。

だが、考えると三〇億円というのはたいへんな大金だ。これを教育のために寄付すること自体すごいことではないか。自費で、流通を科学的に学問する、その研究や教育のために三〇億円も出す人がほかにいるだろうか。同じスーパー業界の創業者仲間のヨーカドーの伊藤さんもジャスコの岡田さんも、西友の堤さんも、誰も三〇億円の寄付なんて、そんなことしないのではないか。そう考えると、やっぱり中内さんはすごい、と私は思う。そうは思うが、しかし、目の前の支払いや神戸市の担当者の顔を見ると、コンチキショウめと思うのも、また事実だ。

そんな時、信長と秀吉の金ケ崎の退き口の話を思い出した。

織田信長が越前の朝倉義景を攻めた時、味方だと信じていた妹婿の浅井長政の裏切りにあい、挟撃の危機に瀕した。そのとき、信長は、わしは逃げると即断、とっとと真っ先駆けて撤退してしまい、秀吉軍は残って最も過酷なしんがりを務め、多くの家来とともにぼろぼろになりながらも、信長の撤退を果たさせるという講談話である。諸説あって何が本当かはどうでもいいが、とにかく、殿は無事に逃げおおせる。殿が大事。信長はけしからんなどと歴史は言っていない。信長は立派なのだ。その殿のために、ぼろぼろになる人間も必要だということである。

サラリーマン社会にはよくある話だし、ダイエーでも、いろいろな場面で、このような展開がされているのだ。だが、それがわかった上でもなお、これは参った、どうしたらいいんだ、ということにさらに直面した。

前にも書いたが、大学の定員は商学部流通学科一五〇名、経営学科一〇〇名、計二五〇名。学生一人当たり授業料や手数料等含めて、おおざっぱに一年で一〇〇万円。それが二五〇人分だから二億五千万円の収入。まだ一年生しかいないが、三年後には四学年そろうので四倍の一〇億円が年間収入だ。しかし、教員五〇人の給料は今年度から発生している。事務局員もそうだ。これにこの規模だと管理費や維持費などの固定費は学生数にかかわらず、最低一五億から二〇億はかかる。そこへ新規土地購入の費用が加わると、全く予算が成り立たない。

収入は学生からの授業料などの納付金と寄付金しかないのだから、最低でも一学年五〇〇名つまり四年生までそろって、二千人で二〇億円ないとやっていけない。こんな簡単な計算なのに、なぜそれを無視して始めたんだ。こんな経営計画など誰が立てたんだ。一刻も早く定員を増やさなければ、この大学はつぶれるぞ。

しかし、臨教審でさんざん審議したように、一八歳人口は確実にどんどん減少する。だから文部省は定員の増加や新学部の増設は一切認めないことに決めている。それは中内さんが一番わかっているはずなのに、どうしろというのだ。自分の大学の経営はめちゃくちゃだ。

こんな経営の成り立たない大学を設立する者の気が知れないが、それが私の殿だ、親分だ。しかも、私は自分から進んでここへやってきた。まぬけだな。

結局私は、寄付をお願いしに企業行脚するしかなかった。この話を、ダイエーの気の置けない本部長にこぼすと、「小榑さん、そんなの当たり前ですよ。予算は、必達が至上命令。実現可能な数字を出すと、こんな売上げでどうする、と怒鳴られる。仕方がないからもう少し数字を載せると、必達ができないから、また取引先にお願いして埋めてもらう、それの繰り返しですよ。でも、大学もそうとは知らなかったな」

文部省からの依頼で、流通科学大学にも文部省の古手が天下ってきているので、その方に古巣の文部省に掛け合ってもらったが、どんなにがんばっても、定員増もダメ、新学部増設なんてもっとダメ。それはもう国としての決定だから、絶対に無理です、とにべもなく断られてしまっていた。

でも、このままでは、寄付はもう限界だし公取もある、とにかく学生数が増えなければ、流通科学大学は赤字の垂れ流しでつぶれる、確実におしまいだ。

じつは、開学二年目に定員三七五名のところを倍近い七〇五名も新入生を入学させていた。合格しても他大学と重複合格の場合、うちに入学しない場合もあるので、どこの大学も余分に合格数を発表するのだが、その歩留まりの計算が間違って本学に入学してくれた学生が多かった、というのが言い訳の口実だった。文部省から、早速注意が来た。多すぎる。定員がないに等しい。改善策を講じて説明に来るように、という書類が、中内理事長あてに届いた。中内さんは憮然として、やっぱりまずいな、なんとかしろ、という。公取から優越的地位の濫用で叱られ、今度は文部省から注意され、中内理事長のメンツをつぶして申し訳ないが、やれやれ、どうするか。

今年度は、もう合格させてしまったのだから、取り消すわけにはいかない、来年度は確実に改善します、対応策と念書を差し出して頭を下げてお目こぼしいただいた。やはり抜本的に対策しなければならない。正式に定員を増やしてもらうか、新たに学部を増設するかしか手立てはない。しかし、どちらも、壁は高く、無理だ。

だが、えへん、私は定員増を果たした。えへん、新学部の情報学部の増設もやり遂げた。ここから先は、モリトモとか忖度と誤解されそうなので、書くのが難しいが、じつは定員増も新学部も、その両方とも実現してしまった。まさに奇跡だと言われた。どんなマジックを使ったのだと天下りの元文部省官僚から不思議がられたが、それは、私が流通科学大学に赴任していなければできなかったことだった。これまで、私も何度も、新学部増設の文部省の窓口に足を運んだが、それはけんもほろろで聞く耳もたないという対応だった。その日も、にべもなく追い払われて、意気消沈して文部省の廊下を歩いていたら、「おや、小榑さん、久しぶりですね、どうしたの」と声をかけてくれた人がいた。臨教審の時以来の出会いだった。

天の恵みが降ってきた。あの臨教審の三年間、一緒に苦労した事務局の仲間だった。その仲間が、目の前で懐かしそうに笑ってくれている。文部省の担当者の厳しい拒絶に途方に暮れていた私に、天の恵みの笑顔だった。あの三年間、中内さんがほとんど休むことなく、真摯に審議に参加して貢献したのを、ちゃんと評価してくれた人だった。

ありがとう。あの時、廊下で会わなければ、流通科学大学は多分いまは消えていただろう。私はひょんな形で突然に流通科学大学に赴任したが、それが何より役に立った、神様ありがとうございました、と心から思っている。

かくして定員増はできたし、新学部は今後発展が見込める情報学部を起案し、一九九二年(平成四年)四月に開設できた。

これで、経営はやっと安心、安定的に経営できる。

流通科学大学への夢

どういう思いでこれからの流通を考え、その夢をこの大学に託したのか、中内さんが「流通科学大学への夢」を口述したことを、私が文章にしたものが『消費と流通』三七号(一九八六年七月発行)に掲載されているので、それを再掲する。

「商売人が学校など作ってどうするのだ」とよく人に聞かれる。たしかに商売人としての本分をわきまえ、儲けることに徹すればよいのかもしれない。これはこれで立派だと思う。しかし、私は、それとは違った道を歩みたい。

私の生まれ育った神戸の先輩達は、美田でなく学問を後世に残した。神戸には昔から、このような気風がある。私もこれに習い、百年の計として、流通という分野の屋台骨を支える人間を育てたい。これこそ流通という仕事に一生を捧げ、その発展を願う私の夢である。

では、なぜ、「流通」にこだわるのか。それは、二十一世紀に向けて、「世界の中の日本」の在り方を探る時、流通が非常に重要な意味を持つようになる、と考えるからだ。もはや、日本の利益だけを考える、という小国の理論は通用しない。生産拠点を世界に拡大し、先進工業国の一員として発展途上国と共に「棲み分ける」ことのできる産業構造に転換していくことが必要になってきた。こうした中で、生産と消費の接点としての流通の役割が、重要度を増すことは間違いない。それは、国内における生産と消費の接点というだけではない。世界の中での生産と消費の接点という意味も含めてのことだ。これは過去に例のない、画期的なことである。

かつて高度成長期に、流通革命論が盛んに議論されたことがある。それは、単なるパイプとしての流通の在り方を説いたものであった。この時代、生活全般にわたって人々は飢えており、それを満たすことが大きな目的であった。すべてにおいて「作る側の論理」が優先し、メーカーが作ったものを、消費者に向けて流すことだけが、流通に求められた。流通に主体性などなかった。

しかし、時代は変った。人々の「飢え」は満たされ、「ニーズ」が多様化してきた。個性化時代の幕開けであり、「使う側の論理」が台頭し始めた。このような時代には、日々刻々と変化し続ける「ニーズ」をどう捕えるかが大きな問題である。二十一世紀へ向けて、この傾向はますます強くなっていく。

こうした状況で、流通に求められるのは、これまでのような単なるパイプ役ではない。それは、多様化し個性化し続ける生活者としてのニーズを受信し、その情報を生産者に伝え、その情報を商品化して、生活者の必要な時に、必要な量を、買いたい値段で届けることのできる双方向のコーディネーターとしての役割である。流通のポジショニングが、これまでとは全く違ってくるべきである。

流通に求められるものがこれほど大きく変化しているのに、流通を真正面から「科学」しようとする大学がないのはどうしたことか。既存の大学では、流通を経営学や商学の一部として見ているにすぎない。これから必要なのは、このように断片的な知識としての流通ではない。たんに経済学、経営学、商学にとどまらず自然科学、社会科学、人文科学はもとより情報制御、システム工学などにかかわるインターディシプリナリー[*2]な学問としての「流通」である。私が、流通科学大学を設立しようとする理由も、まさに、この点にある。

このためには、この大学をできるだけ「開かれた大学」にするべきだと考えている。大学の開放については、これまでの臨時教育審議会でも再三論議を行ったが、現在の高等教育の大きな課題である。既存の大学は、内部の学部間はもちろんのこと、外部に対しても非常に閉鎖的であったことは否定できない。例えば、他の大学との単位の互換性はほとんどないし、留学生の受け入れにも積極的ではない、さらに産学協同もなかなかうまくいかないのが現状である。「変化の少ない時代」ならこれでもよい。

しかし、時代は激しく変化する。これからは「際のない時代」がやってくる。国と国、産業と産業、男と女の差さえなくなり、それぞれがダイナミックに、相互に刺激し合う新しい時代である。例えば、モノやカネに、もはや国境はない。ヒトにも国境がない時代が近づいてきた。そして、この来るべき時代にこそ、「開かれた大学」が必要とされる。

私は、日本の中から世界を見ることを脱却して、世界の中の日本という視点から、この大学を「国際的に開かれた大学」にしたい。東京が欧米に向けた顔だとすれば、京阪神はアジア、アフリカに顔を向けるべきである。なかでも、神戸は最も開放的な国際都市であり、アジアの情報センターになる可能性が強い。流通科学大学はその核として、アジアに開かれた大学を目指す。留学生はもちろんのこと、外国人の教授も積極的に受け入れる。当然、英語を含めた語学も重視する。カリキュラムについても国際資源論、国際商品市場論、国際物流論など国際化をにらんだ学科を充実するつもりだ。真の国際人は、このような異質の人との交流、異質な文化との出会いを通じて初めて育成されると思う。

次に、産学協同という観点から、この大学を「産業界に開かれた大学」にしたい。これからの大学では産業との共同研究が不可欠である。象牙の塔だけに籠っていては、この変化の激しい世の中に適応できない。有能な人がいれば民間人を教授に登用するし、講師として企業経営者などその道で専門知識を持った人も招くつもりだ。また、夜間講座や集中講義を設けて民間人にも大学を開放し、一方で、学生が企業に実習に出かけるようにもする。このような産業界との交流を通じて、この大学も、社会に役立つ教育や研究のできる実学の場となり得ると考えている。

私は、「開かれた大学」である流通科学大学で学んだ人々が、世界中で、それぞれの国の生活や文化の発展のために活躍することを期待している。二十一世紀へ向けて世界の中の日本を考える時、日本だけを良くするという視点は、もう通用しない。日本から見てこうなるべきだと考えるのではなく、世界から日本を見る、という視点がどうしても必要だ。流通科学大学における教育、研究を通じて、真の流通革命を完遂できる人材を育成すること、それが、この大学にかける私の夢である。

流科大中国・ソ連調査走破隊

一九九〇年(平成二年)五月、流通科学大学は開学して三年目、私が着任して、まだ半年ちょっとしかたっていないころである。

私は目の回るほど忙しかった。大学は開学しても、何もかも未整備だった。やることは山ほどあった。寄付金集め、新学部増設、教員の手配、カリキュラムの作成、新校舎建設、学生の募集増、偏差値アップ戦略……。

その最中、CEO中内理事長から電話がかかってきた。

「流通科学大学には山岳部や探検部はあるか」

「まだありません」

「うーむ、来年の夏、学生たちと一緒に、中国へ行こうと思うんや、自動車でな。ランドクルーザーで中国の大地を走ろうや」

何を言うのかと思えば、夢のようなことをおっしゃる。大学は誕生してまだ二年半しかたっていない赤子だ。最上級生も、やっと三年生になったばかり。中内理事長の言うには、母校の神戸商科大学の山岳部か探検部かが中心になって、シルクロードを走破して帰ってきたというのを聞いて、うちの流科大も遠征を、と思ったという。

神戸商大は一九二九年創立。もう六〇年もの歴史のある、頼りになる先輩も経験、実績もたくさんある大学なら出来ることだろうが、生まれて間もない赤ちゃん大学が、同じことができる筈がないではないか。いまはそれどころではない。大学を経済的にも設備も学生対応も、一日も早く整備し、一人前にしなければならない緊急事態のときなのだ。その時に、何をのんびりした夢物語を言ってくるのか。

ところが、どうも、神戸商大の話を聞いたときに、うちの流通科学大学の学生たちも、中国大陸へ探検に連れて行こうと広言したらしいのだ。そうありたいという願望と、できもしない現実が一緒になってしまっているとしか思えない。まるで駄々っ子みたいだ。

しかし、中内理事長が言うからには、やらないわけにはいかない。とは言いながらどう考えても無理だ。実績も経験もない。指導してくれる先輩もOBもいない。大学にはその力はない。学生にはもちろんない。ないない尽くしだが、そういえば、自動車部は最近できたところだ。ここを中心にして、探検冒険の好きそうな学生を募集しよう。

でも、流通科学大学がこの時期に中国に探検に行くとぶち上げても、学内的にも世間的にも「なんで?」ということになりかねないし、理事長の思いつきです、と言うわけにもいかない。折角中国に行くのなら、探検ではなく、中国の流通事情の調査という形にすれば、大学の目的にも合致するし、先生方も納得して協力をしてくれるだろう。そうだ、流通調査隊にしよう。それにもう一つ、生まれたばかりの流通科学大学は知名度が全く低い。この流通調査隊を、流通科学大学の存在を世の中に広める材料にしよう。テレビや新聞などのマスコミに売り込むのだ。そうでもしなければ、なんのために大金を費やし、苦労するのかわからない。流通科学大学の知名度を上げるために断行、これなら駄々っ子の思いつきのモトがとれる。

中内理事長に相談すると、よし、わかった、それで行こうと、この案に乗ってくれた。ただ、理事長からは、中ソ国境の綏芬河《すいふんが》に行きたい、という注文があった。

一九四三年(昭和一八年)一月、中内さんが現役入隊し、陸軍二等兵として最初に連れていかれたのが、ソ連・満州国境の厳寒の町、綏芬河だった。それから半世紀、万感の思いがあるのだろう。中国東北部流通調査走破隊に決まりだ。

当時の学生数は約一五〇〇人。その学生たちに流通調査走破隊の隊員募集をしたところ、四、五十人も集まった。うれしかった。本学にも冒険好きのやる気のある学生が大勢いるんだ。これならいけるかも。

この学生たちはこれから約一年間かけて、どこに行くか、何を調べ何を学ぶか、自分たちで議論しながらプランを練った。侃侃諤諤の結果、国境まで行くのなら、いっそ国境を越えてソ連に行くことはできないか、という突拍子もないプランが出てきた。

いまなら、当たり前のプランだが、当時はありえない机上のプランだ。中国とソ連は長い間仲が悪く、国境の黒竜江(アムール河)をはさんで戦闘を繰り返してきていた。つい一年前の一九八九年にゴルバチョフソ連大統領が訪中し、やっと中ソ国交が正常化したばかりである。中ソの国境紛争は、まだ話し合いの最中で、解決されていない状態だった。だから、陸路で国境を越えて、ソ連も走破してみたい、などというのはあり得ない話だった。[*3]

だが、運が強い。この夢みたいな国境越えてのソ連極東部走破は実現したのである。

走破隊が出かける直前の一九九一年五月一六日に、中ロ東部国境協定が締結され、国境通過が許可になる可能性が出てきたのだ。

それからわずか二か月後の一九九一年七月二五日に、「中国東北部・ソ連極東部調査走破隊」は神戸港を出港した。帰国したのは二か月後の九月二〇日である。

総隊長中内㓛理事長、隊長片岡一郎学長以下、隊員は二九名（教員、事務局一六名、学生一三名）、四輪駆動車三台。

この遠征を、私はＮＨＫに売り込んだ。世界で初めて中ソ国境を車で通過する。未知の中国やソ連の市場も詳細に調査する、ペレストロイカ[*4]のソ連の実像がみられる、シベリアも踏破する、とおいしそうなご馳走を並べて、ぜひ取材してほしいと持ち掛けた。そしてＮＨＫはこれに乗って、遠征隊に同行することになった。ほかにも神戸の放送局のサンテレビや神戸新聞、産経新聞、朝日新聞などにも行脚して取材を頼んだ。

結果として、それは大成功だった。様々に繰り返し報道され、草創期の流科大にとって、世間に流通科学大学ここにありという、素晴らしい大成果をもたらした。参加した学生たちは貴重な体験をしたが、参加をしていない学生たちにとっても、うちの大学はすごいことをやるという誇りをもてた事業だった。

私は、準備も資金集めも、ほんとうにつらい苦しみを味わい、理事長は何と独りよがりな暴挙を押し付ける、と恨みがましく思ったが、私個人としては、この遠征に最初から最後まで学生たちと行動を共にしたこの体験、そして広報的大成果は、苦しみもつらさも忘れさせるものであった。

なかでも特筆すべき貴重な体験は、全く予期せぬことが突然に起こったことだった。

われわれ走破隊が、八月一九日のハバロフスクにいるときに、後に「ロシア八月革命」とか、「ソ連八・一九クーデター」「ソ連八月政変」などと呼ばれる一大事が出来したのだ。

ロシア語のわからない我々が、テレビを見ても何が起こっているかわからなかったが、なにか異常が起こっていることはわかった。

改革を推し進めるソ連のゴルバチョフ大統領を軟禁し、ヤナーエフ副大統領ら守旧派がクーデターを起こした、というのは後でわかった。

守旧派が乗っ取ったということは、ソ連が後戻りするということだ。また鉄のカーテンが下りるかもしれない。それは海外との交流が絶たれ、空港が閉鎖され、我々は日本に帰れなくなるかもしれない、ということを意味する。

このクーデターは日本でも報道されて大騒ぎになった。渦中にいても情報が伝わってこない我々よ

ランドクルーザーで中国・ソ連を走った

りも、自由に報道される日本のほうがいろいろ知らされて、心配だったようだ。

ただ現地の我々には、日本に帰れなくなるかもしれないという恐れがあった。

特に中内理事長の頭をよぎったのは、シベリア抑留*5である。若い人たちにはピンとこないことだろうが、中内さんにとっては、厳寒のシベリアでの過酷な奴隷労働の悪夢が、我が身に迫る恐怖の事態だ。万一にでも、あんなひどい目に合うのはごめんだ。おれは帰る。すぐ日本に帰る。一刻も早く帰れる飛行機をおさえてくれ。

小樽君、君は残って、後は頼む。

幸いＪＡＬに頼みこんで、中内理事長は早々に帰国していった。

私とスタッフと学生隊員は残った。同行のＮＨＫのチームは、ソ連内にいたのを奇貨として急遽モスクワへ取材に飛び立った。

しかし、幸いなことに、クーデターは失敗に終わった。鉄のカーテンで閉ざされるという恐怖もなく、この後も走破隊は遠征を続けることができた。われわれはこの後ひと月ばかり、ハバロフスク、ビロビジャン、オブルチェ、ブラゴベシチェンスク、グラゾフカ、ウラジオストク、ナホトカと回って、九月二〇日に無事に帰国した。

一年に一〇回も二〇回も海外出張をする中内さんにとっても、この遠征は格別だった。その時の手記があるので、次に掲載する。

中国・ソ連の旅を終えて　　中内　㓛

今回の旅は、現地に足を運び、現地から学ぶことの重要性を教えてくれた。

現在の中国とソ連はともに市場経済への過渡期にあると言われているが、その一言ではすまないほど、私の見た両国の経済の実態は大きく異なっていた。中国は市場経済への移行を進めつつあったが、ソ連は未だに混沌とした状態にあった。

中国で最も印象に残ったのはハルピン市内の百貨店である。さすがに市内の一番店だけあって、商品の品揃えや陳列技術は充実していた。また、従業員の販売意欲を向上させるために、化粧品売場には報奨金制度が導入され、美容部員が積極的に宣伝販売をしていた。

自由市場も活気に溢れていた。ここでは農家の余剰生産物を中心に豊富な種類の食料品が販売されており、好きなものを好きな量だけ買うことができた。価格も国家によって統制された「統一価格」や「指導価格」だけではなく、需要と供給に基づく「自由価格」がある。例えば、滋養強壮の薬として、ヘビが平均月収の三分の一の七〇元もの価格で売買されているのには驚かされた。

中国での調査を終え、中ソ国境を越えてウラジオストックに向かう前夜、その町の副市長に「ソ連では食べ物が少ないから、今のうちに腹いっぱい食べておいた方がいい」と言われた。冗談だと思っていたら、本当に、ソ連では、どこへ行っても黒パンとシチューの食事ばかりで、野菜もキュウリとトマトしか出てこなかった。

自由市場を調査してみても、どういう訳かキュウリとトマトばかりが山積みされており、中国の市場と比べると商品の種類や陳列量に雲泥の差があった。

国営商店では品切れが目についた。辛うじて缶詰は山積みされていたが、誰も見向きもしない二種類の缶詰が交互に積まれているだけだった。従業員も、中国の百貨店とは対照的に、接客することもなく、お客様の来るのを座ってじっと待っていた。

八月一九日、ハバロフスク滞在中に遭遇したクーデターは、われわれ日本人にとっては衝撃的な出来事であった。しかし、ハバロフスク市民はモスクワでのその事件に無関心であり、いつものように生活必需品を買うための行列に並んでいた。

「ソ連とアメリカの違いは、ソ連では行列をつくって配給を待っているが、アメリカではスーパーマーケットで自由に商品を選んで買えることだ」

一九六二年の全米スーパーマーケット協会の二五周年記念大会で、ジョン・F・ケネディ大統領はこう指摘したが、それから三〇年たった今でも、ソ連では行列をしなければ買いたいものを買うことはできない。流通がまったく整備されていないのである。計画経済による配給が需要と供給との間にミスマッチを起こし、「缶詰は山積みされているが、本当に買いたい缶詰はない」という事態を引き起こしている。

このような中国とソ連の差を目の当たりにして、豊かな日々の暮らしを実現するためには、生産と消費を結ぶ流通の果たすべき役割が非常に重要であると再認識した。

＊　＊　＊

今回の旅は、風化する記憶の中に半世紀前の自分の姿を追い求める旅でもあった。

調査の途中に立ち寄った旧ソ満国境の綏芬河は、私が関東軍独立重砲兵第四大隊の初年兵として一年半をすごした極寒の地であった。

胡沙吹く夕べ
北満の

ボグラニチニの丘にたち
見下ろす平野のグロデゴオ
ソ連のトーチカほのみゆる

寒さに震えながら綏芬河小唄を口ずさんだ、あの日から五〇年――。丘から見下ろす平野は平穏そのものだが、今でも、トーチカとトーチカを結ぶ塹壕の跡が残っている。

その丘に立ち、戦争の記憶を風化させてはならないと心に誓った。明治が遠くなったように、いつかは昭和も遠くなっていく。その前に、戦争を体験した者として、昭和の持つ暗さと重さを若者に伝える責任がある。

私見ではあるが、「戦争は資源の争奪によって起こる」と考えている。この仮説に基づけば、第二次世界大戦は石油の奪い合いから始まったとも言える。石油がうまく流通していれば、戦争は起こらなかったに違いない。逆を言えば、流通を盛んにすることが世界平和につながる。流通科学大学を創立したのも、「流通を通じて、戦争のない、平和で、豊かな国際社会を築き上げる」という志を、二一世紀を担う一人でも多くの若者に伝えたいと思ったからである。

その志をしっかりと胸に抱き、これからの人生を生きていく決意を新たにしたという意味において、私はこの旅を生涯忘れることはできない。多くの人々に支えられて、この旅を無事に終えることができたことに謝意を表したい。

8 SKHとドーム球場と宴の後

SKHとOPAと劇場

流通科学大学の建設と同時進行的に、神戸でもう一つのプロジェクトが進んでいた。

中内さんを交えてときどきSKHプロジェクトというのが、社長室で開かれるようになった。SKHとは、新神戸ホテルのことだ。もともと、新幹線の新神戸駅のすぐ隣には神戸市民病院があったが、一九八一年(昭和五六年)にポートアイランドに新築移転していた。その跡地にダイエーグループがホテルと商業施設を造ることになり、それがSKHプロジェクトだそうだ。

何しろ、新神戸駅に隣接し、駅とデッキでつながるし、地下には三宮や名谷に行く地下鉄の駅がある。こんな便利なところだから、きっと素敵な施設ができるのだろう。私は、臨教審で忙しいときだったし、全く関係がないので、フーンと聞いていたが、なぜか、このSKHの会議にも出席しろということになった。

会議に出てわかったことは、ここには三七階建ての関西一高いビルを造り、ホテルにする。その下の方は、大きなショッピングセンターにするという計画だ。地下三階から地上三階までが商業施設で、四階から三七階までがホテルになる。地上二階には三階まで吹き抜けの劇場が作られる。その模型が、運び込まれた。こういう空間ができるのか。店は三〇〇近くも入るスペースがある。劇場は六〇〇席もあるし、地下は飲食街にする予定だという。

想像以上に大きい。ホテルについては、すでにオリエンタルホテルの経営をしているので、規模は格段に違うが、ある程度のノウハウがある。SKHプロジェクトは地下三階から地上三階までの六階分の商業スペース、この空間をどのように活用し、お客さんに来てもらうか、それに知恵を絞れということだ。

一週間程度のイベントとして人を呼ぶプランはあるが、この広い空間に連日、何年も何十年にもわたって、大勢の人に来てもらうというのは、可能なのか。本当に大丈夫なのか、と思った。そうしたら、これをやれ、と言っている中内さん自身が、「こんなでかいものを造ってだいじょうぶかな」とボソッとつぶやいた。すぐそばにいた私ぐらいしか聞こえなかったかもしれないが、ご本人自身もやはり不安なんだな、とわかった。

神戸には、すでに三宮という繁華街がある。そこには、人々の快楽と欲望を満たす空間が、長い時間をかけて自然発生的に出来上がってきた。それに負けない魅力を人工で作り出せるのか、三宮に集まる人々を、SKHまで引っ張ってこられるような商店街を造らなければならない。その魅力の源泉は何か。新神戸と三宮との距離はわずか一キロだが、三宮の賑わいを新神戸まで持ってこられるか。

三宮になぜ人は集まるのか。大阪の心斎橋はなぜ賑わうのだ。東京の銀座や浅草は、新宿や渋谷は、なぜ繁華街なのだ。昨年一九八三年(昭和五八年)、東京ディズニーランドが開園してすごい人気だ。

あの魅力は何だ。会議の途中に、中内さんの顔いろを窺うが、中内さんにはこの才覚はない。むしろ苦手だ。「よい品をどんどん安く、より豊かな社会を」これが、ダイエーの憲法で、中内さんの本性だ。

それに対して、このSKHは、すでに豊かになった、あるいは豊かな雰囲気を味わいたい人々が集まりたいという空間でなければならない。ダイエーの原理原則と反対のことを考えなければならない。だから「よい品をどんどん安く」で凝り固まっているダイエーのメンバーをいくら集めても、こんなことはわかるはずがない。ろくな知恵は出ない。時間の無駄だ……と心の中では思うがそうもいかない。

やはり、こういう世界に詳しい識者に、ご意見を聞くのが早道だろう。その識者とは誰だ。私は中内さんと一緒に、何人かの先生のお話を伺った。例えば、国立民族学博物館の梅棹忠夫先生や京都大学の米山俊直先生にもご意見を伺った。神戸大学の野口武彦教授の話も聞いた。人間の欲望とは何か。人はなぜ集うのか、祭りはなぜ人の心をウキウキさせるのか、江戸の吉原はどんな町か。江戸の町の賑わいの再現などは面白い。でも、そういう店をたくさん集められるのか。それは今の人たちの心に響くのか。寄席をやったら人は来るのか。……

私はかかわらなかったが、田中康夫さんとは、現地を見てもらったりして何回も会合を開いて勉強会をやったという。

私が一番納得というか、なるほどと思ったのは、泉眞也さんの話だった。泉さんは、環境デザイナーとかイベントプロデューサーという仕事の専門家で、万国博覧会のパビリオンなどをいくつも手掛けてこられたということだ。

その泉さんが語るには、すべては世阿弥の『風姿花伝』の中にある。魅力の美学「花」の解明であり、花は面白さであり、それは珍しさにほかならない。年々去来の花による無限の変化を実現するくふう、「秘すれば花」の真実、これを展開することだ。……なるほどなるほど。だが、「花による無限の変化を実現するくふう」など、SKHでどう展開したらいいのか、誰が工夫するのか、その力量がダイエーにあるのか。

新神戸オリエンタルホテル、ショッピングモール＝オリエンタル・パーク・アベニューOPA、新神戸オリエンタル劇場の三つの魅力を集約した新神戸オリエンタルシティは、一九八六年（昭和六一年）四月に着工され、一九八八年に完成した。

九月二二日午前一〇時から竣工式が行なわれ、夜七時から、華やかにオープニング・パーティが開催された。それは、本当に華やかな、関西、神戸の主だった人たちが、まさに貴顕紳士淑女が一堂に集う夜会であった。時はバブル時代の真っ盛り、今思えば、醍醐の花見[*1]の宴だったのか。

一〇月四日火曜日夜六時、蜷川幸雄さんの演出で、「仮名手本忠臣蔵[*2]」の幕が開いた。この公演は、連続三か月のロングラン予定で始まった。出演は近藤正臣、大和田伸也、成田三樹夫、加茂さくら……。中内㓛夫妻はもちろん、知事や市長も観劇した。それは本当に感激する見事な歴史に残る舞台だった。蜷川さんの代表作だと言われているが、ご本人も全力を投入した芝居だった。この忠臣蔵の成功盛況は、オリエンタル劇場、そしてOPA、オリエンタルシティのコンセプトを見事に現実の象徴として提示してくれたイベントだと思った。

それを絵に描いたように、オリエンタルシティは連日大盛況だった。大阪はもとより、京都、岡山や四国からも、ここを目がけてやってくる人がたくさんいた。

何日も、中内さんと館内を歩いてみて回った。当然、中内さんは得意満面だった。よかった。ほっとしているのだろう。

だが、私はいま一つしっくりこなかった。このオリエンタルシティの定礎を思い出していたのである。流通科学大学の時には、定礎に「有朋自遠方来　不亦楽乎」と揮毫したが、このオリエンタルシティの定礎についても、何か月か前に東京のダイエー本社HOCで揮毫を行なった。その時も、私に「何を書くかな」と相談された。私はSKHプロジェクトの会議でも散々話し合ったことから考えて、楽とか快、喜とか希などの一字を書くか、さもなければ『風姿花伝』にある「秘すれば花」「花の色もみなみな異なれども、おもしろし」などはどうですかと提案した。なんや、月並み過ぎるし、人まねだし、としばし考えて、一気に書いたのが、「よい品をどんどん安く　より豊かな社会を」だった。ダイエー憲法である。やっぱり、中内さんはどんな時でも、ここへたどり着くのだな、とその時は納得した。

しかしSKHが完成し、オリエンタルシティとして華々しくオープンした今を見ると、ここでも「よい品をどんどん安く」なのかな、あの華やかな夜会は何だったのか、OPAも劇場もダイエー憲法でいいのか、と思ったが、中内さんは、変わらない。ぶれない。「よい品をどんどん安く」、この道しかない。

ではオリエンタルシティはなんだ。OPAは何なのだ。

蜷川幸雄さんからの手紙

一九八八年の暮れまで続いたオリエンタル劇場の「仮名手本忠臣蔵」は、成功裡に終わった。大変な盛況、大絶賛の評価だった。

翌年の春三月に、蜷川幸雄さんから、中内さんの自宅に手紙が来た。私はその手紙を中内さんから渡されて、何とかしろ、と言われた。その手紙がここにある。中内さんのオリエンタル劇場への認識、価値評価、対応、それはとりもなおさず、オリエンタルシティ全体に対して、心ある人がどのように見ているのか、評価しているのかを知る上で、非常に重要だと思うので、掲載させていただく。

いまは蜷川さんもおられなくなってしまって、ご許可は得られないが、この手紙を受けた後、何度も蜷川さんに会って話しあった私としては、蜷川さんはきっと公表してほしいと思っているのではないかと察するので、掲載させていただく。

突然手紙を、それも私邸に送るという非礼をお許し下さい。
ぼくとしては、中内さんにどうしても聞いて欲しいという、芸能する者、蜷川の気持と考えていただけたら、という思いです。
ナショナル・シアターの公演の資金に困っていたとき、スポンサーとして中内さんの援助をいただけたときは、本当に喜び感謝いたしました。そして新神戸オリエンタル劇場のこけら落しの公演に指名されたことも、ぼくには喜びでした。例え、三ヶ月興行という常識では考えられない条件をつけられたとしても、ぼくの中の強がりはいっそう火をかきたてられました。幸い「仮名手本忠臣蔵」は、成功したと、ぼくは思っています。

そのとき、ぼくが考えていたのは東京だけを中心として考える必要はないのだということでした。ですからオリエンタル劇場は強烈な個性と大衆性をもった劇場として、入場料にみあった感動をお客さんに手渡すユニークな劇場になればいいなぁと考えていました。勿論、ぼくは芸術監督ではありませんし、三年で六本の作品を作ればいい、たんなる演出家にすぎません。しかし、ぼくはこけら落し公演は、その劇場のイメージをかなり決定的にしてしまうと考えていましたから必死でした。勿論、さまざまな悪条件については、中内さんには判っていて、知らん顔をしているのだと、ぼくは思っています。

この手紙を出そうと思ったひとつのきっかけは、今月の二十八日までやっている日生劇場でのぼくの演出の「唐版・滝の白糸」を観にきて下さった、関西の何人かの観客の方から、蜷川さんオリエンタル劇場はどうしたのですか？　何故あんなつまらないものしかやらないのですか？　私たちのなかでもうあの劇場は忘れられています。蜷川さんにも責任があると言われたことです。観客の方は、ぼくにレパートリーについての発言権があると感ちがいしていらっしゃるのです。ついでに言うならば、オリエンタル劇場の人たちは、どなたも観にきてはくれませんでした。ぼくには信じられません。これから後、五本演出する人の作品がどうなのか、オリエンタル劇場の人たちには興味も心配もないのです。

学校のことも、選ぶ作品や劇団のことも、辻井支配人の代理でときどきくる高橋さんという人には、流通の仕事から演劇の仕事に変った人たちばかりでしょうから、ぼくが手伝えることがあったら、企画会議や勉強会があるなら新神戸へ行きますよ、と言いましたが何も返事はかえってきませんでした。

なにしろ、辻井支配人は三ヶ月の「忠臣蔵」の間、楽屋を廻ったのは二回ぐらいで、いってみれば商品である俳優は、誰れも支配人の顔を知らなかったのですから、別に何も言う気もありません。ぼくは月三回はオリエンタル劇場に通っていましたが、彼と十分以上の立話すらしたことはありません。

ぼくは何も悪口をいいたいのではありません。

自分が必死にやった劇場が、つまらない劇場になってゆくのが、たまらないだけです。

演劇の世界では、オリエンタル劇場はもう博品館劇場のような印象になったなあ、というのがその評価です。

ぼくは、中内さんがもっと冒険し、インパクトのある劇場をつくるものと思っていました。もうあの劇場は死にかけています。一月のレパートリー、信じられない二月の休館、三月の中途半端な公演、ぼくの一方的な、オリエンタル劇場への夢は死にかけています。

勢いにまかせて、ぼくは勝手な思い入ればかり書きましたが、不愉快でしたら、どうぞこの手紙は破り捨てて下さい。

ただただ、ぼくは残念でたまりません。

現在のオリエンタル劇場は、観客の夢を壊しました。その原因と責任はすべて、現在のオリエンタル劇場にかかわっている人たちにあると、ぼくは思って居ります。

三月二十六日、夜

蜷川幸雄

中内切様

辻井支配人には、私は当然この話はしている。しかし、蜷川さんの言うとおりなのだ。彼はダイエーの人間で、商売は得意だろうが、演劇なんて全く無関係、人事異動で突然、オリエンタル劇場支配人に異動させられただけなので、迷惑極まりない人事なのだ。蜷川さんがすごい人で、大変な才能の持ち主だなんて知らないし、知ったとしてもどうしようもない、自分に与えられた少ない予算で、どうやって次々と舞台を埋め、スケジュールをこなそうか、それでいっぱいいっぱいなのである。これは、残念ながら、辻井支配人の責任ではなく、ダイエーそのものであり、中内さんに忠実なだけである。

もっとはっきり言えば、ＯＰＡも劇場も、〈定礎〉の通りなのだ。花や楽や快ではなく、「よい品をどんどん安く」なのである。その場合の「よい品」には、大変な才能とお金がかかるということは、抜きなのである。考えないことにしているのだ。

だから、蜷川さんと私は、酒を飲みながらも何回も話し合ったが、私は謝るばかりで何の約束もできない、私だったらこの類まれな才能の演出家を三顧の礼で芸術監督に迎えたいと思うが、その予算はない。ということは、中内さんはその価値を認めていないということになるのだ。中内さんは、いやおれは認めている、蜷川さんはすごい、と言うだろうが、金を出さなければ、認めることにはならない。

その時の私は、ダイエー取締役秘書室長。蜷川さんは私を中内さんの代わりだと思って訴えているのだが、その私はただ謝るだけで糠に釘、もっともらしい肩書であっても、実質何の権限もなく、ただただ頭を下げるだけの役職なのだ。今後の劇場の経営に関しては、何の権限もないから何の約束もできない。それがダイエーなのだ。定礎なのだ。中内さんなのだ。

蜷川さんの血を吐くような手紙も、私にはどうしようもない。なんと情けない奴だと思われただろうが、それがダイエーなのだというしかない。

「よい品をどんどん安く より豊かな社会を」のダイエー憲法では、オリエンタルシティの経営はむずかしい。私は手を出してはいけない世界だと思った。

時代はどんどん変わっている。二一世紀はこんな社会になるだろうと、臨教審でいろいろ勉強もした。中内さんは個性主義を提唱し、人間一人一人の個性を大切にする世の中でなければならないと頑張ったのだ。梅棹さんや米山さん、泉さんたちからもいろいろ教えられた。でもそれは知識であって、ダイエーの経営とは結び付かない。

中内さんは江戸の話をよく語る。人間はいかがわしいもんや。江戸の町人は、遊び心があって、仕事ばかりじゃなかった。これからは結果ばかり求めず、プロセスを楽しまなあかん。芝居茶屋で一日がかりで芝居を楽しむ。吉原は元々プロセスを楽しむもんや．すぐ床入りなんて野暮なことを期待したら、田舎もんと軽蔑されてつまみ出される、などと、よく人には話す。それを聞いた人から「中内さんは粋な人ですね。忙しそうにしているが、芝居や遊びが好きなんですね。見直しました」などと言われて、私は、はいはい、と笑って頷くしかない。

南海ホークスからダイエーホークスへ

「中内さんは、野球がお好きなんですね。今度は球団経営ですか」とよく聞かれた。

中内さんは一九八八年(昭和六三年)九月一九日に、経団連で講演があり、翌二〇日は社内の仕事や会議をこなして、夜にパ・リーグの会長と会食をした。翌二一日は、午前中社内の用事をこなし、昼前の新幹線で大阪に行き、鈴木達郎さん、鵜木洋二さんと打ち合わせをし、その後、難波の南海電鉄の本社で、吉村社長など幹部の方々と会談して、夜は同じメンバーで会食。翌日二二日は新神戸オリエンタルシティの竣工式で、夜はオープニング・パーティの夜会。その翌日二三日は、ダイエー創業の記念日で、午前中に父上の中内秀雄ダイエー初代会長の墓参をし、昼から萬山荘でダイエーの幹部と創業祭、さらにその後、新神戸オリエンタルホテルへ行き、仕事のミーティング、その夜はまた打ち合わせ、この一九日から二三日までの五日間、夜寝るとき以外は、私はびっしり中内さんと一緒だった。この間にプロ野球球団「南海ホークス」の譲受と新神戸オリエンタルシティの竣工式と、創業祭と、次男中内正さんの婚礼と次々といくつもの大切な行事があった。中内さんはいつも忙しいが、こんなに大きな用事が立て続けにあったことは珍しい。

しかしもっと大変だったのは、次の週からで、神戸や大阪にいるときには、南海ホークスをダイエーが買収したらしい、という噂を聞き付けた新聞記者が、中内さんを追い回し、どこに行ってもついてくる。南海ホークスを買収する話は本当なのか、いつなのか、周りに誰がいようと関係なく大声で聞く。周りの人は何事かとこちらを見る。車で移動する時もどこまでもついてくる。だから、一計を案じて、顔見知りのビルに入って、事情を話して屋上まであげてもらい、あの中内さんが柵を乗り越えて隣のビルの屋上にわたって、その裏口から出たこともあった。籠脱けである。人に見せられる姿ではない。

まだ正式の調印を終えていないので、発表するわけにはいかない。下手に漏れて、話がこわれることにでもなったらことである。だから必死に逃げた。とにかくそのしつこいこと、すさまじいこと。いつもつきあっている経済記者たちはもっと大人しいから、新聞記者はこんなものだという先入観があったが、芸能記者というかスポーツ記者は、どこでも構わず入ってくるのか、店の人に遠慮するなどという風情はない。その取材根性には敬服するが、私は、とにかく中内さんを逃がすのに必死で、大汗をかいた。

結局、発表は一〇月一日、大阪ロイヤルホテル西館で、午後二時四五分から行なった。なんで南海ホークスを買収したのか、中内さんは野球が好きなのか。いろいろ取りざたされたが、野球に乗り出したのは、中内さんが言い出したことではない。中内さんは野球のことはほとんどわからない。一緒にテレビの野球を見ているときに、ショートとサードの区別がよくわからない。ホースアウトもわからない。一度、野球のことを勉強しようやというので、広岡達朗さんを吉兆に呼んで、二人で話を聞いた。その時は、球団経営は難しいから慎重にした方がいい、ということだった。

そんな中内さんが、野球の価値がわかるはずがない。

南海ホークスの買収をし、しかも九州に持っていくと、ダイエーにとって何の得があるかなどの計算も知恵もあるわけではない。この話は、鵜木洋二さんの仕掛けに鈴木達郎さんが乗って、中内さんはよくわからないままそうかそうか、とダイエーホークスをやることになったのだと私は思っている。

全国各県にダイエーの店を作る、ナショナルチェーン展開が念願の中内さんは、大店法で新店の出店がままならないのが不満で仕方がない。特に手薄な九州への出店に執心していた。熊本店の出店の困難さを鵜木さんも鈴木さんもよく知っているので、どうしたら福岡に出店できるか考えていた時に、ライオンズが一九七八年になくなって以来、球団がなくて寂しがっていることに気が付いた。

中内さんを説得するのに、鈴木さんは、九州にはいま野球の球団がなく、欲しがっている。球団を手土産にすれば、福岡への出店はOKしてくれるから、と提案した。野球をやるならやっぱり神戸やろ、阪神は売らんだろうから、阪急ならどうや、と中内さんは私には言っていた。でも、それも万一やるのだったらという程度で、それほど関心はなかったのだが、鈴木さんに言われて、中内さんは、それならやってみるかという気になった。中内さんが、おれはよくわからんが大丈夫だろうか、と聞くので、私も無責任にも、面白いですね、宣伝になりますよと言ってしまったが、後で考えると、鈴木さんの深慮遠謀で、中内さんに本業とは別の興味あるおもちゃを用意しようとしたのだと思った。

その時はツインドームなどの話はなく、金はほとんどかかりませんから、という前提だった。この話は、博多湾に、広大な埋め立て地ができて、その土地をどうするという開発話が伝わってきたところから始まっている。別に本業のスーパーの出店の話ではない。ただ、この話が始まったのが一九八八年だということが大切だ。つまりバブルのまっ最中で、日本中の土地がどんどん値上がりし、日本の土地全部でアメリカの土地二つ分が買えるなどといった信じられない事態になっていた。しかもそれをみんな信じて、土地さえ持っていれば安心だという神話ができていたその時の、福岡の広大な土地入手の話である。ツインドームというのは、二つドームをつくります。一つは野球の球場、もう一つは雨天でも楽しめるアミューズメントドームで、福岡市民のためにつくりますから、ドーム二つ分の土地を売ってください、という案である。しかも、鈴木さんの本音を言えば、途中で、アミューズメント施設のドームはやめました、ということにして、その土地を売り払えば、その代金で野球のドームはただで出来る、という話だったので、中内さんは乗ったのだと私は思う。

だから、中内さんは何でも欲しがるダボハゼだ、などと揶揄されるが、そんなことはない。一番欲しかったのは、ダイエーの出店である。福岡にはすでに天神店という繁盛店がある。店だったら増えるほど必ず収益が上がるから積極的なのだが、正直野球のことは何もわからないで、ドーム球場と言われても、何のことやらと戸惑っていたのだった。

しかし、中内さんがＯＫしたのは事実である。話の発端の、南海ホークス買収の席には私もいたから、その時点でもうツインドームへまっしぐらになったのだ。ただ、野球チームのオーナーというのは、世間ではスーパーの経営者という見られ方とはまた全く別の見方をされる。野球ファンはこんなにいるのかと思うほど、あちこちで全く知らない人から、声をかけられる。ドカベン[*3]大好きですとか、門田[*4]さんを大切にしてください、杉浦[*5]さん素敵、などの声がかかるようになった。その都度、一緒にいる私にカドタとは誰だとか、ドカベンって何だ、と聞くのである。でも、中内さんはご機嫌だった。球団のオーナーも悪くないな、と思うようになった。

いつの間にか話は進んでいってしまった。博多祇園山笠[*6]にも乗せられてご機嫌にしていたが、開閉式のドーム球場も、バブル景気に浮かされてＯＫしてしまった。

一九八九年八月二二日に福岡市百道[*7]に、ドーム球場だけでなく、大規模な複合施設ファンタジードームとホテルもつくり、ツインドームシティを建設すると発表した。この時も私は発表の場にいたが、記者の間にもどよめきが起こった。中内さんも高揚した顔だった。

ドーム球場が着工したのは一九九一年四月、竣工が二年後の一九九三年四月である。

中内さんの福岡へ行く機会が多くなった。まず開閉式のドーム球場が完成し、特別室から見る福岡ドームの景色は、それは特別、王様になったような気分になる。神戸の商工会議所のご一行も招待し、やはり中内さんはすごい。神戸につくってくれればよかったのに、と言われて、今頃わかったか、という顔をしていた。

しかし、この大きな買い物のつけは大きかった。ダイエーグループの上に重くのしかかってきていた。

二一会誕生

一九九〇年(平成二年)に、中内さんは、念願の経団連副会長に就任した。重厚長大、製造業主体の経団連で、流通の中内さんがとうとう副会長になった、経団連も変わったというので大きな話題になった。中内さんも、喜ばないはずがない。中内さんから、なんとか委員長に就任できるように計らえと言われて、必死に画策した私としてもうれしい限りであった。

ところが、その中内さんが、経団連はだめだ、もう辞める、と言い出したのだ。一九九四年の夏である。経団連は何もしない、何も決められない、何もできない。議論ばかりで、ろくな提言もできない。自民党の言いなりだ。献金をしなくなった経団連には何の力もない。あんな所にいても意味ないから、もうやめる。

一九九三年、九四年と、バブル崩壊の影響が次第に顕著になってきている。しかし、政治も経済界も、何も有効な手を打てない。経済は相変わらず重厚長大、輸出最優先。それでは当然思うようにはいかない。経済のIT化ソフト化はどんどん進行している。こんなことでは日本はだめになる。経団連にいても意味ないから、もうやめる。そしてもっと時代に合った建設的な意見を提言できる会をつくりたい。そういう会をつくれ、早くつくれ、と私に言う。

私は神戸にいて、赤字の放送会社の立て直しに必死になっているし、兼務している流通科学大学の学部学科新設や企業人の連続講義開設に奔走していた。関西関係の秘書業務はやるが、東京のことは、東京の方でやってほしい、と心の中で思っても、逆らうわけにはいかない。

東京へ出かけて、旧知のJR東日本の松田昌士社長と経済企画庁事務次官から総合研究開発機構(NIRA)理事長になった星野進保さんに会って、中内さんの意向を話し相談に乗ってもらった。二人とも乗り気になってくれた。中内さんの言う通り、経団連などの経済四団体の使命はすでに終わっている。これから必要なのは、二一世紀型の経済政策提言集団だ。重厚長大製造業以外の、生活産業、サービス産業を主体とした、シンクタンク機能を有する研究会をつくろう。その中心に中内さんになってもらおう、という運びになった。その結果、これに賛同して参加してくれることになったメンバーは、つぎのとおりである。

磯崎　洋三　TBS社長
位田　尚隆　リクルート社長
氏家齊一郎　日本テレビ社長
児島　仁　NTT社長
鳥羽　董　味の素社長
鳥海　巌　丸紅社長
成田　豊　電通社長
西　和彦　アスキー社長
福原　義春　資生堂社長
矢内　廣　ぴあ社長

呼びかけ人

中内　功　　ダイエー社長
松田　昌士　JR東日本社長
星野　進保　NIRA理事長

この会は、二一世紀を目指す会という意味で二一会と名付けられた。一九九四年一一月から始められ、さらに多様なメンバーを加えながら、二〇〇〇年まで続けられた。

事務局はJR東日本の細谷英二さん（後の、りそな銀行社長）、池田守男さん（後の資生堂社長）、それに私の三人で務めた。

バブルがはじけた

一九八六年（昭和六一年）から、企業収益が増加するとともに、個人所得も増加し、それにつれて購買意欲が強まり、消費需要が上昇し出した、と言われている。ダイエーの既存店の売上げも、八四年が前年比〇・三％、八五年が二・六％ときて、八六年が七・〇％に跳ね上がる。売上高も、八五年の一兆二五五八億円から八六年は一兆三四六三億円に上昇する。株価も一九八六年ごろから急上昇し始め、一九八九年一二月二九日の大納会で三万八九五七円の最高値を記録。株価上昇は一九八五年九月の一万二五九八円と比較すると、わずか四年の間に約三倍となり、上昇率で約二〇〇％も上昇した。バブル景気である。

そして年が明け一九九〇年一月四日の大発会から、株価の大幅下落が始まった。バブル崩壊の始まりだ。一九九二年八月の東証上場の株式時価総額は、一九八九年末の六一一兆円から二六九兆円と半分以下に激減した。日本中が催眠術にかかったようだった。一九八五度から一九九〇年度の五年間で日本の金融機関の資金量は九〇%拡大し、銀行は貸出先を探して借りてくださいと頼むように貸し続けた。内閣府によると、日本の土地資産は、バブル末期の一九九〇年末の約二四五六兆円をピークに、二〇〇六年末には約一二二八兆円と半分になったというから、本当に、あぶく銭だったということである。

このバブルの時期は、私がちょうど中内さんの秘書でいた時期と重なる。この間に中内さんは経団連の広報委員長になり副会長にもなった。神戸のオリエンタルホテルを買収したのも、新神戸オリエンタルシティというホテルと劇場と大型のショッピングセンターをつくったのもこの時期である。南海ホークスを買収し、福岡市の百道にツインドームをつくる大事業を始めたのもこの時期だ。どれも、土地、不動産への投資で、多額の借金をしても、土地さえ持てば必ず値上がりすると信じ込んでいた。何の不安も持たなかった。福岡の事業には、ダイエーは一五〇〇億円もの借金をしてつぎ込んだが、このとき銀行は喜んで貸してくれた。

だが、バブルは崩壊した。日本中が予想しなかった事態が起こった。ダイエーにとって、つまり中内さんにとっても、このバブル崩壊は全くの予想外だった。一九九〇年一月四日の大発会から、株価の大幅下落が始まったと言っても、当時としては、ハイ、この日からバブルが崩壊しました、土地の価値は、あっという間に半分になりますよ、などとは誰も想像できなかった。むしろ、一時的な調整相場だと思って、また上がるだろうと思い込んでいた。だから、ドーム球場が着工したのは一年後の一九九一年四月である。バブルははじけたと認識していたら、違約金を払ってでもやめていただろう。

現実に、気づこうと気づくまいと、バブルの崩壊はダイエーにとって甚大な影響を及ぼした。これまでも、何度も書いてきたが、ダイエーの事業はチェーンストア・ビジネスである。一店増えれば、その分、確実に売り上げが増えるのである。店が増えて規模を拡大すれば、メーカーに対してそれだけ強い要求ができる。つまり価格決定権をより強く持つことができる。仕入れも安くできる。安く売れば消費者も喜ぶ、またお客さんが増える、という好循環になる。

しかし、出店するには土地がいる。他のスーパーによっては、土地を借用して店舗をつくるところもある。初期投資がそれだけ安く済むから、そのやり方にもメリットはある。しかし、ダイエーは、土地は自前が原則だ。だからその土地を購入する資金が必要だが、ダイエーが出店したというだけで、その土地は値上がりするから、購入価格よりも高い価値を持つ。仮に五割価値が増えれば、今度金を借りるときにその土地を担保にすれば、購入金額より五割増しの資金を手にすることができる。

これも聞いた話だが、Aの土地を千平方メートル欲しいとき、倍の二千平方メートル購入する場合がある。ダイエーが出店すると価値＝土地代が二倍になったとすると、半分の千平方メートルを売れば、購入した土地代は只になる、という計算だ。現実にはこんなにうまくいくことはないが、価格が一割上がるだけでも、金利分は出る。福岡のツインドーム計画も、まさにこの考え方で進行された。

つまり、ダイエーの出店計画は、基本的に土地が値上がりすることを前提に成り立っている。土地が値下がりすることは考えていない。もし値下がりすると、土地の価値が下がり、価格がどんどん下がるが、借入金も利息も変わらないから、実質安い土地に高い金利を払い続けることになる。借金して土地を購入すれば損が増えることになり、ダイエー全体でみると、膨大な損失になってくる。そうなると、次の出店ができなくなるから、既存店の売上げが増えないかぎり、全体の利益も停滞か減少になる。

バブルが崩壊し土地の値段が半分になったというから、それを担保に借金をしても、前の半分の資金しか借りられない。土地が上がってくれないとダイエーは発展しないどころか縮小せざるを得ない。

バブル以後、二・五％だった公定歩合は数回に分けて引き上げられて六％になった。ダイエーの資金繰りは悪化し、金利負担は増え、借金の返済が困難になってきた。土地本位制は、ダイエーだけではなく、日本中の多くの企業で行なわれてきたのであるが、ダイエーはそれが徹底していたビジネスモデルである。

これは、日銭が入る商売だからできたことだ。年間一兆円の売上げがあると、大雑把に計算すれば一日あたり約三〇億円の日銭が入る勘定だ。それを支払い期限の来た銀行に順繰りに利子を払えば、いつまででも借り入れていることができる。利子さえ払えば、銀行は文句は言わない。大量の日銭が入る商売だからそれができる。

この日銭は、じつはまだ自分のものではない。これから仕入れた商品の代金や人件費や光熱費を払うと、年間の利益は二〇〇億ぐらい、あるいはもっと少ないこともある。でも、それでは一日一億円にもならないから、利子は払えない。日銭の三〇億円は、まだダイエーのお金ではない。まだ人様のお金だが、お金に色はついていないから、お借りしますよ、などと了解を得ずに、利子の支払いに回しても、誰も文句は言わない。ダイエーが、このビジネスモデルにこだわるには、その原点があるからだ。はじめの方で、中内さんが薬の現金問屋をやった話の時に、こう書いた。（二九頁参照）

普通の商売は、商品を仕入れて客に売る。しかし現金問屋は、その逆で、売ってから仕入れる。売ってから仕入れるとは、ありえない。一体、どういうことか。たしかにそんなことは、ふつうはできない。これができるのは、大阪の島之内だからだ。道修町や金物町や松屋町など問屋街では、朝仕入れたものは、夕方までに決済すればいいというしきたりがあった。だから現金問屋が成り立つ。

つまり、お金に色はついていないから、売ってから仕入れようと、仕入れてから売ろうとわからない。しっかり運転資金を用意してそれを使ってはじめて商売に乗り出すようなやり方をしていては資金が回らない、徒手空拳でも商売はできる、というのが中内さんのビジネスモデルだ。中内さんの、というより、どこでもやっていることだが、それを全社的にシステムとしてやっているのが、中内モデルなのだろう。

しかし、バブルがはじけて、土地代が下がったときには、このシステムでは、結果として金利負担がどんどん増えていくことになり、やりくりが付かなくなってくる。

そこへ、阪神淡路大震災が襲ってきた。

9 日本型GMSの土台が崩れてゆく

阪神淡路大震災

一九九五年(平成七年)一月一七日の早朝、私は新神戸駅の近くのマンションの七階で寝ていた。午前五時四六分、ガーンと突き上げるような衝撃で飛び起きた。ベッド脇の食器戸棚が倒れてテーブルに当たり、皿やコップが砕け散った。何が起こったのか、地震だ。テレビをつけるが、何も映らない。単身赴任だったので、電話で東京の自宅にかけたら大学生の息子が出た。テレビを見てくれ、と言ったら、関西で地震、大阪は震度五とか出ているが、神戸は空白で、震度が出ていないという。神戸の震源地にいるのに東京へ問い合わせるというのも変だが、神戸海洋気象台もNHK神戸放送局も被害を受け、機械が壊れたり局員が被害にあったりしていて対応できなかったのが、後でわかった。

他人事ではない。じつはこの時、私は神戸のFM放送局の社長だった。まだ電話は通じていたので、局に電話をすると、夜間の担当者が出て、めちゃくちゃですが、放送はできています、という返事。すぐ行くから、と電話を切り、ベッドから降りようとしたがガラスの破片が散乱して危ない。

部屋の中でも靴を履き、すぐに出かけた。街は、気持ちが悪いくらい静かだ。車が一台も走っていないからだ。電車もバスも止まっている。ほのかに明るくなってきた街を歩いて、元町の中突堤にある放送局まで歩きだした。家がつぶれている。パジャマ姿の女性が二人、私に声をかけてきた。助けてください。この下に父がいるのです。と言われても、この重い梁や屋根を私が持ち上げられるはずがない、ごめん、すいません、と言って急いで歩く。私はいまでもこの時の情景が浮かぶ。お前は、困っている人を見捨てて走り去るとは、それでも人間か。梁が動かないなどという言い訳をする前に、なぜ梁に手をかけなかったのだ……それからずっと今でも後悔の念にさいなまれる。

あちこちのビルが壊れている。倒れているビルもある。私は歩きながら中内さんに電話をかけた。まだ携帯電話はほとんど普及していなかったが、重くて大きい携帯電話が、ダイエーから提供されていた。出ない。副社長の潤さんに電話がつながった。街の惨状を実況中継しながら歩く。ダイエーの三宮店やジョイント、男館はめちゃくちゃで通り抜けるのも困難だ。余震があったらつぶれてしまう。

冒頭の中内さんに諫言し辞表を出したところでも記したが、私はこの二年前の一九九三年に流通科学大学と兼務で、兵庫エフエムラジオ放送株式会社、通称Ｋｉｓｓ-ＦＭ ＫＯＢＥの社長になっていた。中内さんが、貝原俊民兵庫県知事からＫｉｓｓ-ＦＭの経営状態が悪いので立て直しをしてくれと頼まれて引き受けたが、ダイエーには放送などのマスコミの仕事がわかる人間は誰もいない、すまんが君が行ってくれ、と勝手なことを言われて、大学と兼務で放送局の立て直しに奔走していた。

大学は、開学して五年、一年から四年までそろって、昨年第一回目の卒業生を出したところだ。経営はやっと順調になった。ほっとしたところへ、また立て直しだ。中内さんは本当に人使いが荒い。

Ｋｉｓｓ-ＦＭは、元町に近い神戸港の中突堤にある。その中突堤自体があちこち陥没し、大きな穴が開いていて海面が見える。暗かったら海に落ちてしまう。やっとたどり着いたが、放送局のある三階四階に上がれない。入り口も壊れてドアが開かないのだ。ぐるぐる探して非常階段で上がる。放送局の中は、それこそあらゆるものが倒れて、足の踏み場もない。それでも、当直の担当が、自分で音楽を流し、被災者に呼びかけて、元気づけようとジョッキーをしている。

FM局でも、災害時には被災者に災害情報を提供する義務がある。だから情報が必要だが、非常時には兵庫県庁から緊急情報を送信してくるはずの無線のFAXが、ウンともスーともいわない。何だこれは、災害放送が義務だ、役割だと言いながら、情報が来なければ何も放送できないではないか、おれが県庁に行って掛け合ってくる、と飛び出した。ちょうどそこへ出勤してきた局員のバイクを借りて、がれきの道をよけながら走り抜け、兵庫県庁にたどり着いてまた驚いた。誰もいない。ほとんど人影がない。やっと見つけた職員に、知事は？ と聞くと、いません。副知事は？ 来ていません。局長は？ 誰もいないのだ。放送局に情報を送信してくるはずの災害連絡担当の部屋は、器具がばらばらに落下し、棚が転倒していて、まさに惨状。人間も一人もいないし器材も壊れている。これではFAXをいくら待っても、送って来るはずがない。

地震というのはいつ起こるかわからない。職員がいっぱいいる勤務時間内に起こるわけではない。現にこの時の地震は午前六時前だ。まだ誰も出勤していない。電車やバスなど交通手段は、すべて止まっている。家が無事でも県庁にたどり着くすべがないのだ。知事を迎えに行くべき運転手が出勤できないから、知事は県庁に来られない。ところが緊急マニュアルは、すべて人間や機能が完全にそろっていることを前提に作られているから、災害が夜中や早朝だったら、何の役にも立たない。

私は兵庫県庁がだめなら、神戸市役所だ、消防署だ、と回って歩いたが、神戸市役所も破損し、旧庁舎などはひしゃげて崩れている。それよりなにより人間がいない。建物が完全でも、肝心の人間がいなかったら、ただのコンクリートの箱だ。対応するはずの、お役人も、消防署や警察も役に立たない。

とにかく流すべき情報が欲しい、NHKはどうなっている、と神戸放送局へ行くと、ここも局舎のビルが壊れている。でも、さすがに大勢のスタッフが働いている、その中に顔見知りの塩見薫局長がいたので、「情報がないからNHKの情報を加工して放送させてくれ」と了解をもらって放送をした。

こういう話は、直接、ダイエーや中内さんとは関係ないが、言いたいのはこの時の神戸はこんな状態だったというのをおわかりいただきたいと思うからだ。当然、神戸のダイエーの店は同じような状態だったのだ。

午前九時過ぎに中内さんと電話がつながった。その中内さんの第一声が、「流科大はどうなっている、建物は大丈夫か」「いや、私は放送局で」「何をやっているんや、大学のほうが大事や」「でも大学は事務局長が」「それが連絡がないんや、早く大学の様子を見てきてくれ」。中内さんにとって、そのくらい大学が大変なことはわかるが、申し訳ないが、私はそれどころではない。公共放送のほうが先だ、と心の中でぼやきながら電話を切った。事実大変な事態だった。

Ｋｉｓｓ‐ＦＭは停電が続き、非常用電源で放送は続けているが、その非常用電源の燃料があと四時間ぐらいしか持ちませんという。燃料の石油がなくなれば、放送も中断する。それは絶対許されない。近くのガソリンスタンドもやっていない。でも購入するにしても、灯油をバケツに入れて運んで来るわけに行かない。ポリタンクが必要だ。どこにある。店は全部閉まったままだ。仕方がない、おれが探してくると言って、またバイクでダイエーのハーバーランドシティ店に行った。誰もいない。

電気もついていない。裏口から入る。ぐしゃぐしゃだが、とにかく懐中電灯でポリタンクを探す。やっと探して二つ抱えて出入口で、ダイエーの社員に出会う。でも顔は知らない。「泥棒ではない。ダイエーの人間だ」と名刺を渡して、後で払いに来るから見逃してくれと言って、飛び出した。開いているスタンドを探して、やっと灯油を確保。放送は継続できた。

この阪神大震災でのダイエーの活動は、賞賛に値する。中内さんは、鬼神のごとき形相で、ダイエー全軍を叱咤した。「神戸が大変だ。神戸を救うのだ。トラックをおさえろ。タンクローリーも、ヘリコプターもフェリーも何でもいいから運べ」「状況はまだよくわかっていません。何が必要なのか調査してから運びます」という本部長に、中内さんは怒鳴った。「バカなことを言うな。状況がわかるまで待っていたら、間に合わん。なんでもいいから必要だと思うものを載せて、今すぐ発進させろ。名古屋からでも、福岡からも早くいかせろ」

東京から二四〇〇名、福岡から一二〇〇名、応援部隊を編成。午前一一時、東京からまず二機のヘリコプターがおにぎりや弁当など一〇〇〇〇個を載せて有明のヘリポートから発進。

ところが、神戸は火災があちこちで発生し、港も崩壊がひどく着陸許可が下りない。そんな馬鹿な、と中内さんが怒鳴っても、どうにもならない。その時、潤さんは、ロジスティクス研究会の一人に、運輸省の港湾関係者がいるのを思い出し、必死の思いで緊急着陸許可を頼んだ。栢原英郎さんだ。栢原さんはすぐにあちこちに電話をし、「被災者が困っているのを助けるのが役所の仕事だ、すぐ着陸させる方法はないですか」と説得してまわってくれた。

この計らいのおかげで、ヘリはポートアイランドに着陸することができた。この時だけでなく、その後何回も物資を届け続けることができたのだが、この時のポートアイランドは液状化現象のために地面はどろどろずぶずぶで、車は使えない。東京から乗り込んだ川一男専務たちはスーツに革靴だが、荷物を背中に背負い、両手に持ってずぶずぶの地面を四〇分歩き、神戸大橋にたどり着く。しかしその橋は、中央の継ぎ目が外れて、一メートルほど空きがあり下は海。通行禁止。でも、頼み込んでその中央のその空間を飛び越えて渡った。

ダイエーの前線基地は、ダイエーハーバーランドシティ店に置かれ、各方面から運ばれる物資は、まずここへ集結させた。

地震当日の一七日、兵庫県下四九店舗中二四店舗、大阪府下四七店舗中四二店舗で営業を開始。そのうち二九店舗では、二四時間体制で営業した。

ヘリ以外で最初に着いたのは岡山からのトラックで、カップラーメン六〇〇ケース。福岡からはフェリーが一一トン車で五台分の飲料水、カセットコンロ、おにぎり二〇〇〇個、が届いた。フェリーのさんふらわあにしき号をチャーターし、東播磨港に一一トン車七台、四トン車三五台、三トン車六台が上陸し、ダイエー各店に輸送する体制を敷いた。この迅速で大規模な対応は、まさに戦争における兵站である。ロジスティクスだ。

しかし、震災でよその企業はただで配っているのに、ダイエーは通常価格で売っている。地震の非常時にも、ダイエーは金もうけか、という人がいた。しかし、その人は、一〇〇円のおにぎり一個運ぶのに、東京からヘリコプターで運ばれ、ずぶずぶの道を四〇分も歩き、壊れた橋を死に物狂いで飛び越えて人力運搬されてきたことや、たぶんおにぎり一個に一万円もかかっていることを知らない。中内さんは、「そんなことを知らせる必要はない。我々の仕事は、一時のボランティアではない。ただで一〇〇個配って、ハイ終わりましたではないんだ。今日も明日も、生活必需品をいつでも同じ値段で安定供給し続けることだ。おにぎり一個一〇〇円と値段を付けたら原価が一万円かかろうと一〇〇円で売り続けるのが、小売業の社会的責任だ。どんな災害があっても、ダイエーに行けば、いつも通りの値段でいつも通りの商品が手に入る。それが、人々の安心と信頼につながるのだ」と明言する。だが、それがどんなに困難なことだったか。私は、震災の町を中内さんに一緒について歩いた。中内切、この司令官は、わがふるさとという思いもあるだろうが、それは鬼だった。この大震災を契機に、中内さんは経団連副会長もやめた。前からやめると言っていたのだが、故郷のため尽力するという建前は、世間からさすが中内さん、と受け取られた。

しかし、中内さんはもっと公的に活躍をしたかったのだ。国を動かし、兵庫県や神戸市と一緒に、この大震災を乗り越えたいと痛切に思っていた。ところが、何の声もかからない。自分では、当然一番先頭に立ってほしいと頼まれてしかるべきだと思っていたが、国からも県からも、何も言ってこない、産業復興会議みたいのができるみたいだが、そのメンバーにも入っていない。

「どういうことだ、何とかしろ」と私に言う。しょうがないので、知事のところへ、中内さんも加えてほしいと頼みに行くと、あのメンバーはみんな役職で選んでいる。神戸商工会議所や、関西経済連合会とかみんな地元の団体のトップに、委員になってもらっている。中内さんは地元の役職の肩書は何もないから、選びたくとも選べないのだ、せめて経団連の副会長だったら、中央代表としてなってもらえるかもしれないが、それもやめられてしまったので、やはり無理だという。貝原兵庫県知事も何とかしてくれようとしたのだが、中内さんを無理に入れると、他にもいろいろいて収拾が付かなくなるから、仕方がない、となった。

中内さんに報告をすると、むっとしていたが、よしわかった、どっちみちそんな会議は二、三回会議を開いておしまいだろうから、相手にしないで、別に会をつくってくれ、新しいこちらの復興会議をつくってくれ、という。私は思わず中内さんの顔を見る。このおっさん、何を言うのだ。勝手にもほどがある。なんとまあ無茶な、と思うが、結局、なんとかするしかない。

私は奔走、画策した。また星野さんと新野幸次郎さんに相談をしたところ、懇話会がいいだろうとなった。ふさわしいメンバーに就任をお願いしに必死に駆けずり回り、結局最終的には知事、市長とも相談して次のような形になったのが一九九五年一一月七日である。会長は中内さんと相談して新野先生にお願いした。

産業復興推進懇話会

一　目的

復興状況や主要プロジェクトの進捗状況等を踏まえて、産業復興全般に関する方策等について協議を行ない、関係機関等に対し意見・提言を行なう。

二　委員

学識者　堺屋太一　作家

星野進保　総合研究開発機構理事長

新野幸次郎　神戸都市問題研究所長

経済団体　三好俊夫　関西経営者協会会長（松下電工会長）

橋本　守　関西経済連合会副会長（丸紅副会長）

関本忠弘　経済団体連合会副会長（ＮＥＣ会長）

公益企業　秋山喜久　関西電力社長
　　　　　領木新一郎　大阪ガス社長
　　　　　井手正敬　JR西日本社長
　　　　　児島　仁　NTT社長
地元企業　中内　㓛　ダイエー社長
　　　　　大庭　浩　川崎重工社長
　　　　　亀高　素吉　神戸製鋼社長
　　　　　橋本俊作　さくら銀行頭取[*1]
三　顧問　貝原俊民　兵庫県知事
　　　　　笹山幸俊　神戸市長
　　　　　牧　冬彦　兵庫県商工会議所連合会会頭
　　　　　川上哲郎　関西経済連合会会長

しかし、最終的には、この懇話会はいろいろな事情が重なり、実現しなかった。

この震災でのダイエーの被害は大きかった。本当は、産業復興推進懇話会どころではなかったのである。全半壊の甚大な被害を受けたのは七店舗だが、そのうち四店舗が全壊だった。甚大と言えるほどではないが、神戸のほとんどの店が被害を受けており、阪神間で何らかのこの地震の被害を受けたダイエー関連の店舗（ローソンを除く）は三二一店（プランタン神戸や男館、電器館も含む）もある。そのうち、震災後二か月たっても営業できなかった店が一二店、仮営業していたのが三店である。

また、これまで書いたように、全力で被災地救済援助に要した費用もバカにならなかった。

いろいろな計算があるが、店舗や物損を含めて直接の被害額だけでも四〇〇億とか五〇〇億円だと言われている。

日本型GMSの黄昏

この大震災による被害は、この地域をドミナントにしているダイエーにとっては、本当につらいことであったが、避けようのない天災である。莫大な被害もダイエーの経営の齟齬によるものではない。また気合を入れなおして必死に前進すれば、償えるものだ。

しかし、震災の騒ぎに紛れている間に、償えないような巨大な地鳴りが迫ってきていたのである。時代の舞台は大きく変化しつつあった。それまで歯牙にもかけなかったような小さな潮流が、いつの間にか大きな渦となってダイエーを漂流させ始めていたのである。まるで他人事みたいなことを言っているが、私はその渦中にいたのだ。渦中では見えなかった風景が、時がたってふり返れば、ああこういうことだったのか、こういうことが起こっていたのかと見えてくるものだ。しかし、その時はもう遅い。打つべき手は打つべき時に打たなければ、何の効果もない。後悔のみが残るだけだ。

一九九〇年代に入り、バブルがはじけたのを消費者が実感してくると、当然財布のひもは締めてくる。消費意欲は減少する。国民の消費支出は九一年一・七%だったが、九三年マイナス〇・六%、九四年マイナス〇・九%、九五年マイナス一・一%と連続して下がっている。その影響は、ダイエーの売上げにも、もろに響いている。

ダイエーの既存店売上対前年比伸び率は、九〇年には四・二%あったのが、九一年には二・二%、九二年は二・六%、そして九三年はマイナス三・四%になり、九四年は四社合併(後述)による効果で〇・一%になったが、そこへ阪神大震災が起こり、九五年はマイナス九・七%、九六年がマイナス三・二%とマイナスが続く。バブルが崩壊し、景気が後退して、ダイエーの売上げも停滞、減少、そこへ阪神淡路大震災が襲ってきた。二重苦、三重苦だ。

この消費の減退を、中内さんは、消費者はより安いものを求めていると、とらえた。節約志向には低価格路線が最も効果的だ、というのが、ダイエーの過去の成功体験である。規模をさらに拡大し、カウンターベーリングパワー[*2]を強力にして、価格支配権を強化し、よい品をどんどん安く消費者に届ける、これぞダイエーの本来の姿だ。いまこそBack to the Basicだ。

しかし、既存店の売り上げ減退の原因は、違っていた。原因は自分自身にあったのだ。ダイエーが一九六三年に三宮で始めたSSDDSという、スーパーマーケットとデパートを合わせたショッピングセンターが、後に日本型GMSといわれる店舗形式になって、イトーヨーカドーもジャスコも西友も追従し、日本中へ広がっていった。

だから、スーパーマーケットと言えば、多くはこの日本型GMSだったのである。

この日本型GMSに行けば、生活用品はほとんどそろっている。毎日のお惣菜はもちろん、電化製品も衣類もかばんや時計も書籍も文房具も化粧品も薬も日用品も、何でもここで買えるという便利な店である。だからワンストップ・ショッピングという。

一九五〇年代後半から六〇年代七〇年代にかけての高度経済成長期にあって、この日本型GMSは人々のニーズに合致して、消費者から歓迎され、日本中に広がっていった。この時代は、人口も増加し、団地が増え、結婚、出産、育児という購買意欲の盛んな時代であった。

このことはダイエーの盛衰を考える上で、とても重要なことなので、もう少し深掘りしてみたい。

高度経済成長期で景気がよくなり、給料もどんどん上がって財布が厚くなり、人々の購買意欲が盛んになった。その旺盛な需要にぴったり合致して、日本型GMSが大きく成長してきたのは事実である。だから、チェーンストア業界にとっては、一つの大きな団地にドカンと出店したり、新しい郊外の住宅地に出店すれば、その地域の消費者のニーズはすべて任せてください、とドミナントを形成し、店が増えれば増えるだけ売上げが上がるという、黄金期だったと言えるだろう。その先頭を走っていたダイエーが、あっという間に三越を抜き、一兆円企業になったのも、この時代の賜物であった。

一九八〇年代に入って石油ショックなどで一時不況になったが、すぐにバブル景気になり、レジャーだ外食だ、ソフト化だ、と消費の多角化が論じられてはいたが、GMSの天下は揺るぎのないものと信じ切っていた。

ところが、事態は徐々に変わりつつあった。例えば、ダイエーの市街地のGMSの場合、家電の売場に並べられる洗濯機の数は、せいぜい五台から多くて一〇台だ。洗濯機のNBメーカーは八社で、それぞれが何種類も出しているが、全銘柄陳列というわけにはいかない。だから売れ筋を絞って売場に並べることになる。ところが、ほとんどの銘柄を何種類も陳列しています。洗濯機はお好きなものを選べますよ。冷蔵庫も、掃除機も、エアコンも、たくさん用意していますから、何でもご用命ください。どんなご相談にも応じます、というロードサイド（路面店）の家電専門の大型店があちこちに出てきた。しかも価格も安い。ダイエーなどの、少ない商品しか陳列していない、選べないGMSの店舗よりも、大型家電専門店で買うことになるのは当然である。

家庭電化製品だけではない。ロードサイドの、紳士服やワイシャツの専門店、婦人服や子供服の専門店、薬や化粧品、家庭用品などに特化したドラッグストア、家具家庭用品日曜大工のホームセンター、どれもこれも、GMSの限られた売場に並べられた商品とは格段に違う多銘柄の豊富な商品が広い店内に陳列されている。

家電では、ヤマダ電機が、この商号で活躍し出したのが一九八七年。同じくコジマは、この社名に変えて発展し出したのが一九九三年。ヨドバシカメラは一九八九年に家電業界初のポイントカード発行。ビックカメラは一九八二年に池袋東口店、八九年に渋谷店出店。

洋服の青山商事が大証二部に上場したのが一九八七年、東証一部が九二年。同じくＡＯＫＩの東証二部上場が一九八九年、一部上場が九一年。

婦人服のしまむらが東証二部に上場したのが一九八八年、一部が九一年。

ユニクロがファーストリテイリングとして始めたのが一九九一年、一〇〇店舗になったのが九四年。マツモトキヨシが上野アメ横に店を出したのが一九八七年。ロードサイド・ドラッグストア一号店が一九九四年。サンドラッグは一九九七年東証二部上場。

家具のニトリが札幌証券取引所に上場したのが一九八九年、本州一号店が一九九三年、一〇〇店舗が一九九四年。

ホームセンターのコメリ一九八七年新潟証券取引所上場、一九九一年一〇〇店舗。カインズ一九八九年設立。コーナン一九九六年大証二部上場。

右に挙げたように、ほとんどのロードサイドの専門店が、その力を発揮し出したのが一九八〇年代後半から一九九〇年代前半である。

あるカテゴリーキラーという業態が、圧倒的マーチャンダイジング力で品揃えし、価格も安くして店舗展開するカテゴリーキラーという業態が、この時期に相次いで出現し、GMSの顧客を奪っていったのである。奪ったのではない、お客様が、選択をしたのだ、というべきなのだろう。

しかし、なぜ、ほとんど時期を同じくして、一斉蜂起のごとくロードサイド専門大店が出現したのであろうか。

ダイエーなどGMSの多くは、駅前や繁華街や団地の中央などの足場のいいところに店がある。ところが路面店は、売場は広いが、足場がよいところはむしろ少ない。多くの場合、歩いてすぐ行ける店舗ではない。しかし、広い道路に面していて、駐車スペースも広く、車で行くには便利なところにできている。その点、歩いて行けるGMSとは根本的に異なる。

左のグラフを見てほしい。一九八〇年代に入って、トラックなどをのぞいた乗用車の台数が急激に伸びている。八一年に二四六〇万台だったのが九〇年には四割以上も増えて三四九二万台、二〇〇〇年には八一年の二倍以上の五二四三万台と急激にふえてきている。つまりこの時代は、我が国のモータリゼーション、自動車が生活の中にどんどん入ってきた時代だったのである。

それは何を意味しているかというと、歩いて行ける近距離にあったから便利に利用されていた近所のGMSスーパーの利点が失われて、もっと品揃えのいい、安い価格の店が、少しぐらい遠くにあっても、車ですーっと出かけられるようになった、ということである。

それについて、もう一つ重要なことがある。もう一度、グラフの軽自動車の伸び方を見ていただきたい。

乗用車所有台数推移(単位：万台)

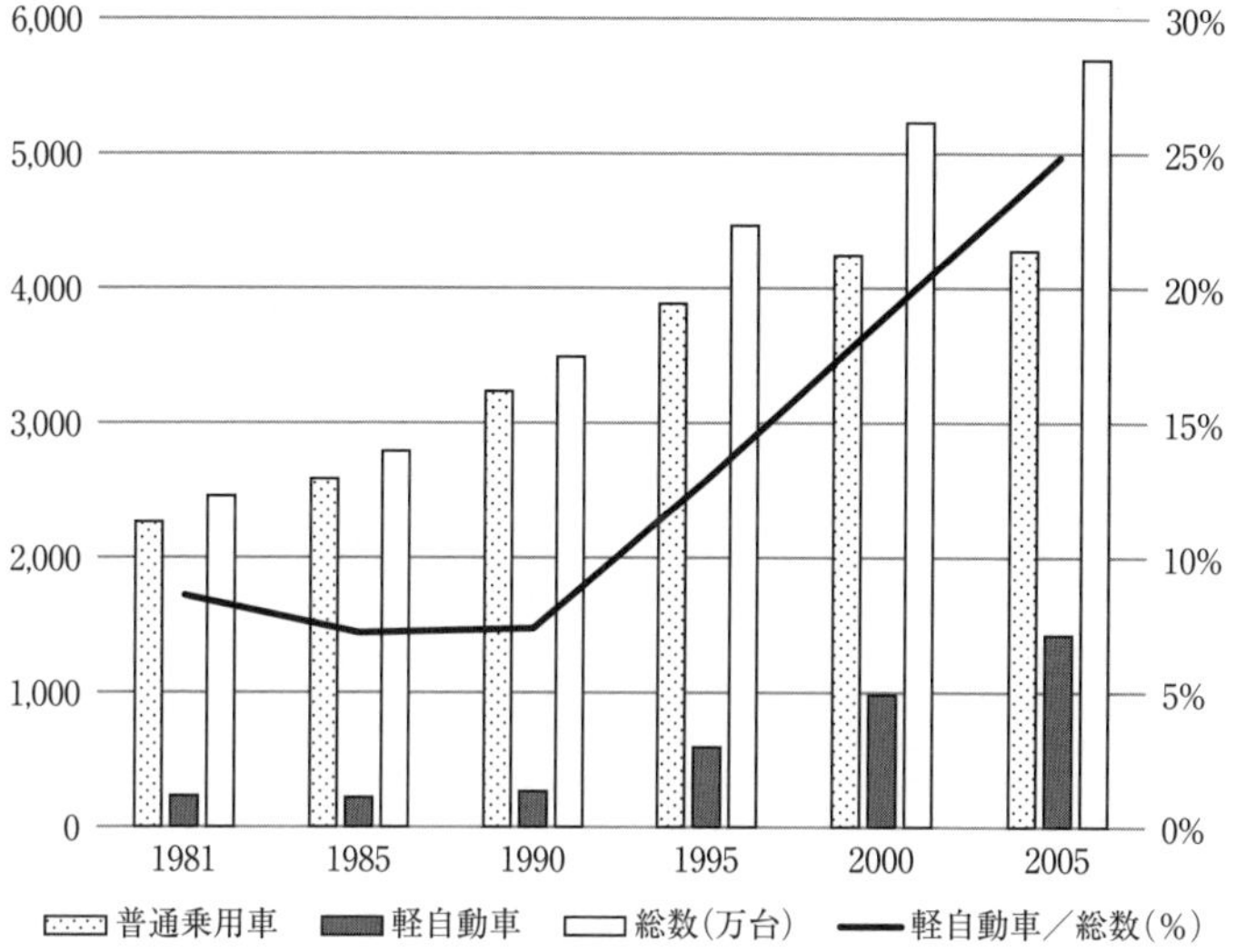

八一年を一にすると、八五年にはほとんど変わらなかったが、その後急激に伸びて九五年には二・八倍、二〇〇〇年には四・七倍にも増えている。乗用車の増加の多くが、この軽自動車の増加の結果だと言ってもいいくらいだ。

　では、この軽自動車は誰が乗るのか。それが、圧倒的に女性、特に主婦層が自分の車として利用し始めたのである。軽自動車の利点は、価格が安い、税金も安い、小回りも利いて運転しやすい、しかも女性向けにおしゃれにつくられている。自分専用に使えるというので、この時期に爆発的に増えたのだった。自分の手軽な足を手に入れた主婦には、自由の利く時間は十分にある。これまで近所のスーパーしか行けなかったが、自分の車ができたので、どこにでも出かけられるようになったのだった。

　前に挙げた、ロードサイドの家電、家具、

衣料、紳士服、婦人服、薬品、化粧品、食料品、園芸、日用品などの、駐車場がたっぷりある路面店が、この軽自動車主婦層を中心にしたモータリゼーションと並行して増加していったのも、当然の成り行きだったのである。

一九八〇年代後半から九〇年代に入って、ダイエーの既存店の売上げが、徐々に落ちていった原因は、バブル崩壊後の消費者の財布が絞められたことに合わせて、このカテゴリーキラー店舗の影響が大きかったと思われる。そして、それをもたらしたのは、この軽自動車の普及という主婦層のモータリゼーションのお陰だったのである。

一九九〇年以降は、ダイエーのみならず、イトーヨーカドーはじめ他のGMSの売上げはどこも徐々に落ちて行って、景気がよくなっても回復することはなかった。

あえて、もう一つ付け加えるのなら、かつてGMSのメインの顧客であった結婚・子育て世代(二〇—三九歳)の人口が、一九八〇年代後半から減少してきていたのだ。一九七〇年代、八〇年代は戦後すぐのベビーブーム世代が、新たに世帯を持ち家電製品、家庭用品をそろえ、子供が生まれて育児やおもちゃ、学校用品、衣服等、成長に合わせてつぎつぎにお金を使う時期であった。それは、高度経済成長期と重なり、ワンストップ・ショッピングの日本型GMSの伸長の背景であったことを考えると、この世代の子育てからの退場と、それに続く少子化による市場の縮小の影響は、当然考えておかねばならないことであったのだろう。

他人事のように書いているが、この当時私はダイエーの現場を離れて大学や放送会社に出向してはいたが、ダイエーの取締役であったことには変わりがない。GMSの天下はゆるぎないものと思い込んでいたのは、愚かであったと言わざるを得ない。

今さらだが、ふり返ってみれば、日本型GMSを根底から揺るがす、いくつもの大きな根本要因が、足元から襲ってきていたのに気づかなかった。

市場環境が大きく変化して、日本型GMSの黄金期はとうに終わり、たそがれてきたということの大きな潮流を、ダイエーはなぜ気づかなかったのか。

日本型GMSは、三宮店で記したように、市街地の場合、四階か五階の店舗で、地下か一階が野菜、肉、魚などの生鮮食料品とグロサリー、二階が婦人服で三階が紳士服、衣料品、四階が家庭用品台所用品、五階が書籍や文具、などと各階ごとに商品の売場が分かれているが、お客のよく入っているのは地下や一階の食料品のフロアだけだ。二階から上は、休日には少しは入るが、ウイークデーはお客の姿はとても少ない。しかし、全館冷暖房の空調や照明は必要だし、従業員もいなければならない。つまり、五階フロアがあっても、稼ぐのは一階だけで、他のフロアは経費だけが掛かる、という状況になってきていた。

この悲惨な状況に気づかなかったわけではない。路面店の専門大店に客が流れていることも、わかってはいた。しかし、日本型GMSの先駆者であり覇者でもあるダイエーが、GMSというビジネスモデルそれ自身が衰退の原因だと認めるには、過去の栄光があまりに大きく輝かしすぎた。自分自身を否定されるようなことには、目を向けたくない。

だから中内さんはこう言った。ダイエーの店に行っても品物は並んでいるが、買いたいものがない。もっと買いたいもの、売れるものを並べろ。商品力が足らないのだ。そしてもっと安く売ることに注力するんだ。

ダイエーの確固たるDNAは、規模の拡大とローコスト・マス・マーチャンダイジングである。大量に販売し、価格決定権を確立し、よい品を安く売る、このダイエーの原理原則を順守し突き進む、その道しかなかった。

四社合併

まずは、規模拡大だ。

一九九三年三月、ダイエー、忠実屋、ユニードダイエー、ダイナハの四社合併を発表した。四社合併といっても、ユニードとダイナハはもともとダイエーそのものの企業だから、実質はダイエーと忠実屋の合併である。

忠実屋株は秀和の小林さん[*3]の買い占めた株であるが、忠実屋は二月の決算で一〇〇億円近い損失を出している赤字会社である。ダイエーはこの四社合併で、一三五〇億円もの有利子負債を増やしてしまった。

連結負債は一九九〇年には九八〇〇億円だったのが、九一年には一兆九三〇億円、九三年は一兆三二〇〇億円、九五年は一兆五四〇〇億円と膨らんでいった。

バブルがはじけて、株の下落傾向は続いて、所有株の含み損がどんどん膨らんでいく。社内でも、なんでこんな合併をするのか、というひそめた声が、ささやかれる。中内さんも一目置いている渥美俊一さん[*4]も、私に言った。忠実屋なんてやめた方がいい、駐車場は少ないし使えない店が多すぎる。中内さんがわからないはずはないんだが……。

中内さんのポリシーは明確である。規模の経済だ。店舗の数が多ければ多いほど、販売力が大きくなる。メーカーに対する発言力も増す。カウンターベーリングパワーだ。特に利益を生み出す首都圏への出店を増やしたいが、大店法があってできてない。首都圏に多くの店舗を所有する忠実屋を手に入れることは、中内さんの願いだったのだ。

しかし、忠実屋の店舗の多くは、古くて駐車場が少ない。赤字店も多く、ダイエーが経営しても、黒字化は難しい、と渥美さんは示唆している。もちろん、中内さんにはすぐ伝えたが、なんでもっと早く言わん、と叱られた。しかし、じつは、だいぶ前に中内さんと私は二人で、忠実屋の店を何店か見て回り、古いことも、駐車場が少ないことも、その時からわかっていたことである。それでも、中内さんは店を増やしたかったのだと思う。

バブルがはじけたということは、株だけの問題ではない。ダイエーにとって最も重要な消費者の購買マインドが防衛的になってきているのだ。消費者は自分の暮らしを守るためだから、当然である。消費が落ち込めば、バブルで膨らんだ日本中の多くの企業は業績悪化への抵抗力が弱い。倒産もあるかもしれない、給料も減るかもしれない、という風潮の中、人々は余分な買い物は控えるし、いままで五品のおかずが三品や二品になるのである。

それに加えて、カテゴリーキラーの影響や、子育て世代の減少などの要因が想像以上に大きく、ボディブローのように効いてきていたのは、前に書いたとおりである。

その結果、ダイエーの一九九二年の既存店の売上対前年比は二・六%だったが、合併して忠実屋やユニードの不採算店を吸収したので、九三年はマイナス三・四%になってしまった。それでも九四年は何とか〇・一%まで盛り返したが、九五年の阪神淡路大震災でマイナス九・七%と大幅に落ち込み、その後は、九六年マイナス三・二%、九七年マイナス二・四%、九八年マイナス二・八%、九九年マイナス五・〇%と、回復することなく、下降していった。

ダイエーがそれまで売上げを伸ばしてきた最大の要因は、前から言っているように積極的な出店である。新店を出せば、新規市場を開拓して確実に売上げも利益も増える。しかし、忠実屋を合併して店舗数や売上げは増えても、新店の増加ではなく既存店、しかも赤字店を増やしたのだから、収益はますます悪くなるのは明らかだ。こんな合併はしてはいけなかったのである。

ハイパーマーケットは赤字が続いた

ダイエーの不易の原則「よい品をどんどん安く」売るために、新しく取り組んだロースト・マス・マーチャンダイジングの推進は、ハイパーマーケットである。通常はマーケットを省いて、ハイパーと言われるが、このハイパーマーケットという業態の店舗を、ダイエーはハイパーマートという商号で、九〇年代に入って出店を始めた。

これは、ドイツから始まった業態と言われているが、郊外よりもさらにその外縁の地価の安いところにつくる店舗で、大きい倉庫のような広い空間に、間仕切りもしないで段ボールのままの商品を陳列してあり、顧客はセルフで大きいショッピングカートに、欲しい商品を入れて買いまわって、レジで精算する。商品は食料品が主で、大量に買えば非常に安く買えるので、欧米では人気の店舗だ。住宅からは遠い立地なので、ほとんどの人は、週に一回とか月に二回とか、自動車で来るから、大量に購入するのを前提につくられている。

まさに、ローコスト・マス・マーチャンダイジング。単品大量計画販売するための仕組み作りだ。建設コストも、維持管理費も人件費もみんな安くして、その分、売価を低くできる。これぞ、「よい品をどんどん安く」というダイエーの大原則に沿う、理想を実現した店舗だ、と中内さんは思っている。

ただ、こういう郊外型の店舗は、これまでの日本は、自動車社会ではなかったことや、毎日、今晩のおかずを買いに出かけるような主婦の買い物の習慣とは違うので、日本にはなじまないだろうと言われていた。

しかし、マイカー時代になった今、バブルがはじけて節約ムードになり、消費者はより安い商品を求める傾向が強まったと捉え、ダイエーは、つまり中内さんはBack to the Basic、「エブリデー・ロープライス」だ、原点に戻ろうと社内にはっぱをかけ、ダイエー本来の安さを強く打ち出した。

その具体的施策が、一九八九年(平成元年)一一月から始まったハイパーマートの展開である。このハイパーの例として、よく取り上げられるのが、香川県の坂出市に作られた店舗だ。店舗にかけるコストを徹底的に削減し、その分お客様に低価格で商品を提供できる店を実現する。天井は鉄骨むき出しだ。倉庫のようながらんとした空間に、商品は、ダンボールごと積み上げられており、利用客は大型のショッピングカートに商品を乗せて、出口ゲートを兼ねたレジで代金を支払う。

ここには暖房施設がなく、男性用トイレには、便器もない。広いコンクリートの打ちっぱなしの壁に向って一列に並んで用が足せる横長の台があるだけの空間だ。まさにローコストでできる。

このハイパー坂出店の説明を、ダイエーの会議で担当者が説明するのを、私も聞いた。担当者は、いかにローコストでできたかを得意そうに話していた。もちろん、中内さんもいる。その時、私は正直、非常に驚いていた。四、五年前に、臨教審で論議された「教育環境の人間化」という言葉から、中内さんが、商業も売り買いだけでなく、もっと人間のことを考えるべきだとして、「商業空間の人間化」という方向を、ダイエーグループ全体に提起したのを思い出したからだ。

このとき、中内さんの指示を受けて、調査室は、ダイエーの何十店かの店のトイレの状態を調べて、いくつかの店は暗い、狭い、汚い、場所が悪いなど改善すべき箇所があることを報告し、是正を指示したことがあった。コンクリートの打ちっぱなしのトイレが、果たして自慢できるものなのかどうか。ローコストで建設はできるだろうが、それが人間的なのかは、はなはだ疑問に思った。

しかし、中内さんは、このことを是とし、推進しようとしているようなので、あの時の「商業空間の人間化」はなんだったのか、と首を傾げた。打ちっぱなしのトイレでも、それを帳消しにするほど、「よい品が安く」売られていれば、お客さんも不満はないだろう。しかし、本当に欲しい品が安い価格で売られているのだろうか。そうならば、ハイパーマート各店は長蛇の列ができる筈である。残念ながら、そうではなかった。

このハイパーマートの各店は、開店して何年たっても赤字が続く店が多く、黒字の店はほとんどない。消費者のニーズに合っていれば、赤字になるはずがないのである。それにも関わらず、つぎつぎに、ハイパーの新店がつくられ続けた。三十数店もつくったということだ。ダイエー創業の理念、よい品をどんどん安く、ローコスト・マス・マーチャンダイジングを突き詰めるとハイパーになる、と言われたが、理念よりも現実は、利益が出なければ意味がない。現実よりも理念を優先するのか。それで、会社は大丈夫なのか。

チェーンストア展開の最も先頭を走っていたダイエーにとって、八〇年代は大店法強化による出店規制が非常に厳しく重くのしかかってきていたが、九〇年に規制緩和されて、よし、これからというときに、バブルがはじけた。バブルの後遺症が続く今は、エブリデー・ロープライスだ、人々は、安いものに購買行動が向く、と判断したようだが、現実は違った。確かに消費は無駄を抑え、より堅実になり、消費額は減る傾向になった。安ければ買うという時代から、必要なものを選んで買う、という時代になったのだ。

そして、カテゴリーキラーの専門大店の潮流が押し寄せてきたが、「GMSは絶対だ」と顧みることはなかった。価格でも品揃えでも劣るのに、ダイエーにはその認識が乏しく、価格のみに注力した結果としてダイエーは安いが買うものがない、と思われたのか、来店客数も減り、売上げを減少させていった。

そこへ、ドーム球場や、SKHなどのバブルのつけが回って来て、さらに四社合併があり、不採算店が増え人件費もかさんで収益を悪化させ、さらにそこへ阪神淡路大震災が起こった。ダイエーにとって一九九〇年代は、強い逆風が吹き続けた。

この逆風には人智の及ばぬ地震のような不可抗力もあるが、舵取りが間違っていた要素も非常に大きい。四社合併もハイパーも、その舵は、中内さんが握って放さなかった

しかも多くの人が、ハイパーはもっと早くやめるべきだと思っていたし、四社合併をなぜするのか疑問に思っていた。このままでは、ダイエーは下り坂にアクセルを踏み続けるような間違いすら起こしかねない。世の中が、安ければいいという時代でなく、選んで買う時代になってきたのなら、少しでも早く、マーチャンダイジングを変えなければならないのだ。もっと言えば、日本型GMSに見切りをつけるような大改革を行なうべきだったのだ。

しかし、指揮を執り、舵を握っているのは、全軍の最高司令官、中内㓛さん、ただ一人である。生殺与奪の権限をもつ偉大な権力者に逆らえるものはいない。だから、誰も異を唱えたり諫言する人はいない。中内さんが始めた日本型GMSの輝かしい大成功の栄光の旗を降ろせ、というのは、無理だ。中内さんに一喝されて、馘になるか、左遷されるかに決まっているからだ。

ハイパーマートの責任者は、潤さんである。だから、ハイパーの赤字垂れ流しは、中内潤さんの責任である。少なくとも、新規出店をやめるべきなのだ。一〇店目では無理かもしれないが、一五店、二〇店目はやめられたはずである。それを三〇店を超えてもまだハイパーの新店を出店していた。世評も、ハイパーは赤字をいつまで垂れ流すのかというマスコミの記事が次々に出ている。ダイエーの中内潤副社長は、なぜ赤字続きのハイパーを継続しているのか、その責任を問う、戦犯だ、とまで言われている。

潤さんにハイパーはだめです、という人は何人もいた。中内さんには言えないが、潤さんには言える。だから潤さんは、ハイパーの惨状は十分にわかっていた。しかし、それを潤さんに言っても無駄なのである。潤さんにはハイパーを止める力がない。止められるのは中内さんただ一人である。ただ、中内さんにハイパーはやめましょうと諫言しても、中内さんは絶対にやめない。正しいと信じているからだ。よい品をどんどん安く、ローコスト・マス・マーチャンダイジングはダイエーの憲法である。原理原則である。これを掲げて、千林から日本一の流通業になったのだから、止めるなどということは、中内さんにとって、死ねということだ。ダイエーをなかったことにするというのと同じである。

それをダメです、という人間は、ダイエーにはいらない。馘だ。

中内さんは、どんな状況になっても、原理原則は曲げない。なぜか。何度も言うが、それで日本一になったからだ。中内さんにとってこの原理原則こそが、支え、支柱なのである。

For the Customers を不易ととらえ、不変の原理原則であることには、誰も異を唱える人はいないだろう。しかし、「よい品をどんどん安く」が不易で不変であるかどうか、それがハイパーマートであるかどうかは、難しい。

問題なのは「よい品をどんどん安く」ではなく、〈よい品〉とは何かなのではないか。これは、人によって考え方の違いが出てくるだろう。

中内さんの〈よい品〉の原点は、ジャングルの飢餓の時に夢想した牛肉のすき焼きである。山盛りの丼飯にすき焼きの牛肉を腹いっぱい食いたい、という強烈な願望の実現だ。その延長線上に、庶民みんなに牛肉のすき焼きが食べられるような暮らしをさせてあげたい、という思いが、ダイエーを日本一にしたのだ。

だが、飽食の時代となった今、それが〈よい品〉なのだろうか。その発想の延長線上で、品揃え、店揃えをしていいのであろうか。ハイパーはまさにその線上の店舗だが、店舗より、そこに並べる商品の数々が、お客さんの欲しがる〈よい品〉なのかを考えることが、最も大切なことだったのではないか。〈よい品〉は不易ではないのだ。流行なのだ。それを「よい品をどんどん安く」全部を不易としたところに、大きな齟齬があったのではないか。

庶民が買いたいと思わない品を〈よい品〉として陳列し、安く売っても売れない。結局赤字を出し続けることになる。ハイパーをやめるか続けるかは、大いに議論して決定すべきだったのだ。当時は業態の問題としてハイパーの是非が問われたが、業態よりもマーチャンダイジングの問題だったのではなかったのか。

しかし、本当はこの方が難しい。何が、どんな商品が売れるのか。それがわかる人間がいるのか。ダイエーの誰がわかるのか。

ダイエーが躍進していた時は、何が売れるかなど考えなくてよかった。国民はみな貧しかった。ほしいものは山ほどあった。人口はどんどん増え、新婚世帯が増えて、家庭の中に必要な、ほしいものばかりだった。だから、ダイエーは、単品大量に仕入れて少しでも安く売れば、どんどん売れたのである。

消費が飽和してきたときに、新たに売れる商品を開発する能力は、ダイエーには乏しかった。それだからこそ、安さや業態にこだわった。

しかし、こういう議論はどんどんすべきだった。不得手でも事態を認識し、どうしたらいいかをみんなで考えるべきだった。だが、全軍の指揮官中内さんの前ではできなかった。「よい品をどんどん安く」は不易だ、絶対だ、と聳え立つ、その前に議論の余地はなかった。

潤さんもハイパーではだめだと考えているはずだ。潤さんにこのことを言っても、口ごもるだけで、返事はない。この話題は避けたい、したくないというのが如実だ。中内さんは、息子には甘いが、ハイパー中止に言及したら、たとえ息子でも激怒し、職位を外すだろう。中内さんは、そういう人である。息子より原理原則をとる。中内さんにとって、「よい品をどんどん安く」は自分の存在証明であり、誰が何といっても不易不変の大原則なのだ。ハイパーこそは、この大原則を遂行する最もふさわしい業態だと信じているのである。

潤さんもそれがわかるから、ハイパーマートをやり続けるしかなかったのだろう。私はそう思っている。

10

諫言・辞表、そしてダイエー崩壊

このままではダイエーはだめになる

ただ、このままでダイエーがいいはずはない。どうにかしないと、いずれつらい目に合うのではないかと心配だ。私が心配するのは、潤さんではなく、ダイエーで働く人々である。

私が秘書室から流通科学大学に移るときに、なぜ行くんだと鈴木達郎さんに叱られた。その時、鈴木さんが、大切なのは社員なんだ、社員を路頭に迷わすようなことはできない。しかし、中内さんは社員よりも原理原則、商売の方を選びかねない。だからそばで見ていてほしい、秘書室にいてほしいと、叱られたのだ。潤さんもそれをわかっていた。

会社はつぶせない。社員もパートさんも、みんなダイエーで働いて生計を立てているのである。自分の家族のために働いているのである。鈴木さんとは散々この話をした。そして、中内さんに少しでも早く潤さんに譲ってもらい引退してもらうには、どうしたらいいだろうと話し合ってきた。

臨教審や経団連の仕事や時間をもっと増やしてくれ、と鈴木さんやほかの役員からも言われた。その方が、会社はうまくいく。みんなの頭の中には、河島さんがいた。河島さんの経営再建の手口を、主だったメンバーはみなしっかり学んだ。非常に合理的だった。そして見事にV革を成し遂げた。みんな、それを知っている。そのメンバーだった鈴木さん、潤さんも、平山さんも、高木さんも、奥谷さんも川さんも、みな経営とはこうするものかと河島さんから教えられた。このメンバーはみな優秀だが、普通の人である。流通革命の大切さは十分理解はしているが、会社がつぶれても原理原則を死んでも守れ、などとは言わない。みんな会社の存続のほうが大事だ。それが普通の人だからだ。

鈴木さんも私も、なるべく早く潤さんに社長を譲ってもらおうと考えたのは、潤さんが普通の人だからである。潤さんには流通革命の実績も戦争や飢餓の体験もない。売り上げ日本一の勲章もない。実績がある人は、言いたいことが言えるが、普通のわれわれは、同じ土俵で話ができる。だから普通の人の潤さんに代わってもらおうと考えたのである。

河島さんに代わってくれと言っても、中内さんは烈火のごとく怒って絶対に代わらないが、息子の潤さんならおやじも納得するのではないか。鈴木さんとは何度もこの話をしてきたが、どうやって交代を説得するかでいつも行き詰った。

いっそ、武田信玄みたいにおやじさんを幽閉して潤さんに代えたらどうだ、とまで話し合った。でも、現実にはできる話ではない。

潤さんがCEOみたいなワンマンになったらどうする、という話にもなったが、鈴木さんは、そりゃ大丈夫だ、その時は俺がちゃんと説得する。おやじさんはジャングルでも食い物がなくても生き延びてきた。敵も殺してきた。だから、全くたじろがないが、潤さんは普通の人間だ。普通だからこそ、無茶苦茶はできない。

中内さんがワンマンでも誰も文句が言えないのは、実績があるからだ。潤さんは息子だが、実績はない。それは本人もみんなも知っている。えらそうにしても、理屈に合わないことをすれば、社員は遠慮なく反乱する。潤さんは利口だから、そんなことはしないし、できない。万一、思い上がって独断で変な道に行こうとしたら、そのときは刺し違えてでもおれがやめさせる、潤はまあ普通の人間だから大丈夫だ、という話をしてきた。

その鈴木さんが、一九九四年(平成六年)に亡くなってしまった。そこへ、阪神淡路大震災、消費構造の変化、カテゴリーキラー……何重にも苦難が襲ってきて、ダイエーの業績はどんどん落ちていった。そして、中内さんの号令はBack to the Basic、原理原則の旗をより高く掲げることだった。世の中からみたら、さすがに中内さんはぶれない。初志貫徹だ。流通革命の旗を降ろさない。すばらしい、と褒めるかもしれない。

しかし、それで会社がつぶれたらどうする。主義に殉じるのはいさぎよい、滅びの美学だなんてもっともらしいことを言う人もいるかもしれないが、冗談じゃない。会社がつぶれたら、路頭に迷う社員が、家族が、何万もいるのだ。

鈴木さんがいなくなって、私は一人で考えた。私なりに考えて、二つのコトをやろうとした。一つは、前に記した二一会の共同発起人で、潤さんの後見役をお願いしているJR東日本の松田昌士社長とNIRAの星野進保さんに、さりげなく、おやじさんの意向を確かめてもらうことだ。それで、少しでも潤さんに譲る気があるのだったら、手の打ちようがある。私は、阪神淡路大震災のあと始末に苦闘しながら、二一会の開催にことよせて、神戸から松田さんにお願いした。その手紙の写しが残っているので、掲載する。一九九五年六月のことである。

松田社長殿

来る六月八日には、二一会発起人のお三人の会合の場をセットさせていただいております。過日より、ご相談申し上げていますように、中内及びダイエーのかかえている根本的問題は創業者の中内㓛社長(CEOと呼んでいます)のエネルギーをどう発散させるか、です。

阪神大震災のこともあって、経団連や政府財界関係の仕事を一切辞任して、もう一度ダイエーやダイエーグループの仕事の指揮を全面的に執り出しました。

しかし、ここ数年、CEOが現場を離れ、潤副社長にほぼ全権(とくにダイエー本体)を任せていたので、社内体制も、仕組みや仕事の進め方、システム、内容も潤体制に一変しています。

CEOには、その点が分らず(多分、感じてはいても分りたくない)数年ぶりに直接指示を出しはじめ、人事や組織を変えようとしています。

社内に混乱が起こりはじめ、命令系統が二つになり、潤のところへ「CEOよりこんな指示(トンチンカン)が来たが、実行するのですか。副社長の方針と違いますが」というような問合せが多く来るようになりました。

潤副社長は、その事後処理に大部分の時間を費やしており、「CEOの名誉が損なわれる」と心配をしています。

先月五月二五日、ダイエーは株主総会を行い、役員の改選を行いました。CEOはあと二年の続投を宣言しています。本当は、潤が四〇歳になった今年、社長職をゆずる予定だったと思いますが、それも実権は離さず君臨しているには変わらなかったでしょう。

地震があって体制は継続しましたが、本当に困っているのはＣＥＯご本人だと思います。今後どうしたらいいのか、エネルギーのもって行きようがないのです。まだ七二歳です。商売が好きでしょうがないのです。趣味も殆どありません。相談する人も、殆どおりません。

あと二年は経団連関係の要職を用意していたのですが、それも意味がなく、神戸商工会議所の会頭も考えていましたが、絶対にならない、といっています。

流通科学大学の講義や大学経営等もお願いしていますが、まだ、ダイエー本体の仕事に注入したがっています。

これから、どのように、潤体制へのソフトランディングを行ったらいいのか、お力をお貸しいただきたく存じます。

松田社長、星野理事長が、潤の後見人として、援けて下さるということは、中内自身もよく理解しており、感謝申し上げております。

しかしながら、潤体制の確立が自分自身の引退問題と一体のものであるとは、なかなか分りたくないので、難しい問題です。

今後どのようなふうに対応していったらよいのか、以上のようなことをお含みの上、さりげなく、何卒さりげなく、中内の胸の内などをたたいていただけると、ありがたく存じます。

潤がたよりない、ということはありません。むしろ、しっかりしすぎていて、ＣＥＯにしたら可愛げがないくらいでしょう。ダイエーの経営も親父よりずっと合理的にソツなくやっています。出来すぎるというのもよくないのかもしれませんが、立派な後継者であることは分っています。

もし、さりげなく、「これからどうするのか」というような話題をほんの少し、挟んでいただけたらと存じます。この点は、星野理事長にもおなじようにお願いしています。親父も大事、息子も大切。とにかくこの二人がいて、はじめて五兆円企業も成り立っているのですから、うまくリレーが行われるように努力したいと思うのです。よろしくお願いします。勝手なお願いで、すいません。恥を承知の上で、何もかもお話し申し上げました。

松田社長に別途直接ご相談に参上しようかと思っていたことを記してしまいました。お三人の会合の席上でこの件についておふれいただかなくても、もちろんよろしいのです。この問題をどうしたらよいのか、別の機会にでもご教示賜りたく、記しました。ご明察のほどお願い申上げます。

一九九五・六・五

小榑雅章

なお次回の二一会の件、同封します。

次回の第七回の二一会の出席者は下記の通りです。

ご欠席は海外出張予定の星野理事長とベネッセの福武社長のお二人だけで、殆ど皆出席に近い状況です。持ち回りのご講義はＮＴＴの児島社長です。

第七回二一会・出席者名簿
（五十音順・敬称略）

会　長　中内　㓛　株式会社ダイエー　会長兼社長
副会長　松田　昌士　東日本旅客鉄道株式会社　社長
磯崎　洋三　TBS株式会社　社長
位田　尚隆　株式会社リクルート　社長
氏家　齊一郎　日本テレビ放送網株式会社　社長
児島　仁　日本電信電話株式会社　社長
鳥羽　董　味の素株式会社　社長
鳥海　巌　丸紅株式会社　社長
成田　豊　株式会社電通　社長
西　和彦　株式会社アスキー　社長
福原　義春　株式会社資生堂　社長
矢内　廣　ぴあ株式会社　社長
中谷　巌　一橋大学教授

CEOへの手紙

中内さんの意中は、間違いなくそろそろ潤さんに社長を譲るということだ。松田さんも、星野さんも、中内さんの胸の内をたたいて、そう感じたという。実際に社内の体制は、潤さんに集約され、ほとんどすべてのことは潤さんに相談されて意思決定されるようになってきていた。

しかし、阪神淡路大震災で、経団連をやめてしまうと、中内さんがやることはやはりダイエーしかない。潤さん体制にお構いなく、いろいろ指示を出すようになってきた。それは潤さんの指示と食い違うことがしばしばある。どっちの言うことに従ったらいいのだ。どうするのだ、とみんな困る。社内が混乱してきた。松田さんに手紙を書いてから半年たっても、この状態は変わらなかった。

潤さんも困っているし、やはり潤副社長ではだめなんだということになりかねない。だから、神戸から中内さんに直接左記の手紙を書いた。

ＣＥＯ殿

上海からのお便り、ありがとうございました。文字どおり拝読致しました。上海のビビッドな様子が目に浮かぶようです。とてもとてもうれしいです。

ひと言お礼を申し上げたく存じますが、お礼にこと寄せて、ぜひお聞きいただきたいことを書かせていただきます。

今までも、今も、これからも、私はＣＥＯのことしか考えません。私はダイエーに就職したのではなく、中内㓛という人に就職したのです。この人に惚れて、この人に尽くすために来たのです。このことはお分かりいただだいていると思っています。

その私が心配しているのは、かねて申上げているとおり、CEOのこれからの一〇年です。CEOの人生に於て、じつは一番重要なのはこれからの人生です。晩節を汚さないこと、これがどれほどむずかしいことか。人生の完成期になって、IYの伊藤さん[*1]も磯田さん[*2]も金丸さん[*3]もみんな九仞《きゅうじん》の功を一簣《いっき》にかいてしまいました。

つまらぬことを言うな、分り切ったことを言うな俺は違う、とお思いでしょうが、そうではないのです。むしろ累卵[*4]の危きにあるとさえ思います。例えば、先に総会屋対策でIYが挙げられましたが、あの時IYの伊藤かダイエーの中内か、当然リーディングカンパニーの方が一罰百戒[*5]の効があるのだから、ダイエーをあげるべきだ――となっていました。やっとそれを回避できたことをCEOはご存じではありません。

そして、今です。

震災の後、CEOは経団連もやめられ、ダイエーの仕事にお戻りになられました。その震災対策ではさすがCEOでしかなしえないリーダーシップを発揮なされ、ダイエーの偉力を世の中に見せつけられました。

しかし、その後もずっと会議にもご出席になり種々現場のご指示も、店巡回も積極的になさっておられると聞いています。

しかし、このことがダイエーの中に混乱をまき起こしていることは、当然CEOですからご承知おきのことと存じます。二頭政治。つまりCEOとVP[*7]の二つの指示。当り前のことながらCEOのご指示は天皇陛下のご命令と同じですから、みな、従います。しかし、「いいのかな、これは今までと違うな」と心の中で思っています。そして、もっと正直に言えば、ＣＥＯのご指示の方がおかしいと思っているようです。不満がどんどん大きくなっています。これまでの神聖なＣＥＯの偶像がこわれかねないのです。何人もの人間から、この話を聞きました。もう待ってはいられません。ＣＥＯに黙っていることが、私には耐えられません。私がまだ秘書の時、ＣＥＯにお伴して二人で「ラストエンペラー」[*8]という映画を東劇で観ました。その後、帰りに大門の、りきしゃまんに寄ってビールをお飲みになりながら「おい、おれはラストエンペラーではないだろうな。一四階だけが紫禁城で、外は黄巾賊[*9]だらけだったりしないだろうな」と言って笑われました。

今、ＣＥＯのおっしゃることに、表面上異論をとなえる人はいないでしょう。しかし、心の中は違っています。このことは、ＣＥＯのおっしゃることが正しいか正しくないかが問題なのではありません。すでに何年も前から、ＣＥＯが現実の指揮をＶＰに委ねられてから、みんなの思考回路がＶＰ流に変えられてしまっているのです。ＶＰ色に染まっているといってもいいのかもしれません。

そこへＣＥＯが、単発的にご指示をなさっても思考回路が違うのですから、なかなか納得してもらえません。色もちょっとにごるだけです。にごって汚れる、と受けとられるのです。

たしか四〜五年前、古いオリエンタルホテルでＣＥＯに「もうダイエーには戻れないのですから、別の世界をお作りになるべきです」と申上げたことがあります。（牧さんが商工会議所の会頭に指名されたときのことです。）

その時ＣＥＯは「ダイエーに戻れないのではない。戻らない方がいい，と言い直せ」と私を叱りました。もうお忘れでしょうか。

私は，そのときも今も，ずっと同じこと，つまりＣＥＯの人生のことを考えています。流通科学大学を一生懸命整備し，恥ずかしくない大学にして来たのも，Ｋｉｓｓ-ＦＭを立て直したのもすべてＣＥＯが神戸でお過ごしになられるインフラ作りの一環だったと思っています。

これまでＣＥＯはつねに上がっていく既成の目標がありました。臨教審も，経団連も勲一等も。でも，これからはもう既成の目標はありません。お作りになってゆくしかないのです。

そのご活躍の場は神戸が最適と考えて来ました。

神戸には，流科大がありホテルがあり，ゴルフ場があり，Ｋｉｓｓ-ＦＭがあり，ＯＰＡがあり，ダイエーも種々あります。

そして，震災復興のために，産業復興推進会議を作り，ポートアイランド第二期工事を担い，みどり銀行に出資し……どれもこれも切り離すことのできないインフラ整備の戦争だと思っています。

そんなバカなことはやめろ，おせっかいもはなはだしい，とお思いでしょう。しかし，ではどうなさるのですか。どれもこれも，急に思い立って出来ることではありません。段取りが大切なことはいつもＣＥＯのおっしゃることです。少しずつ根回しをしてはじめて出来るのです。

そしていざとなって，本当にイヤならおやめになったらよろしいのです。オレは知らない。こぐれが勝手にやったことだ――でよろしいのです。

責任をとるのはカンタンです。しかし急に「やれ」といわれる方がむずかしいのです。経団連に入るときも臨教審委員になるのも天然現象ではありませんでした。

神戸は田舎だと思います。でも神戸に来ると決めれば、全然世界は変ります。これもＣＥＯが一番ご存知です。

東京や福岡と違って神戸はＣＥＯの故郷です。情報も人脈もすべてＣＥＯにつながっています。今日は、思うことをみな書きました。お怒りにふれることも覚悟しています。お前などいらない、とご指示があるかもしれません。甘んじて受けます。それでも、今、ＣＥＯに申し上げるべきことだと思うから、駄文をつらねました。

もう一つ、私にはやりたいことがあります。これももう一〇年も前のことになりますから、憶えておいでになるとは思えませんが、ＣＥＯは私に「君は小説は書かないのかな、ぼくの伝記を……」と言われたことがあります。

そのとき私は「とんでもない。そんな大それたこと……」と申上げました。しかし、いまはそのことを考えつづけています。

ＣＥＯはいろんな面をお持ちです。秘書の時は五年もの間寝食を共にさせていただき、お側で仕えさせていただきました。強さも弱さも、拝察させていただきました。表も裏もみんな。

でも終始一貫、私の思いは変りません。少なくとも戦後、ＣＥＯほど志を掲げ、実現してこられた人はいません。そして、人間としても、いかにも人間らしく。

余分なことまで言ってしまいました。ＣＥＯに対する現実が、とても厳しくなっていることはＣＥＯが一番お分かりのことなのに。

そして今後のことも痛切にお考えのこともよく分っています。

お許し下さい。

一九九五・一一・二九

こぐれ

潤さんの嘆き、そして諫言・辞表

潤さんが、一枚の組織図をもって、私のところにやってきた。

「小榑さん、これを見てくれ、ＣＥＯの下にＣＯＯ(Chief Operating Officer)で、その下にほとんどすべての組織が入っていることになってるだろ。つまり、指揮命令はすべてＣＯＯの俺を通して行なわれるはずだ。

ところが、実際はＣＯＯを飛び越して、ＣＥＯが直接ＣＰ(Company President)やＧＭ(Group Manager)に指示を出すんだ。おれと同じ指示なら問題ないが、ＣＥＯと違うと、下のみんなはどっちの言うことを聞いたらいいのかと聞いてくる。おれとしては、おれの方が正しいというのだが、みんなはやはりCEOの方を向いている。おれはどうしたらいいんだ。このままでは、単なるカカシじゃないか」

GMSやコンビニエンスやディスカウントストアやハイパー、フードサービスなど九つの事業部門を各カンパニー制に分けて、それぞれの責任者はプレジデントといわれている。コンビニエンスカンパニー・プレジデントという風にである。グループマネジャーは、ファーストフーズデリカ、インテリアホームエレクトロ、スポーツ&メディア、レディス、メンズなど商品別に一一のグループに分かれていて、それぞれのグループの責任者がマネジャーである。つまり、ダイエーグループの事業のほとんどすべてはCOOである潤さんの指揮のもとに活動する、という組織図だ。これは、もちろんCEO中内さんのOKを得てつくられている。中内さんの下に直結しているのは、ホテルと中国室、総合企画室、社長室、広報室だけだ。

組織図を見る限り、CEOは、COOの潤さんを通じてしか指示できないことになっている。例えて言えば、首相が、財務大臣を飛ばして直接財務省の主計局に、予算の立て方に指示をするようなものだ。非常時のよほどのことがない限り、やるべきでないし、やらない。

だがそれが頻繁にやられている、と潤さんが嘆くのである。

直接CEOに抗議してやめてもらったらどうなのか、と言いたいところだが、それは前から言っているように難しい。

いやダイエー憲法にかかわるようなことは別だが、組織逸脱だから困るのですが、という程度なら、堂々と言ったらいいのに、というのは中内さんを知らない人だ。

潤さんが、私のところへ言ってくるということは、メンツ丸つぶれで、よほど困っているのだろう。

メンツよりも何よりも、これでは会社がもたない。後継者もつぶれてしまうし、指示が両方から別々に飛んでくるのでは、下が困るし、会社が腐る。

誰が指示を出すかどうかより、今の営業状態も財務状態も、もう末期的だ。売上げも何年もマイナス、資金繰りもどうにもならない。これ以上会社が混乱してどうするんだ。とにかくダイエーが一丸とならなければならないときなのだ。いまはもう、潤さんに譲って、神戸へ行きましょう。このままではダイエーも先がない。何年もつかわからない。

わかった。鈴木さんとの約束もある。これまでも何回も、CEOには口頭でも手紙でも言いたいことを言ってきた。松田さんや星野さんにもお願いした。

私ももう潮時だ。最後のご奉公だな。

私は、中内さんのところに、この組織図をもって出かけた。

そして、組織図を見せて、こう言った。

COOを通り越して指示をしないでください。これでは、COOの立場がありません。潤さんに任せたのだから、CEOは、潤さんにだけ指示をしてください。カンパニーやグループに、直接CEOが指示を出すのはやめてください。……

その時、中内CEOはすっと立ち上がると、私をにらみつけて怒鳴った。

「おれを誰だと思っているんだ。おれは中内㓛だ。この国のスーパーはおれがつくったんだ。君ごときに意見される筋合いはないっ」。そう言って、私を突き飛ばした。……

この先は、この本の冒頭の書き出しに戻っていただきたい。

私は、中内さんに諫言するときには、いつも口頭では全部言い切れないので、後から言いたいことを手紙にして中内さんに伝えることにしている。このときも、思いを綴った手紙を中内さんに送った。その時のコピーがあるので、それをここに写す。

CEO殿

前略

このたびは、身の程をわきまえず、御心に沿わぬ言辞を弄しましたこと、心よりお詫び申し上げます。

しかしながら、敢えて申上げたことについては、あの席では詳しく申上げられませんでしたが、下記のような経緯がございます。

CEOがVPをCOOとして任命なされた際VPは、社内外より「これからは、実質上の社長として日常の業務については、COOが全軍の指揮をとる」ものとして祝意を頂いたり、納得されたりしました。

社内では当時の本部長以下DMMもSV[*10]もみな、そのように思い、またVPをかこんで、口々にその意味のお祝いをしておりました。私もその事実を目の当りにしております。

その結果、COOも一時、日常のオペレーションは人事を含めてすべて自分がとりしきるものだと思い込みました。

ＣＯＯといえば、ソニーもサンヨーも、またアメリカの企業とすれば社長です、またダイエーの組織図をみても、どうみてもＣＯＯの下に全軍があります。ＣＥＯはＣＯＯを通じて命令する形になっているのです。

この点については、以前に申上げ、ＣＥＯのお憤りをかってしまいましたが、何といわれようと、天下に公表した組織図上では、ＣＯＯに実権があるのです。

しかし、その後、ＣＥＯが事実上会議を招集し、とりしきられるようになり、現場の長を直接およびになってご指示をお与えなさるようになりました。

この段階で、ＣＯＯはじっと我慢し、発言を差しひかえておりました。会議に同席する本部長（ＣＰ）たちも「ＣＯＯはガマンしている。よく辛抱しているな」とはじめのうちは思っていたようです。

ところが、そのうち「な〜んだ、ＣＯＯも案外腰抜けだな。とにかく今のうちはガマンをしていい子にしていれば、社長の席がまわってくるのだから、ＣＥＯのいいなりになっているわけだ」という声が聞こえてくるようになりました。

実際は、こんな声はほんのわずかの、無視できるような声なのですが、ＣＯＯには耐え難い苦痛を与えてしまいました。

ＣＯＯは「自分はいくらでもガマン出来る。しかし、このままでは、組織がもたない。ダイエーがダメになってしまう。自分がみんなと築いて来た実績や流れがＣＥＯの一言で、すべて逆なでになって崩れてしまう。みんなから、「ＣＥＯがこんなことおっしゃってますが、ＣＯＯはどうするんですか」と聞かれるのが一番つらい」「ＣＥＯのおっしゃることは、これまでみんなで議論して築いてきたことと違うし、ＣＯＯのご意見とも逆行しますが、実行するんですか、と言われたら、自分としてはどうしようもない。その処理に全精力の八割はつかってしまう。どうしたらいいのか」というような相談をＣＯＯから受けました。

このＣＯＯの言うことが、どの程度本当なのか、鵜呑みにしていいのか確かめる必要があると思い、二、三の本部長に一体どうなのか、ときいたことはあります。その結果、その殆どの本部長連中がＣＯＯと同意見だったのです。残念ながら、ＣＯＯの言い分を信じざるを得ませんでした。それで、過日、ＣＥＯに組織のことお話を申上げたのです。

そして、こんどです。再びＣＯＯから相談を受けました。

「ＣＥＯが、営業会議も仕切るそうだ。みんなも、これでいいのか、と自分に言ってくる。自分としては、会議で黙っていたら、なんだ、ＣＯＯも腰抜けなんだ。自分だけいい子ぶっているわけだ。といわれるだろう。しょうがない。来週の月曜日(四月一五日)の会議では、自分はＣＥＯに逆らってでも自分の意見を言う。またＣＥＯに呼ばれて、お前は黙っとれと言われるだろうが、そうなったら、オレはやめる。ＣＯＯでありながら、看板だけだからだ。このままではみんなに軽べつされるだけだ。もういい。オレは自分の道をゆく」

そんなバカなことはやめて下さい。親子ゲンカになりますよ。日本中が注目し、なにが起こったのか、興味本位のゴシップでもみくちゃになる。お家騒動という形で取り扱われるにきまってます。とにかくＣＥＯにお話しするから待って下さい――と申上げました。

以上のような経緯で、僭越至極なことを申し上げたわけですが、私の出すぎた行いが、如何なる理由によってもつぐなえることだとは思えません。

すでに進退伺を差上げているように、どのようなご処置をも当然受けるべきことと覚悟致しております。

この際ですから、あえてもう一つ申上げれば、問題はこれから始まると思っています。COOにどれだけの器量があり、どれだけのガバナビリティが発揮できるのか、一度全部自分の責任で行ったときにどうなるか、です。

これまでは、CEOのご指示が出ることを一種の口実、言い訳として逃げ道がありました。もし全責任を背負わされたら、逃げ道はありません。一年か二年、家康公が秀忠将軍のやりようをごらんになられたように、そして三代目の家光の素質を見抜き、譲らせるまで手配りをなさって徳川家三百年の土台を作られたように、CEOとしてご威光を発揮されつづけていただきたく存じます。

中内㓛という名の実績と挑戦、日本という国の人々の暮しをよくするために、戦いつづけた金字塔は、百年も千年も語り継がれるべき方です。事実その実績があるのです。その栄誉を、万々が一汚したり失うようなことがあってはなりません。

ご自身の名誉は、すでに社会的認知をもって個人の自由になるものでなくなっているほど重いものだと思っていただきたいと思います。ご自身で思っていらっしゃるより、何倍も何十倍も重要な方なのです。

それは、本当の意味で、このくにの人々の生活を豊かにするために汗を流されたことで、さらにアジアの人たちも貧しさを流通によって豊かになさろうとしていることなのです。官と結びつき、戦争を利益の糧にしたような財閥とは根本的に違うのです。すいません。釈迦に説法というバカなことを書いています。

何とぞ、COOの器量の見究めをお願い申上げます。取りまきにおだてられ、いい気になったりのぼせ上ったりしないか、ちゃんと世の中を見ているか、情報も集められるか、CEOがかねがね話されておいでのようにCOOという肩書はつけられても、本当の経営者になれるかどうかは、まだ分りません。危うさもあります。私はCOOは卓越した人物と思いますが、CEOご自身が納得なさるべきと存じます。

以上重ねてのご無礼、申し訳ございません。

とり急ぎ言上申し上げます。

一九九六・四・一一

小樽雅章

エピローグ　旅のおわり

神戸の仕事は、即刻辞めて、直ちに東京へ戻れ、との中内さんの命令を受けて、すべて整理し、最後に残っていたＫｉｓｓ-ＦＭも、一九九六年(平成八年)六月の兵庫エフエムラジオ放送株式会社の株主総会で代表取締役を退任し、東京へ戻った。

東京での仕事は、消費経済研究所代表取締役会長だった。この研究所については、本文で既述したようにさまざまな商品の品質管理で、ダイエーにとっては重要な役割の組織だ。商品テストがメインの仕事なので、私にはなじみのある分野である。

中内さんなりの配慮だったのだろう。消費経済研究所のみんなも、暮しの手帖出身だということもあって仲間が来たとあたたかく迎えてくれた。いろんな施設を案内してくれて、これからの運営についても、熱心に相談を持ち掛けてくれた。

しかし、私の心はすでに決まっていた。辞表を提出し、言いたいことは言った。足らないことは、手紙で出過ぎたこともすべて言い終えている。私はもう、中内さんのもとにいる存在意義はなくなっている。

私の頭の中には、阪神淡路大震災の時、あの必死の中で得た大きな感動の記憶があった。それは、Ｋｉｓｓ-ＦＭの放送について、朝日新聞の声欄に掲載された一通の投稿である。

以下転載させていただく。

明石市　河相美恵子（主婦三七歳）

あの大地震から一カ月以上過ぎ、あちらこちらで復興のつち音が響き渡っている半面、あの揺れを直接感じた者にとっては、余震の恐怖と先行きの不安との闘いの毎日でした。

その中で、Ｋｉｓｓ－ＦＭは毎日毎日、朝五時から一日中、「がんばろうや・ウイ・ラブ・神戸」の番組を放送し続けています。細かい生活情報をはじめとして、各国語での呼びかけや復興状況などなど、一言の不満も言わず、ひたすら被災者にエールを送り続け、音楽も元気が出るようにと、思いを込めたリクエスト曲ばかり。子供が学校へ行き、主人も海外出張中で、ひとり心細い生活を亀裂の入った住居で送っている私にとって、どれだけありがたかったことでしょう。生放送ゆえに、余震のたびにＤＪの方の同時進行の情報で、どれほど不安が解消され心強かったことでしょう。

マスコミの在り方が問われる今、被害の状況と今後の課題も確かに大事ではありますが、現地の者にとっては、これから先を生きていく力を与えてほしいのです。

勇気と希望をありがとう。Ｋｉｓｓ－ＦＭは世界に誇るラジオ局です。

仕事をしていて、こういうお手紙をいただくことは、これに勝る喜びはない。

Ｇパンに作業着のまま、放送局の床やソファで、局員のみんなと寝ながらの一か月。

この投書を見ながら、涙が出て困った。放送の仕事をしていてよかった、と思った。と同時に、人を助けるとはどういうことなのか、人の役に立つとはどういうことなのだろう、と考えた。

震災の時の光景が浮かぶ。避難所で寒さに震えている人たち。おなかを空かして泣く子供、乏しい食べ物を分け合っている親子。トイレの長い行列。焼け野原。この災害時に、たくさんの人たちが援助の手を差し伸べてくれた。

でも、知らん顔の人もたくさんいた。企業もいろいろだった。門を固く閉ざして、誰も入れないようにしていた会社もあれば、社員総出で炊き出しをしたり、風呂を沸かしていれてくれたり、食料を配ったりする会社もあった。

この違いとは何なのだろう。どういう心理が働くのだろう。それを知りたいと思った。

臨教審で盛んに論議された生涯学習。そうだ、勉強しよう。いろいろ調べたら、関西大学社会学部社会心理学科の高木修教授が、震災時などのボランティア活動の研究に詳しいとわかった。大学院に社会人入試のコースがある。ずいぶん迷ったが、受験して、幸い合格した。

中内さんのところへ行き、「辞めます。いろいろお世話になりました。ありがとうございました」と頭を下げた。

中内さんは、私が何を言っているのかわからなかったようで、「来月北京へ行くんや、PBの商品を向こうの工場で作るので、君も一緒に行かんか。消経（消費経済研究所）も品質管理をやってもらわんならんからな」

「いや、消経もダイエーもやめさせてもらいます」

「なに、辞める？　なんでや。どういうことや」

「もう辞表を出しました」

「ああ、あれか、あれはもう破いて捨てた」

「すいません。もう決めました。関西大学大学院へ行くことにしました」

「えっ、本気か」

「生涯学習です」

「うーむ。でも、辞めることはなかろう。辞めるな、勤めながらでも行けるやろ」

「無理です。ありがとうございました」

というわけで、私は一九九七年(平成九年)四月に、関西大学大学院社会学研究科社会心理学専修に入学し、高木修先生の下で、人を助ける心理学、援助行動、向社会性心理学を学習・研究することになった。

だが、ダイエーは辞めず、社員のままだった。私は消費経済研究所の会長であると同時に、ダイエーグループ経営政策会議顧問という役員でもあった。常勤の消費経済研究所は仕方がないが、顧問のほうはやめるな。時々でもいいから顔を見せろ。ということで、中内さんが社長を退くまで、ダイエーの社員のまま、大学院に通った。


この後のことは書くのがつらい。胸が痛くなる。

しかし歴史はすでに定まっているので、その事実だけを下記に記す。

一九九七年のダイエー二月期の決算は、わずか六億円でも黒字だったが、一九九八年二月期の経常損益は二五〇億円の大幅な赤字になった。創業以来、初めてのことである。この九八年時の単体の負債は一兆五三〇億円、連結負債の総額は二兆三七七億円。

金融緩和が続き、銀行はいくらでも貸してくれる時代がバブルの後も続いたが、銀行の不良債権処理が進まず、BISによる自己資本比率規制[*1]が強化されてきて、銀行の貸出しが厳しくなってきた。

毎日上がってくる日銭と、土地を担保にした資金繰りで成長してきたダイエーの資金戦略は、急激に行き詰ってきた。二兆円を超える負債は、何倍もの重圧でのしかかることになり、何とかして負債を減らさなければならなくなった。

ハワイのアラモアナ・ショッピングセンターを売り、銀座の二つのビルも売り、あらゆるものを売って身を軽くしようとした。どれもこれも、中内さんの思い入れが強い栄光の財産ばかりである。売りたくなんかない。しかし、財務担当の鳥羽董副社長[*2]は、売らなければ会社はもたないと断行した。だが、バブルはとうに終わって資産価値は大幅に下落しており、売れば売るほど損失を増やすことになった。それでも売らなければ、負債の重荷は減らない。その結果、九九年二月期の連結負債は一兆九五三八億円に、ダイエー単独では九七八八億円になった。

一九九九年一月二〇日、会長兼社長だった中内さんは、会長に専念し、社長は鳥羽副社長に委ねると発表した。創業以来四二年間、一度も譲ったことのない社長の座を、息子の潤副社長ではなく鳥羽さんに委ねたのだった。

一九九九年三月二五日に、外食企業やホテルなど四千八百億円の事業売却と三千人の人員削減などのリストラ策を発表。潤さんは取締役に降格し、ホテルや外食産業統括のＤＨＣ社長に転出し、ダイエー本体から離れた。

二〇〇〇年一〇月一〇日、鳥羽社長に不明朗な株取引があったり、リストラの進め方に不満の中内さんとの確執も表面化し、鳥羽さんの代表権返上、中内さんの最高顧問就任が発表された。潤さんもすでに退任していた。

この年の暮れに、中内さんに呼ばれて、ニューオータニで会った。

何の用事かと思って、話すのを待っていたが、ずっと黙っている。間が持たないので、なにか話をと口を開こうとした時に、中内さんが口ごもりながら、こう言った。

「君が潤に譲れと言ったときに、なぜそうしなかったのか、わかるか」

私が首を振ると、

「泥沼に突き落とせなかった。潤が這い上がれると思うか。無理だ。おれなら出来ると思った。だめでも泥をかぶるのは、おれ一人でいい。おれだけでいい」

それからまた黙って、ずいぶん経ってから、つぶやくように言った。

「おれは自分が間違っていたとは思えない。どんな時代になっても〈よい品をどんどん安く〉は正しい。不易だ。そうは思わんか。〈よい品をどんどん安く〉売って、なぜダメなんだ。ダメなはずはない。この道しかないのだ。この道しかない」

翌二〇〇一年一月三〇日の臨時株主総会で、中内さんの取締役退任が報告されて、ダイエーから完全に離れることになった。

ダイエーから離れた中内さんの唯一のよりどころは、流通科学大学だった。学校法人は、ダイエーの資本と無関係だから、ここだけが債務の外だったので、負債弁済から救われた。まさに臨教審のお陰である。

ある時、消沈した中内さんから、「潤が全く近寄ってきてくれん、口もきいてくれんのや。何とか言うてや」と頼まれた。この時、潤さんは定職に就かず、浪人だった。私は言った。「潤さんを今のままにしておいたらよくありません。潤さんを大学へ呼んで、理事長にしたらいいじゃないですか」

「でも、潤が言うことを聞いてくれん」

「大丈夫です、私が説得しましょう。私がだめなら、星野さんにお願いします。星野さんの言うことなら聞きますよ。ただ、条件があります。すぐ潤さんを理事長では、世間が通りません。また甘やかすのかと思われます。アメリカへ留学させましょう。一年でもいい、半年でもいいです。少しでも箔をつけさせてから理事長にしてあげてください」

「わかった、そうしよう。じゃ、頼むわ」

だが、やっぱり留学はさせなかった。

潤さんは、二〇〇三年四月、学校法人中内学園流通科学大学理事長に就任した。

二〇〇五年(平成一七年)九月一九日、中内㓛氏　死去。八三歳。

注　釈

プロローグ　辞表

＊1　Chief Executive Officer 「最高経営責任者」のこと。会社で全ての業務執行を統括する役員。日本では取締役会長や代表取締役社長にあたる人が立場として近い。
＊2　かつてイオングループが展開していた総合スーパーブランド。イオン株式会社の旧商号。
＊3　イトーヨーカドーの略称。
＊4　中内切さんの長男。慶応義塾大学卒業後、ダイエーに入社。専務取締役を経て、わずか三三歳にして代表取締役副社長に就任した。
＊5　ダイエー東京本社、浜松町オフィスセンターの略称。
＊6　Chief Operating Officer 「最高執行責任者」のこと。会社で事業運営に関する業務執行を統括する役員。CEOの下で営業活動などを統括する。会長がCEOの場合は社長がCOO、社長がCEOの場合は副社長がCOOといった立場になることが多い。

1　ジャングル、飢餓・闇市

＊1　住友金属工業(現新日鉄住金)社長・会長。関経連第八代会長。(一九〇六―九三)
＊2　関西経済連合会の略。関西に本社または活動拠点を持つ主要企業・団体を会員とする公益社団法人。東洋紡績、関西電力、住友金属工業など関西有力企業経営者が会長を務め、影響力は大きい。
＊3　国民に兵役義務を課し、成人男子を強制的に軍隊に編入する制度。太平洋戦争当時、兵役拒否は許されず、国民皆兵による天皇制軍隊が確立し、敗戦(一九四五年、昭和二〇年)まで続いた。

＊4　兵庫県立第三神戸中学校、現兵庫県立長田高等学校。中内さんの先輩卒業生に石野信一（大蔵事務次官・元神戸商工会議所会頭）宮崎辰雄（元神戸市長）、花森安治（暮しの手帖編集長）など。

＊5　宮崎辰雄。第一三代神戸市長。（一九一一―二〇〇〇）

＊6　花森安治一九七一年の著書『一戋五厘の旗』（花森さんは「銭」ではなく「戋」を使った）。第二三回読売文学賞随筆・紀行賞を受賞。花森さんも、一銭五厘で召集されたが、この著作では〈庶民〉〈名もないわれわれ庶民〉の意味で使っている。

＊7　召集令状のこと。一銭五厘とは、一八九九年（明治三二年）からの葉書の値段。一九三七年（昭和一二年）からは二銭になった。兵隊は葉書一枚でいくらでも召集できる価値のない存在だ、という賤称。実際には、召集令状は役場の職員が持ってきた。

＊8　国民皆兵制度では、男子は満二〇歳になると、全員徴兵検査を受ける義務がある。検査は身体測定検査と医師による内科検診で、甲乙丙丁に分けられ、甲乙が兵適とされた。身体頑健で、体格が標準的な者は甲種合格となり、戦時には現役として即時入営した＝現役入隊。中内さんは、この現役入隊。乙種は基本的に待機で、必要に応じて召集される。戦時には乙種でもほとんど召集された。

＊9　日本陸軍の場合、階級があって、えらい順に将官（大将、中将、少将）、ついで佐官（大佐、中佐、少佐）、尉官（大尉、中尉、少尉）、ここまでが将校で指揮官、管理職。基本的に自ら進んで軍人になろうとして士官学校などで養成されて任官する。この下に下士官（曹長、軍曹、伍長）がいて、これは兵から昇進するが、下士官から将校に昇進することはない。この下が兵（兵隊）で、徴兵制の下では、自らの意思と関係なく強制的に召集される。兵にも階級があり、下から二等兵、一等兵、上等兵、兵長と昇進する。古参兵の中から下士官が選抜される。太平洋戦争時は、士官が不足し、普通の大学卒でも認定されれば、士官に任官された。

＊10　オートバイの横に人間が一人乗れる側車をつけた三輪車。下士官が運転し、将校がえらそうに側車に乗っている図をよく見た。

＊11　自動車が貴重な時代であったと同時に、道なき道を進軍するには、戦国時代と同じで将校が移動用に乗馬

する鞍馬と、大砲や重い荷物を引っ張る動力として使役された駄馬がある。軍馬の徴用には金がかかるが、兵隊はたった一銭五厘でいくらでも集められる、兵は軍馬にも劣る、ただみたいな存在だと扱われた。

＊12　召集令状のこと。「赤紙」とも言われたのは、臨時召集の令状は赤色の用紙であったことに由来する。

＊13　元日本楽器製造(現ヤマハ)株式会社第五代社長として、過去最高の経常利益を達成し、財務、経営のプロと言われた。中内さんの要請で一九八二年、ダイエーに入社し、副社長に就任。V革を進める。(一九三〇―二〇〇七)

＊14　小売企業や卸売業者が企画し、独自に開発し販売する商品に着けるブランド(商標)。メーカーのブランドをつけて、全国的に流通するナショナルブランド(NB)の対義語。

＊15　雑誌『暮しの手帖』は一〇〇万部も発行されたが、この雑誌が行なった商品の比較テスト。たとえば電気洗濯機はどの銘柄が優秀かをテストして公表する評価は、購買したい人の指標になって、商品の売上げに影響を与えた。

＊16　ダイエーの経営するディスカウントストア。

＊17　物事の最も大切なところ。肝心かなめの点。

＊18　お客様が求める商品を単品ごとにローコストで、大量に、計画的に流通、販売する活動の総称。ダイエーの経営理念の中心の一つ。(ダイエーグループ用語集)

＊19　「軍人勅諭」(ぐんじんちょくゆ)は、一八八二年(明治一五年)一月四日に明治天皇が陸海軍の軍人に下賜した勅諭で、「陸海軍軍人ニ賜ハリタル勅諭」という。旧軍隊の精神教育はこれを基礎として行なわれた。

＊20　明治天皇の名で国民道徳の根源、国民教育の基本理念を明示した勅語。正式には「教育ニ関スル勅語」といい、一八九〇年(明治二三年)に発布された、第二次世界大戦前の日本の忠君愛国、親孝行などの道徳教育の根幹となった勅語。

＊21　鴻(おおとり)の羽毛で、非常に軽いもののたとえ。命を捨てることは、少しも惜しくない、の意。

＊22　この場合は、召集令状(赤紙)による応召ではなく、正規の二〇歳時の徴兵検査後の兵役義務に従って入営

した兵をいう。

＊23　大日本帝国の中国からの租借地であった関東州（遼東半島先端）の守備、および南満州鉄道附属地警備を目的とした守備隊だったが、その後、独断専行的に軍事行動をとり、日本国を泥沼の戦争に引きずりこみ、多くの問題を起こした。

＊24　火砲の中でも特に大砲など大型の重い大砲を扱う兵。移動にたいへんな労力を要する。

＊25　旧満州国の都市で、黒竜江（アムール川）を境に対岸のソ連との国境にあった。ソ満国境の厳寒の町。現在の中華人民共和国黒竜江省東南部に位置する都市。中内さんは新兵時代、ここで国境警備に当たった。

＊26　陸軍兵士の階級の最下位のもの。新兵は二等兵。

＊27　手で投げる小型の爆弾。

＊28　軍隊の兵科の一つで、戦闘には加わらず医療従事者として、救急救命と衛生管理を担う将兵。国際的に認知されている。戦闘中の前線に出る「隊付衛生兵」は、負傷した兵士を治療・介護し、また後方へ後退させる任務があった。

＊29　戦場の後方に設け、戦線の傷病兵を収容・治療する病院。（広辞苑）

＊30　大日本帝国軍は天皇が統率する軍隊なので、皇軍。

＊31　神聖な目的のための戦争。皇軍の戦さは聖戦と言われた。

＊32　お国の恩義に報いること。この国に生まれ命を安んじさせてくれるのは、国のお陰、つまり国恩。その国恩に報いるために尽力することが報国。戦前の皇国思想。国が主。現在の日本は民主主義、つまり民が主。

＊33　フィリピン中部、ビサヤ諸島の東ビサヤ地方に位置する島。レイテ湾とその周辺海域は、太平洋戦争中に世界海戦史上最大の激戦となったレイテ沖海戦の舞台。フィリピンにおける決戦・レイテ島の戦いが全島を戦場として起こったが、日本軍は物資補給・兵員補給の輸送船が途中で沈められ、補給を断たれた八万人以上の兵士が戦死や病死・餓死でほぼ全滅するという惨敗を喫した。

＊34　太平洋戦争の終戦時、海外に残された日本人は軍人・民間人合せて約六六〇万人もいたと言われる。終戦

になり、そのすべてが帰国するために、復員は厚生省復員局(後に復員庁)が、担当した。しかし、中内さんの復員は一九四五年一一月で、復員受け入れの復員局はまだ、未整備だったと思われる。

＊35　川崎重工業神戸造船所。神戸市中央区東川崎町にあり、中内さんの青年時代を過ごしたサカエ薬局の近くにある。JR神戸駅の海側。

＊36　米穀に加え主要食糧の生産・流通・消費にわたって政府が介入して管理するというものであり、目的は食糧の需給と価格の安定といわれた。供出価格及び供出数量は政府によって決定される。

＊37　食糧管理法によって一九四二年から米や麦などの配給を受けるために、全国各世帯に米穀通帳が交付された。米の配給量は一人一日二合三勺(約三三〇グラム)。この通帳をもって行かなければ配給を受けられない。旅館や食堂での食事もできない。味噌醬油も、酒屋などで通帳を見せて購入する。この制度は戦後一九八二年まで続いた。

＊38　経済統制法違反を取り締まるため、戦時中に設けた特別の警察組織。(広辞苑)

＊39　日本民族固有の精神。勇猛で潔いとされた。太平洋戦争期には軍国主義的な色彩を強く帯び、「死を恐れない気概・精神」のような、突撃精神を鼓舞する意味で使われることが主となった。

2　日本型スーパーマーケット創業

＊1　仕入れ客が商品を現金で購入し、持ち帰るのを建前としている卸売業者。

＊2　道修町(どしょうまち)は、大阪府大阪市中央区にあり、薬(主に医薬品)の町として知られる。江戸時代から、日本に入ってくる薬は、いったん道修町に集まり、全国に流通していった。その関係で現在でも製薬会社や薬品会社のオフィスがある。松屋町(まつやまち。地元ではまっちゃまちと発音する人が多い)は、同じく大阪市中央区。雛人形や五月人形など、玩具と駄菓子などの問屋が多くこの筋にあるため問屋街として近在にまで有名である。

＊3　売上高と費用の額が等しくなる額。費用額の方が多くなれば、その分が損になる分岐点。

＊4　ＰＯＳはPoint Of Salesの略。ＰＯＳレジは、金銭のやりとりの販売情報を管理するシステムを搭載したレジスター。レジスター（キャッシュレジスター）は、商品の対価として金銭のやりとりをする時に、金額の計算や販売商品の登録を操作するための端末。
＊5　粗利益とは、通常、売上総利益を指す。商品の販売であれば、商品の販売価額（売上）－商品の仕入価額（売上原価）。粗利を予算管理に用いる制度。荒利益とも言う。
＊6　細かく計算などをしないで、おおまかに金の出し入れをすること。昔、職人などが、腹掛けの前につけた大きな「どんぶり」という袋から無造作に金を出し入れして使ったことからいう。
＊7　家畜の、頭部・内臓や四肢の先端を取り除いた部分の骨付きの肉。
＊8　掛け売り（即金でなく一定期間を置いたのち支払いをする）をしないで、正札（掛け売りの値段には後払いの手数料が加算されているが正札の値段は実際の売価）どおりに現金取引で商品を売ること。元禄（一六八八―一七〇四）ごろ、江戸の呉服店三井越後屋（後の三越百貨店）が始めたという商法。
＊9　店の売場の裏側にある倉庫や準備室。
＊10　原料から消費の終了までの商品の全過程（流れ）を自ら設計（デザイン）し、統制（コントロール）すること。客に商品を提供するために必要なすべての活動の総称。（『チェーンストアのための必須単語七〇一』）
＊11　ひとつの店舗で、日常生活に必要なほとんどの商品か買い物をできること、及びそういう店。
＊12　有名メーカーが製造し、全国的に販売する商品に冠せるその会社固有の商標。ＮＢと略称することもある。
＊13　古道具商の間で「投げ売り」を意味する隠語「ばった」をする店、つまり商品を格安で販売する店のことを意味する。倒産寸前の店舗から商品を買い叩き、安値で販売するなど、正規ルート以外で商品を仕入れ、安売りする店のこと。

3　規制との闘い、メーカーとの戦い

＊1　暴利をむさぼるたとえ。薬の売値は原価よりはるかに高く、儲けが大きいこと。薬は売値が非常に高く、

原価の九倍もするという意から。

＊2　松下ヤミ再販訴訟と灯油訴訟　国民センターHP
http://www.kokusen.go.jp/wko/pdf/wko-201610_10.pdf#search=%27%E3%82%AB%E3%83%A9%E3%83%BC%E3%83%86%E3%83%AC%E3%83%93%E4%BA%8C%E9%87%8D%E4%BE%A1%E6%A0%BC%E5%95%8F%E9%A1%8C%27

＊3　独占禁止法が禁止する不公正な取引の一つで、メーカーが卸売業者や小売店に対し、正当な理由なしに商品の販売価格を定め、維持させるなど、販売価格の自由な決定を拘束すること。

＊4　京都・南禅寺近くにある、松下幸之助さんの別邸。松下さんが社長を退任し、松下電器会長に就任したのを機に、一九五〇年（昭和二五年）から中断していたＰＨＰの研究活動を再開するために求めた。一九七五年に松下さんが中内さんをこの真々庵に招き、「覇道をやめて、王道をすすんではどうか」と勧めたが、中内さんはただ黙って肯かず、退出した。

＊5　関西電力社長・会長。関経連第七代会長。（一九〇一―二〇〇三）

＊6　ポリ塩化ビフェニルのこと。一九六八年（昭和四三年）に、北九州市カネミ倉庫で作られた食用油にＰＣＢが混入し、加熱されると猛毒のダイオキシンに変化した。これを摂取した人や赤ちゃんに、肌の異常、頭痛、手足のしびれ、肝機能障害などを引き起こす健康被害をもたらした。当時ＰＣＢ汚染と大変騒がれた。

4　日本一の小売業

＊1　日本の高度経済成長のはじまりの一九五四年（昭和二九年）一二月から一九五七年（昭和三二年）六月まで続いた好景気の通称。初代の天皇とされる神武天皇が即位した年（紀元前六六〇年といわれる）以来、例を見ない好景気という意味で名づけられた。

＊2　ある特定分野の品揃え、または生活やその行動の側面に限定した品揃えを拡大することにより特色を出す店舗。（ダイエーグループ用語集）

5　臨時教育審議会委員になって

＊1　大学共通第一次学力試験は、一九七九年から一九八九年までの一一年間、すべての国公立大学の入学志願者を対象として、全国共通の試験問題により一斉に実施された基礎学力試験。一九九〇年からは大学入試センター試験に移行した。

＊2　分衆(ぶんしゅう)とは分割された大衆のこと。一九八五年に博報堂生活総合研究所編の『「分衆」の誕生』にて定義され、ある製品が普及し一世帯あたりの平均保有数が一以上になることをいう。たとえば自動車やテレビのように一世帯に一台だったものが一世帯に二台ないしは一人一台のように状況が変化することである。

6　気にかかること

＊1　スペースワールド。一九九〇年に新日本製鐵(現新日鐵住金)八幡製鐵所の遊休地に開業した。二〇一七年閉園。

＊2　常在戦場(じょうざいせんじょう)とは、読んで字の如く、「常に戦場にあるの心を持って生き、ことに処す」という意味。

＊3　敵状・地形等の状況を偵察・捜索させるため、部隊から派遣する少数の兵士。(広辞苑)

7　流通科学大学

＊1　本来の由来は別にして、ここでは、現実生活とは遊離した別世界の研究生活を送る学者などの意。

＊2　専門分野の垣根を外してさまざまな領域の知識や経験を学者や技術者が協力し合うこと。学際的。

＊3　ソビエト連邦の政治家。ペレストロイカ政策を掲げて、国内経済の再建、民主化に向けた大胆な政治改革を行なった。さらに共産党の一党独裁から複数政党制の容認、大統領制の新設など憲法改正を行ない、初代大統領に就任した。

＊4　ソビエト連邦で行なわれた改革のこと。

＊5 一九四五年の第二次世界大戦終結時にソビエト連邦に降伏、逮捕された日本軍兵士及び民間人は、シベリアに連行され、厳寒の中、過酷な強制労働をさせられた。抑留者の数は、約五七万五千人とされ、このうち約一割の約五万五千人が死亡した。

8 SKHとドーム球場と宴の後

＊1 一五九八年（慶長三年）三月一五日、豊臣秀吉が醍醐寺で催した豪華な花見の宴。この年八月には秀吉が病死したため、その最後の豪遊として有名。

＊2 浄瑠璃。並木千柳（宗輔）ほか合作の時代物。一七四八年（寛延一）竹本座初演。赤穂四十七士敵討の顚末を、時代を室町期にとり、高師直を塩谷判官の臣大星由良之助らが討つことに脚色したもの「忠臣蔵」と略称。全一一段より成る。義士劇中の代表作。後に歌舞伎化。（広辞苑）

＊3 南海ホークスの捕手香川伸行の愛称。水島新司の野球漫画『ドカベン』の主人公・山田太郎に体型が似ているので、こう呼ばれた。（一九六一―二〇一四）

＊4 門田博光。南海ホークスの外野手。頼りになる主軸打者で、ホームランバッター。（一九四八―）

＊5 杉浦忠。南海ホークスの投手。立教大学で長嶋茂雄と同期。アンダースロー投法で有名。南海、ダイエーの監督を務める。（一九三五―二〇〇一）

＊6 博多で毎年七月に開催される七〇〇年以上もの伝統があるという福岡を代表する祭の一つ。山笠という山車を担いで練り歩くのが有名。

＊7 博多湾に面する町。モモチと読む。ここでは、新規に開発された「シーサイドももち」の意で、いまでは、ドーム球場やホテル、公共施設やオフィスビルも立ち並ぶ新都市になっている。

9 日本型GMSの土台が崩れてゆく

＊1 かつて存在した都市銀行。いくつかの合併を繰り返し、現在の三井住友銀行に至る。

＊2　対抗力とか拮抗力と訳される。商品の価格や供給などのすべての主導権をメーカーが握っている実情に対抗し、消費者に主権を取り戻すために、消費者の代理人としての流通が、メーカーに対して対抗力、拮抗力つまりカウンターベーリングパワーを持たねばならない、というのが中内さんの考え。著書『わが安売り哲学』の中でも強く主張している。ダイエーの経営理念の中心の一つ。

＊3　秀和株式会社は、不動産会社・デベロッパーで、ダイエー本社HOCのあった浜松町通称軍艦ビルの所有会社だった。秀和社長の小林茂(一九二七―二〇一二)は一九八七年(昭和六二年)頃から流通業界再編に意欲をみせ、忠実屋やいなげやなどのスーパーマーケットの株を買い集めていた。

＊4　チェーンストア経営研究団体ペガサスクラブを設立、主宰。コンサルタント。専門はチェーンストアの経営政策・経営戦略と基礎技術論(一九二六―二〇一〇)。一九六二年設立時のペガサスクラブには、ダイエー中内㓛、イトーヨーカ堂の伊藤雅俊、ジャスコの岡田卓也、ヨークベニマルの大高善兵衛、ユニーの西川俊男、などチェーンストアの若手経営者がほとんど参加していた。

10　諫言・辞表、そしてダイエー崩壊

＊1　伊藤雅俊イトーヨーカ堂社長。一九九二年一〇月、総会屋に利益供与(二七四〇万円)した商法違反の容疑で監査役と幹部社員が逮捕され、伊藤社長は引責辞任。(一九二四―)

＊2　磯田一郎住友銀行頭取、会長。イトマンとの不明朗な取引で利権を得ていたと報道され、一九九〇年一〇月引責辞任。(一九一三―一九九三)

＊3　金丸信自民党幹事長、副総裁。東京佐川急便から五億円のヤミ献金が発覚し、一九九二年八月副総裁職を辞任。一九九三年三月、脱税容疑で逮捕。(一九一四―一九九六)

＊4　九仞(非常に高い)の山を築くのに、最後に一杯の簣(もっこ)の土を欠いても完成しない。事が今にも成就しようとして最後のわずかな油断のために失敗するたとえ。(広辞苑)

＊5　積み上げた卵のように不安定で危険な状態。(広辞苑)

＊6　少しの株を持ち株主総会に株主として出席し、議事進行を妨害すると脅迫して金品等の利益供与を受けるのを目的とする団体または個人。商法で利益供与は禁止されているが、平穏に株主総会を乗り切りたい会社側は、利益を供与し、発覚して検挙されるケースがいくつもあった。
https://ci.nii.ac.jp/els/contentscinii_20171227185821.pdf?id=ART0009413462

＊7　Vice President「副社長」のこと。

＊8　清朝最後の皇帝で後に満州国皇帝となった愛新覚羅溥儀の生涯を描いた歴史映画。

＊9　一四階は中内社長室の意。紫禁城は中国皇帝の宮殿。黄巾賊とは中国後漢末に発生した大規模な反乱軍。その反乱軍に紫禁城が囲まれている情景が映画にあり、社長室以外はいつの間にか反社長社員ばかりになっていないか、という危惧をこめた冗談。

＊10　どちらもダイエーの職位。DMM＝Divisional Merchandise Manager　SV＝Superviser

エピローグ　旅のおわり

＊1　国際決済銀行（BIS）において設定された、銀行の自己資本比率に関する取り決めで、国際業務を行なう金融機関に対して、自己資本比率が八％を上廻ることを求めるもの。

＊2　元味の素社長、副会長。一九九六年ダイエーに顧問で入社。一九九八年五月から副社長。（一九三〇—）

参考文献

『よい品をどんどん安く――より豊かな社会をめざして』編集・三〇周年運営委員会、一九八七年（昭和六二年）九月、ダイエーグループ社史編纂委員会発行

『For the CUSTOMERS　ダイエーグループ三五年の記録』編集・株式会社ダイエー社史編纂室、一九九二年（平成四年）九月、株式会社アシーネ発行

『ランドクルーザー　中国・ソ連五〇〇〇キロを走る――変革する流通事情調査』編集・中国・ソ連調査走破隊報告書編集委員会、一九九二年（平成四年）二月、流通科学大学発行

『わが安売り哲学』中内功著、一九六九年（昭和四四年）一月、日本経済新聞社発行／新装版、二〇〇七年（平成一九年）九月、千倉書房発行

『中内功　回想録』編・流通科学大学、二〇〇六年（平成一八年）九月、学校法人中内学園 流通科学大学発行

『勇気と希望をありがとう　震災と闘った神戸の小さな放送局の記録』一九九五年（平成七年）一二月、兵庫エフエムラジオ放送（株）編集・発行

『阪神大震災とダイエーグループ「ライフラインを守る」』ダイエーグループ情報誌『ＰＳ』四月号、一九九五年（平成七年）四月発行

『経済の思想』戦後日本思想体系８、編集・伊東光晴・長幸男、一九七一年（昭和四六年）、筑摩書房発行

『チェーンストアのための必須単語７０１　一九八六年版』一九八六年（昭和六一年）四月、日本リテイリングセンター編著・発行

『ダイエーグループ用語集一九九三年版』編集・調査室、一九九三年（平成五年）一〇月、ダイエー教育センター発行

あとがき

ダイエーは二〇〇四年に産業再生法の適用を受けた段階で、実質的に幕を閉じました。

中内さんは、家屋敷も家財もみんな失いました。さばさばした、元の千林に戻っただけや、と言って笑っていましたが、その無念さは計り知れません。隆盛を誇った日本一の流通業の最後は、みじめでした。

思い出したくない、振り返りたくない、と思いながら、中内㓛さんの大きな足跡を残したいと、心を込めてこの原稿を書きました。

しかし、もう一つ肝心なことが書けていません。社員のことです。ダイエーは中内さん一人で活動したわけではありません。多くの社員に支えられて日本一になったのです。

安定した就職先の銀行や保険などの金融業や電器、自動車、鉄鋼などの製造業には目もくれず、海か山かもわからない流通業のダイエーを目指して参集した優秀な人材がたくさんいました。それは、中内さんの掲げた流通革命の旗に賛同して集まったのです。

「よい品をどんどん安く、より豊かな社会を」のダイエー憲法を信じて、この国の人々の暮らしを少しでも良くするために、日夜必死に働いてきたのです。

社員はみな、ダイエーを誇りにしていました。無念だったのは中内さんだけでなく、多くの社員にとっても痛恨、無念のことでした。

ダイエーを離れた社員は、優秀な人材が多かったので、同じ流通業界でも、また全く別な業界でも立派に活躍しています。

かつてダイエーで働いていた人々が、故郷を忘れたくないと集いの機会を定期的に持っています。中内さんが好んで揮毫していた飛翔という言葉を受けて、「飛翔会」というダイエーOB会を立ち上げたのです。今回の執筆にあたっては、この会長だった藤原謙次さん、現会長の宮島和美さん、幹事の龍湖康雄さんをはじめ、飛翔会のメンバーの多くの方に、いろいろ教えていただきました。ありがとうございました。

また、飛翔会のメンバーでもあり秘書室仲間でもあった鈴木清晃さんには、中内さんの写真の提供をはじめ、格別のお世話をいただきました。お礼を申し上げます。

取材、資料集め、パソコン入力などの執筆に関しては、渡橋理恵さんに全面的に助けていただきました。感謝です。

この本が誕生できたのは、ひとえに岩波書店の伊藤耕太郎さんのお陰です。企画、編集、校正、すべてに関してお世話になりました。本当にありがとうございました。

二〇一八年三月

小榑雅章

小榑雅章
1937年生．1960年早稲田大学第一文学部卒．暮しの手帖社に入社．花森安治に師事．1984年ダイエーに入社．調査室長，取締役秘書室長，流通科学大常務理事兼事務局長，兵庫エフエムラジオ放送社長，ダイエー消費経済研究所代表取締役会長などを歴任．1997年関西大学大学院社会学研究科入学．社会学博士．現在，向社会性研究所主任研究員．著書に『良心ある企業の見わけ方』(宝島新書・2006年)，『思いやりはどこから来るの？』(共著・誠信書房・2014年)，『花森さん，しずこさん，そして暮しの手帖編集部』(暮しの手帖社・2016年)，『いま言わずして』(共著・三恵社・2017年)など．

闘う商人　中内㓛――ダイエーは何を目指したのか

2018年4月 4 日　第1刷発行
2018年8月24日　第2刷発行

著　者　小榑雅章《こぐれまさあき》

発行者　岡本　厚

発行所　株式会社 岩波書店
〒101-8002 東京都千代田区一ツ橋 2-5-5
電話案内 03-5210-4000
http://www.iwanami.co.jp/

印刷・法令印刷　カバー・半七印刷　製本・牧製本

ISBN 978-4-00-024177-9　　Printed in Japan

ひとびとの精神史 8
バブル崩壊――一九九〇年代
苅谷剛彦 編
四六判三三六頁
本体二五〇〇円

リーディングス 戦後日本の思想水脈 4
日常からの挑戦
鶴見太郎 編
A5判三五二頁
本体四八〇〇円

検証 バブル失政
――エリートたちはなぜ誤ったのか
軽部謙介
四六判四三二頁
本体二八〇〇円

営業をマネジメントする
石井淳蔵
岩波現代文庫
本体一〇二〇円

ブランド 価値の創造
石井淳蔵
岩波新書
本体七六〇円